**Archive
Guide**

누구나
—
마을
아카이브

누구나 마을 아카이브

2013년 12월 초판 1쇄 발행	
2022년 5월 초판 2쇄 발행	더페이퍼
펴낸이	최서영
펴낸곳	(주)더페이퍼
	주소 경기도 수원시 영통구 광교중앙로 49번길 40, 202동
	전화 031-227-8199
	홈페이지 saida-books.com
	메일 thesaida@hanmail.net
인쇄	송현문화사
ISBN	979-11-89500-11-5 (03020)

- 책값은 뒤표지에 있습니다.
- 파본은 구입하신 서점에서 교환해드립니다.
- 이 책은 저작권법에 의하여 보호를 받는 저작물이므로 무단 전재와 복제를 금합니다.
ⓒ (주)더페이퍼

프롤로그

마을을 기록합니다. 머물러 살아가는 공간은 어디든 시간의 통로를 지나 끊임없이 변화합니다. 모든 마을에는 저마다 삶의 결이 있습니다. 지역민들의 기억과 일상을 통해 지역의 역사를 기록하려 합니다. 소소한 일상의 기록은 우리가 살아온 삶을 고스란히 보여줍니다. 그제야 삶은 기억을 넘어 시대의 기록이 됩니다.

수원의 골목잡지 《사이다》는 지역에서 소리 없이 사라져 가는 역사와 문화의 흔적을 2012년부터 모으고 있습니다. 지역 주민과 함께 주민들의 일상을 기록하여 잡지를 통해 공유하는 공동체 아카이브를 실현하고 있습니다. 2018년 가을, 지역 아카이빙을 수행할 시민기록자 양성을 위해 '마을기록학교'를 열었습니다.

《누구나 마을 아카이브》는 이 프로그램 강의 여덟 편을 묶은 책입니다.

프롤로그

'누구나' 할 수 있는 마을 아카이브

우리는 발전과 개발을 시대 변화의 가장 중요한 요소로 여겼습니다. 그 결과, 우리가 가지고 있던 지역성을 빠르게 훼손하고 지역의 공간은 물론, 그곳에 살고 있는 사람들의 생활 모습과 문화까지 획일화시키고 있습니다. 따라서 발전의 속도에 따라 너무나 빠르게 사라져 가는 것들을 기록하는 것은 우리의 정체성을 지키고 소중한 역사를 후손에게 대물림하는 것입니다.

물신의 시대와 오래된 미래

우리나라는 일제강점기와 한국전쟁을 겪으며 100여 년의 짧은 시간 동안 근대화, 산업화, 민주화 과정을 거쳤습니다. 이러한 과정에서 개발과 발전, 그리고 효율성 부분이 모든 것에 우선되었습니다. 우리는 앞만 보고 땀 흘리며 달려왔고 그 덕분에 많은 성과를 얻었습니다. 그러나 성과의 이면에는 세계에서 손꼽힐 만큼 많은 시간을 일하는 나라라는 오명도 있습니다. 그리고 당장의 발전에 도움이 되지 않는 것은 너무나 쉽게 버려졌습니다. 오랜 관습과 전통일지라도 효율과 일상의 편리함을 위해서는 빨리 버려야만 했습니다. 공동체는 해체되고 개인의 욕망 실현을 위한 무한 경쟁이 대물림되고 있습니다. 이젠 바야흐로 물신의 시대입니다.

헬레나 노르베리 호지의 《오래된 미래》에서는 개발 중심의 사회가 획일적이고 단일한 문화를 양산하면서 오랫동안 지역이 가지고 있던 다양한 문화를 소멸시키고, 더불어 그곳에 축적되었던 지식도 함께 파괴하는 현실을 고발하고 있습니다.

물신을 좇느라 파괴된 공동체와 자신에게서조차 분리되어 버린 사람들. 그러나 헬레나 노르베리 호지는 그럼에도 지속 가능한 미래의 문을 열고 나갈 수 있는 열쇠가 이 사람들 속에 이미 오래전부터 내재되어 있음을 일깨웁니다.

민간기록 수집의 어려움

기록에 대한 관심은 애초에 정부 조직을 중심으로 하는 공공영역에 집중되어 있었는데 요즘 들어 일상과 커뮤니티, 지역 등을 기반으로 하는 민간영역으로 범위가 확장되고 있습니다. 공공의 기록만으로는 역사를 대변하지 못한다는 시각과 함께 민간기록이 지역의 정체성과 공동체성을 강화하는 역할을 할 수 있다고 보는 것입니다. 지역의 문화자원을 모으는 민간기록의 수집과 보존, 활용 방안에 대한 요구가 지속적으로 높아지고 있습니다. 그러나 지역의 민간기록물의 범위는 방대하고 민간의 기록을 생산하는 사람들은 각자 자신들이 가진 특별한 방식을 선택하여 기록하고 있습니다. 공공기록과 같이 정기적 이관을 통해 수집되는 민간기록은 극히 드물며 기록자의 입장에서 이들 민간기록물들을 일정한 틀을 통해 수집, 보존하기는 불가능합니다. 더구나 기술의 발전으로 민간의 기록은 더욱 증가하고 있습니다. 현재 공공기록 중심의 기록관리 체계로는 엄청나게 생산되는 민간기록물을 관리하기가 어려운 것은 물론 그 현황 파악조차도 한계를 보이고 있습니다.

민간기록 수집은 누가 하나

공공기록을 관리하는 업무를 하려면 행정안전부에서 발급하는 '기록물관리 전문요원 자격증'이 필요합니다. 그렇다면 민간기록물은 어떨까요? 당연한 이야기이지만 정답은 '누구나' 할 수 있습니다. 민간기록의 수집과 관리에는 어떤 자격요건도 필요하지 않습니다. 다만 지역의 기록을 수집할 때는 그곳의 주민들이 스스로 하는 것이 가장 좋다고 합니다. 이것은 기록 활동의 지속성과 연관된 것으로 다른 지역의 사람들에 의해 수행되는 기록 수집 활동은 활동의 종료와 함께 기록자들이 그 지역과 단절되면서 해당 활동은 단발성 프로젝트로 끝나버리기 쉽기 때문입니다. 지역 주민들의 참여를 통한 기록 수집 활동은 자기 지역에 대한 관심이며 소통의 확대입니다. 지역 주민들의 참여는 기록작업과 수집활동의 지속가능성을 담보합니다. 지역의 기록화 작업은 여러 가지 방법이 있지만 공동체를 통한 기록의 생산과 수집을 가장 중요하게 여깁니다. 지역 주민 스스로가 기록의 대상이 아닌 기록의 주체가 되고 자신들의 역사를 자신들의 언어로 기록하고 이용할 수 있게 하는 것이 공동체 아카이브의 핵심이기 때문입니다.

하루하루가 모여 만든 역사

제가 마을기록을 시작하게 된 계기는 우연히 구술채록 현장에 동행하면서였습니다. 어르신의 이야기를 곁에서 한참 듣다 보니, 참 아깝다는 생각이 들었습니다. 아깝다? 뭐가 그리 아까웠을까요? 여기 앉아 있는 시간이 아까운 게 아니라 오히려 혼자 듣기 아깝다는 생각이었습니다. 겉으로 보기엔 남루한 외모의 노인이, 자존감조차도 없어 보이는 그 노인이 들려주는 이야기가 제 인생의 금과옥조였던 것입니다.

그때 또 하나 깨달은 것은 제가 가지고 있던 어르신들에 대한 편견이었습니다. 특히 남자 어르신들은 고리타분한데다 자기주장만 하는 소위 말하는 '고집불통'의 이미지로 각인되어 있었던 듯합니다. 그 이미지는 제 자신이 만들어낸 지극히 작위적인 편견일 뿐이라는 것을 깨달았습니다. 그분들은 오랜 경험에서 얻은 인생철학을 갖고 있고, 누구보다 높은 자존감을 가진 존재입니다.

하루하루의 일상과 사소한 사건이 모인 기억이 오늘입니다. 그렇게 사람들은 또 오늘을 살아내면서 내일을 만듭니다. 마을기록을 통해 평범한 개인의 일상사가 지역의 역사로 살아날 수 있습니다. 우리 이웃의 삶을 새롭게 만나고 기록으로 남기는 과정이 그들의 사소함을, 평범함을 보듬어주는 역할을 하기 때문입니다.

'누구나' 할 수 있는 마을 아카이브

지역을 기록으로 남기는 데 있어서 가장 필요한 것은 시민기록자의 양성입니다. 지속적인 시민기록자의 참여는 지역을 기록화하는 가장 기초적인 요소입니다.

시민기록자의 양성은 마을기록학교와 같은 형태의 교육과정을 통해 장기적으로 수행되어야 하며 민간과 공공이 함께 협력하여 운영하는 것이 바람직합니다. 공공이 가지는 공신력과 민간이 가지는 자율성의 조화는 시민기록자 양성에 매우 적합한 방식입니다. 또한 양성된 시민기록자들이 커뮤니티를 통해 서로 협력하고 소통하게 된다면 그 지속성은 더욱 강화될 것입니다. 많은 시민기록자들이 참여하고 커뮤니티 간의 연대가 활발할 때 우리의 기록 생태계는 더욱 건강해질 것입니다.

(협)마을문화기록원과 골목잡지《사이다》는 시민기록자 양성을 위한 마을기록학교를 2017년부터 함께하고 있습니다. 우리는 마을기록이 지역 주민들의 참여를 통해 지속성을 확보한다고 믿고 있습니다. 시민기록자의 탄생은 마을기록의 시작이며 핵심입니다. 그러나 마을기록학교가 상시 운영되지 못하는 한계를 가지고 있고, 개설된 마을기록학교 역시 공간과 시간의 제약으로 참여하지 못하는 시민들의 아쉬움이 있었습니다. 예비 시민기록자들은 마을 아카이브에 관심이 있지만 어떻게 접근해야 할지 막막하고, 정보에 목말라 있습니다. 하지만 현재는 이들을 위한 안내서나 입문서 등이 전무한 현실입니다. 그분들께 조금이라도 도움이 되었으면 하는 마음으로 2018년에 '수원시지속가능도시재단'의 지원으로 '골목잡지 사이다와 함께하는 마을기록학교'를 선경도서관에서 진행했습니다. 그때의 강의록을 바탕으로 이렇게 마을기록 입문서를 만들게 되었습니다.

우리의 출판 취지에 흔쾌히 동의하여 원고를 수정하고 보완하는 작업에 힘써 주신 선생님들께 감사의 마음을 전하며 이 책이 마을 아카이브 활성화에 조금이라도 도움이 되기를 바랍니다.

협동조합 마을문화기록연구원 **이형희**

contents

프롤로그   7p

1강. 마을기록의 이해   17p

마을기록, 고민의 십 년 | 기록자의 작업인 산책에 대해 | 맨몸으로 기록을 받아들이는 '순간'이 있는 사람 | 낭만적 기록 소개법, 기록 여행 | 기록물은 사람들이 살아가는 하나의 세계 | 기록문명을 일구는 기록 농사 | 인생을 따라가는 마을기록 | 공정한 관찰자가 이끄는 삶 | 모여 사는 공동체를 만든 근원, 기록 | 인간은 기록하며 인식의 세계를 확장했다 | 지배 기록의 폐기, 기록 자치의 문제 | 평화를 위한 기록, 마을 아카이브 | 갈등을 대면하는 기록자의 역할 | 구술기록은 친밀함의 영역 | 제주에서 만난 기록의 저녁 | 기록이라는 문화적 DNA

2강. 공동체 아카이빙을 시작하며   57p

불확실하고 독특한 가치 갈등, 기록 | 아카이브는 정치적인 기억 작업 | 기록 개념의 확장, 신체의 체득 | 월가점령운동과 부흥주택의 사례 | 리빙 아카이브(Living Archive) | 안전사회를 지향하는 투쟁과 증거의 기록 | 애도와 성찰 또는 치유의 상징 기록 | 끊임없는(Living) 의미의 재구축 | 정서의 공동체, 정동의 가치 | 길을 잃은 아키비스트 | 공감, 치유, 관계, 정의의 아카이브

3강. 도시재생과 공동체 아카이브　　　　　　　　89p

비공식적인 기억을 어떻게 보존할까 | 자생적인 풀뿌리 거주자 운동_영국의 사례 | 콤마넷_소프트웨어를 개발하는 비영리 기술지원 단체 | 영국의 문화정책 '팔길이' 원칙 | 영국형 공동체 아카이브의 특성 | 민관협치의 나란한 파트너십 | 중층적인 민관 협업 구조 | 우리나라 공동체 아카이브의 현실 | 한국형 공동체 아카이브 거버넌스 모델

4강. 수원의 지역적 특징과 역사·문화적 특성　　　113p

서울과 가까운, 그러나 너무나 다른 | 서해를 아우르는 군사, 교통의 요지 | 수원, 경기도 수부도시가 되다 | 수원을 알면 한국이 보인다 | 수원, 한국 도시변천의 전형 | 수원 갈비, 한국음식문화를 바꾸다 | 지역학을 통해 확립하는 지역의 정체성

5강. 다시세운 프로젝트　　　　　　　　　　　　139p
세운상가 재생활성화 사업

우리나라 최초의 거대 고층 건물 | 세운상가 한 바퀴면 인공위성으로 달나라까지 | 잘 가라, 세운상가? | 밖에서 바라본 세운상가 | 예술가에게 사랑받는 세운상가 | 세운상가 재생 프로젝트 | 상생 협약서 | 초상화 인터뷰 | 무엇이든 뚝딱, 수리수리얍 수리워크숍 | 다시세운 세운상가

6강. 구술사란 무엇인가　　　　　　　　　　　　169p

'큰 역사' 뒤에 개인의 역사 | 영웅 신화가 아닌 다채롭고 풍부한 기억 | 구술사의 특징 | 시간, 그 또한 우리의 고향이다 | 미국 구술사 발전의 사례 | 피지배층의 목소리를 기록하는 영국, 맥락을 중시하는 이탈

리아 ǀ 주민들의 이야기가 마을의 역사 ǀ 구전, 구술 증언, 구술생애사 ǀ 구술 자료의 주관성과 개인성 ǀ 구술 자료의 서술성(narrativity) ǀ 구술사, 구술자와 면담자의 공동작업 ǀ 세 번의 전쟁과 사람들의 이야기 ǀ 전쟁 후 오랜 침묵의 세월 ǀ 구술작업은 성찰의 과정 ǀ 전쟁 역사에 없는 삶의 이야기 ǀ 다시 쓰는 베트남전쟁 이야기 ǀ 베트남전쟁 참전자의 생애 이야기 ǀ '시간의 고향'을 잃은 사람들 ǀ 사회에도 영혼이 있는 게 아닐까

7강. 지역 아카이브의 사회적 역할   207p

민간의 기록을 왜 수집해야 할까 ǀ 참여형 시민 아카이브 ǀ 기록의 민주화, 기록의 자치화 ǀ 지역을 기록하는 사진, 원주24도시기록프로젝트 ǀ 지역 아카이빙의 어려움 ǀ 원주 10대 이슈 전시 프로젝트 ǀ 강원아카이브협동조합의 지역기록문화축제 ǀ 지역기록의 현장 ǀ 정리된 기록을 어떻게 보여줄까 ǀ 기억하는 시민이 지역을 만든다 ǀ 민간기록 수집과 지속가능한 사회적 아카이브 ǀ 문화적 도시재생과 지역기록 사례 ǀ 기록문화의 영향력 확산

8강. 골목잡지《사이다》, 마을기록을 담다   249p

마시는 사이다? 콜라는 아니고요? ǀ 골목 구석구석을 누비다 ǀ《사이다》에서 만날 수 있는 이야기 ǀ 기억을 기록으로 남기다 ǀ '기억'이 '역사'가 되는 마을의 기록

1강

마을기록의 이해

한신대 한국사학과 교수
(기록학. 한국현대사 전공)
이영남

기록은 혼자 간직하는 것이 아닙니다.
곁에 있는 사람과 나누며
결속력을 강화하는 것입니다.
공동체는 '이야기 기록'이라는
문화적 유전자로 살아왔습니다.
인간의 행복은 다른 인간과의 만남에 있습니다.
구술은 행복을 위한 노력이라고 할 수 있습니다.
행복을 찾아 기록합니다.
마을기록은 인간의 일상적 삶과 떨어져서 존재할 수 없습니다.
마을기록은 행복과 닿아 있습니다.

1강

마을기록의 이해

마을기록, 고민의 십 년

　오늘 초청을 받아서 기쁜 마음으로 왔습니다. 오늘 저녁이 아름다운 저녁이 되기를 바라는 마음인데요, 그러기 위해서는 협업을 좀 해야 할 것 같습니다. 저는 마을기록의 요지를 협동이라고 생각합니다. 마을기록을 말하는 오늘 이 자리도 협동의 자리가 되기를 바랍니다. 제가 준비한 발표문을 낭독하는 형식으로 진행하겠습니다. 한 분씩 발표문을 낭독해 주시면 좋겠습니다.

　제 마을기록의 이미지는 농사에서 나왔습니다. 몇 년 전 우연히 충남 홍성군 홍동면 풀무학교에서 강의를 했습니다. 여기는 대안학교의 원조로 불릴 정도로 유명한 학교입니다. 매주 그곳에 다니면서 강의하고 지역에서 사람들과 어울렸습니다. 그러면서 어떤 동경 같은 게 생겼습니다. 우리가 잃어버린 문화인 공동체 문화에 대한 동경 말입니다. 처음 그 지역에 가기 전에는 마을과 아카이브를 연결해서 생각하지 못했습니다. 당시 저는 국가기록원에서 국가기록 관리를 하고 있었습니다. 자연스럽게 국가 차원의 아카이브만 생각했습니다.

물론 지방에도 아카이브가 있어야 합니다. 그런데 그것도 광역시도나 인구가 많은 거대도시 정도로만 생각했습니다. 그런데 그 지역을 다니면서 우리가 실제 사는 마을에도 그 나름대로 어울리는 아카이브가 필요하다고 생각을 하게 됐습니다. 그래서 그 지역에서 마을기록을 처음 고민했고, 이제 10년 정도 시간이 지났습니다. 10년이면 뭐라도 자세한 걸 알아야 할 텐데, 지금도 여전히 무엇이 마을기록인지, 어떻게 마을기록을 해야 하는 건지 잘 모르겠습니다. 마을기록은 오리무중입니다. 그래도 모른다고만 할 수 없으니, 제가 발표문 중간에 구체적인 얘기를 넣는 형식으로 마을기록에 대한 제 의견을 말해보겠습니다.

그럼 낭독을 부탁합니다.

기록자의 작업인 산책에 대해

낭독 영화가 상영되는 불 꺼진 극장에 들어선 사람들은 영화를 관람하는 사람입니다. 그가 밖에서 무슨 일을 했든, 방금 전에 누군가와 싸웠든, 어젯밤부터 배가 아팠든 그가 영화 관람자라는 사실은 달라지지 않습니다. 엔딩 크레딧이 오른 후 그가 밖에서 술을 마셔도, 춤추러 가도 영화가 상영되는 2시간 동안 그는 영화 관람자입니다.

동무여, 기록하는 동무여, 당신은 어떤가요? 오늘 저녁, 기록의 무대에 오른 당신도 좌우지간 기록자라고 생각하는데요. 당신이 어떤 생각으로 이곳에 발걸음을 했는지 모르지만, 당신이 어제 무엇을 했든, 내일 무엇을 하든, 지금 당신은 기록자이고 옆에 앉은 동무도 기록자입니다. 동무여, 기록하는 동무여, 우리는 오늘 2시간 동안 기록의 무대에 올라서 기록을 말하며 기록이 우리에게 어떤 것인지 살펴보려고 합니다.

우선 제가 여기에 왜 왔는지부터 말하겠습니다. 기록에 이런 저런 의미가 있으니 잘 새겨들으세요. 이런 말을 하고자 이 자리에 오지 않았습니다. 강의보다는 여행을 같이 떠나 보자고 권유하고 싶어 왔습니다. 여행지에서 당신이 직접 기록을 만나고 그 기록에 이런 저런 의미가 있구나 하는 느낌을 갖기를 바랍니다.

저는 대학에서 강의를 하고 있는데요, 강의를 하면 당연히 아는 체를 하게 됩니다. 강의하는 내용에 대해 이것이 진리다, 이것이 핵심이다 식의 얘기를 해야 합니다. 그러나 오늘은 진리의 선포보다는, 함께 마을기록으로 여행을 하자고 권하고 싶습니다. 저는 이렇게 생각하는데 당신은 어떻게 생각하는지? 묻습니다. 강의를 하면서 질문하고 권유를 합니다. 의도는 있습니다. 그것은 제가 강의를 하면서도 배우는 사람이 되고 싶어서입니다. 충분히 학습을 하고 소화를 해서 강의실에 들어오는 것이 아니라, 강의실에서 제가 궁금한 것, 모르는 것을 묻고 질문하면서 함께 배우려는 의도입니다. 오늘 여기 오신 여러분들도 지금 이 순간만큼은 기록하는 사람이라는 생각을 하면 좋겠습니다.

맨몸으로 기록을 받아들이는 '순간'이 있는 사람

기록하는 사람을 영어로 아키비스트(archivist)라고 합니다. 아키비스트는 기록을 전문으로 하는 직업군입니다. 이 직업군에서 종사하려면 제도권의 공인된 자격증이 필요합니다. 우리나라에서는 기록대학원을 졸업해야 합니다. 그러나 모든 사람이 이런 공인 아키비스트가 되어야 하는 것은 아닐 겁니다. 특히 지역에 거주하면서 마을기록에 관심을 갖는 사람들은 자격증보다는 관심과 열정, 그리고 약간의 전문지식이 더 필요할 것 같습니다. 대학원에 들어가 기록하는 사람 보다는 어떤 '순간'을 느끼는 사람을 저는 기록하는 사람, 또는 기록자라고 생각합니다. 자기가 거주하는 지역에서 마을 사람들과 어울려 기록을 시작하는 순간, 기록을 맨몸으로 받아들이는 순간 말입니다. 그래서 오늘 이 자리가 기록자끼리 얘기를 나눌 수 있는 저녁이 되지 않을까 하는 기대가 내심 있습니다.

밀도 있게 얘기를 나누려면 여행을 하는 것이 훨씬 더 효과적입니다. 저는 여행하면서 마을기록을 배웠습니다. 풀무학교에 가려고 용산역에서 기차를 타면 홍성역까지 두 시간이 걸립니다. 매주 여행하는 기분으로 그 지역에 가서 사람들을 만나 얘기를 나눴습니다. 그 과정에서 기록에 대해, 그리고 인생에 대해 참 많이 배웠습니다. 제가 마을기록을 배운 과정은 그렇습니다. 여행을 간 현지에서 사람들과 이야기를 나누는 겁니다. 어떻게 기록을 이해해야 할지, 어떻게 기록해야 할지 같이 고민해 보면서 마을 아카이빙을 했습니다. 오늘도 그런 자리가 되기를 바랍니다. 상상이기는 하지만 지금 당장 기록여행을 같이 떠나자고 권유합니다. 계속 읽어주시겠습니까?

낭독 물론 당신은 반론을 제기할 줄 압니다. 기록이 무엇인지 일단 알아야 기록의 의미에 대해서도 알 것 아닌가. 그러려고 전문가에게 강연을 듣는 것 아닌가. 당신이 말하는 여행이 공부를 위한 여행이라면 떠나기 전에 여행지에서 우리가 무엇을 해야 할지 알려주어야 할 것 아닌가. 이런 식으로 덮어놓고 당신이 알아서 하라는 식이라면 우리를 왜 이 자리에 모이게 했는가. 우리도 바쁜 사람이다. 내 삶에서 두 시간을 할애했으니 그 만한 보상이 있어야 할 것 아닌가. 당신에게서 이런 물음이 나올 줄 압니다. 그 심정에 공감합니다. 저 역시 어제도 오늘도 내일도 훌륭한 강연을 찾아서 공부를 하고 있습니다. 피가 되고 살이 되는 좋은 강연을 들을 때마다 부쩍 성장했다는 느낌이 듭니다. 어떤 것에 대해 잘 알게 되었다는 포만감, 다음에 어디에 가서 써먹을 수 있다는 기대가 생깁니다. 이 글의 대부분은 그런 피와 살로 구성되어 있을 줄 압니다. 받았으니 돌려주자는 심정으로, 그런 훌륭한 강연을 모방하려고 수차례 시도를 했습니다. 대학의 강의실에서, 이렇게 시민들과 만나는 기록 교육장에서. 햇수로 따져도 10년이 지나 20년 가까이 됩니다.

낭만적 기록 소개법, 기록 여행

강의에는 맥이 있습니다. 핵심적인 줄거리가 강의를 이끌어야 합니다. 하지만 그러면서도 좀 색다른 경험을 나누고 싶은데요. 고등학교 다닐 때였습니다. 제2 외국어로 불어를 배웠습니다. 불어선생님은 첫 시간부터 두 달 동안 불어로만 수업을 했습니다. 고등학교 1학년 학생들, 불어를 처음 배우는 학생들한테! 지금 생각해도 대단하다는 생각이 듭니다. 그때 불어선생님의 생각은 3년 동안 불어로만 수업하면 학생들이 네이티브 스피커가 되지 않을까 하는 것이었습니다. 그러나 그렇지는 않았습니다. 선생님은 두 달 만에 실험을 포기했습니다.

나중에 대학에 들어가 일본어를 배울 때는 그와 정반대의 경험을 했습니다. 일본어 단과 학원에서 초급 일본어를 배웠습니다. 놀랍게도 한 달 만에 고등학교 3년 과정을 마스터했습니다. 매우 체계적이고 심지어

기계적인 과정이었습니다. 덕분에 짧은 시간 안에 일본어 초급을 익힐 수 있었습니다. 가끔, 상반된 두 경험을 생각해보곤 합니다. 일본어 강의의 매력은 꼭 알아야 하는 것을 선생님이 체계적으로 강의하면 배우는 사람들이 효율적으로 습득하는 방법이었습니다. 그 다음에는 각자 자기 스타일을 가지고 심화공부를 하면 됩니다. 저는 그렇게 일본어 초급을 익혔습니다.

예나 지금이나 일본어라는 외국 언어에 대해 어떤 환상이나 낭만 같은 이미지는 그려지지 않습니다. 반면, 불어에는 이상하게도 닿을 수 없는 세계를 동경하는 느낌이 남아 있습니다. 어느 곳을 여행하다가 더 둘러보고 싶은데 시간이 없어서 다른 곳에 가야 할 때 드는 어떤 아쉬움 같은 것이 불어라는 이국의 언어에는 있습니다. 늘 그런 느낌이 있습니다. 이것이 오늘처럼 강의를 해야 하는 상황에서 저를 유혹하곤 합니다. 일어보다는 불어가 아닐까? 저는 이런 마음에 지곤 합니다. 오늘도 불어처럼 기록을 소개하고 싶은 유혹이 강합니다.

불어의 유혹에 빠져 내친 김에 더 나가보겠습니다. '묻지 마 관광'보다도 위험한 여행이 있습니다. 그것은 계획을 천천히 세운 다음에 여행을 가는 겁니다. 그래서 여행 전에 계획한 대로 여행을 한다면 그건 참 재미도 없고 위험하기도 할 겁니다. 뭔가를 발견할 수도 있는 여지가 없지 않습니까? 어쩌면, 여행 계획은 여행지에 가서 세우는 것이 좋지 않을까요? 우리 인생도 그런 것 같습니다. 오늘 저녁은 기록을 말하는 저녁이니만큼 아카이브를 추가해야 할 것 같습니다. 여행지에서 계획을 세우는 것이라면 그 지역의 아카이브를 방문해 보세요. 아카이브에 보관되어 있는 기록을 하나씩 찬찬히 살펴보면서 여행 계획을 세우는 겁니다.

미국에 가 보니 서점마다 지역에 관한 책이 꽂혀 있었습니다. 도시를 다닐 때마다 서점에 가서 지역을 소개하는 코너에 갔습니다. 그곳에서 책을 펼쳐보면서 어디를 방문하면 좋을지 정하곤 했습니다. 이런 역사와 문화가 있다니! 감탄하면서요. 훨씬 더 좋았습니다. 우리가 한국에서 접할 수 있는 정보로는 알 수 없는 세밀한 정보가 있었습니다. 이런 제 경험이 '믿는 구석'으로 자리를 잡아 여행지에 가서 여행 계획을 세우는 것이 좋다는 말도 스스럼없이 할 수 있습니다.

기록물은 사람들이 살아가는 하나의 세계

^{낭독} 지난 세월에는 뱁새의 비극이 있습니다. 황새를 좇았던 시간은 매번 가랑이가 찢어져 피를 흘리는 시간이었습니다. 뱁새가 황새를 따르려는 것이 비웃음만 받을 일은 아닙니다. 네 꼬락서니를 알아라! 주제넘게 나서지 마라! 이런 비웃음이 사방에서 들려오곤 했습니다. 그러나 흉중에서는 자못 진지한 시간이었습니다. 다만 원하는 결과를 얻지 못했고, 지난 시간은 비생산적이었다고 말하고 싶습니다. 이런 경험의 역사 속에서 선택을 해야 했습니다. 기록동무들, 강의보다는 여행이 좋을 것 같습니다. 그리고 당신이 직접 기록의 의미를 탐구하기 바랍니다.

> 당신이 얼마나 외로운지, 얼마나 괴로운지
> 미쳐버리고 싶은지 미쳐지지 않는지
> 나한테 토로하지 말라
> 심장의 벌레에 대해 옷장의 나방에 대해
> 찬장의 거미줄에 대해 터지는 복장에 대해

나한테 침도 피도 튀기지 말라
인생의 어깃장에 대해 저미는 애간장에 대해
빠개질 것 같은 머리에 대해 치사함에 대해
웃겼고, 웃기고, 웃길 몰골에 대해
차라리 강에 가서 말하라
당신이 직접
강에 가서 말하란 말이다

강가에서는 우리
눈도 마주치지 말자.

(황인숙, 강,《자명한 산책》, 문학과지성사, 2003)

 직접 말하라는 말에 이끌려 강으로 갔습니다. 그런데 의문이 하나 들었습니다. 무심한 듯 유유한 저 강물에 심장에 품었던 것을 다 흘려보내라는 것일까. 전에는 동구 밖 돌부처 앞에서 아무도 듣지 않으니 마음껏 토로했던 사람들이 있었다는데, 그렇게 하라는 것인지. 사방을 둘러보았으나 돌부처는 보이지 않았습니다. 오히려 사람들은 다른 무언가를 하고 있었습니다. 그들은 고통의 심장을 떠어 내서 강물에 씻는 세초(洗草) 의례를 수행하는 것 같지는 않았다는 말입니다.

 제가 우려하는 것은 기록을 너무 기술적으로만 접근하는 것입니다. 기록을 말할 때 우리는 기록물에만 초점을 두는 경향이 있습니다. 좋은 기록물을 수집해서 잘 정리하고 활용할 수 있으면 그만일까요? 물론 그것도 중요합니다. 하나의 핵심 줄기인 것은 분명합니다. 그런데 그것이 전부는 아닙니다. 어쩌면 더 중요한 것을 놓칠 수도 있습니다.

저는 서울에서 살고 있는데요, 한신대에 가려면 수원역까지 기차를 타고 와서 다시 병점까지 전철을 타고 가야 합니다. 몇 년 동안 수원은 제게 정거장에 불과했습니다. 수원 역시 사람들이 애환을 갖고 살아가는 도시라는 생각은 없었습니다. 그냥 볼 일 때문에 기차를 타고 가다가 갈아타는 하나의 정거장이었습니다. 만약 기록을 별도의 언어와 정서가 있는 그런 하나의 세계가 아니라, 기록물로만 본다면 기록도 우리 인생에서 스쳐가는 정거장에 불과할 것 같습니다. 하지만 기록이 그런 정거장이 될 수는 없습니다. 수원이 수원역이라는 정거장으로 치환될 수 없듯이, 기록도 기록물로만 좁힐 수는 없습니다. 쥐가 코끼리를 주머니에 넣어 가지고 다닐 수는 없습니다. 그러나 기록물만 기록이라고 좁혀 말한다면, 쥐가 코끼리를 주머니에 넣는 것과 같습니다.

어떻게 하다 보니 오늘처럼 수원에 사는 분들과 어울릴 기회가 하나 둘 생깁니다. 이런 시간이 생기면서 수원은 더 이상 정거장이 아니게 되었습니다. 지난 9월 초, 이곳에서 마을기록 강연회가 있었고, 저도 참여했습니다. 그날은 마침 수원화성축제가 있는 날이어서 끝나고 거리에 나가 보니 야행 행사가 있었습니다. 환한 표정의 사람들이 거리를 가득 채우고 있었습니다. 그 열기가 참 대단했습니다. 그때 비로소 알았습니다. 그래, 여기는 정말 사람이 살고 있는 도시구나. 당연한 것을 뒤늦게 알았던 겁니다.

저는 기록도 기록물의 퇴적층이 아니라 사람들이 살아가는 하나의 세계라고 생각하고 있습니다. 거기에 어울리는 언어가 있고 정서가 있고 인간관계가 있고 그러면서 희로애락이 있습니다. 이런 것들이 자리를 잡고 있는 공간이 기록이라 생각합니다. 너무 장황하게 말한 것 같습니다. 기록을 말할 때면 기록물이 주인공처럼 압도적이고, 사람들은 거기에 정신을 빼앗기는 것 같아 저도 모르게 장황하게 얘기를 하게 됩니다. 결혼하면 세계관이 바뀌고 아기를 낳으면 우주관이 바뀐다는 말이 있습니다. 기록을 만나는 것도 세계관이 조금은 바뀌는 그런 경험이 되면 참 좋겠습니다.

기록문명을 일구는 기록농사

^{낭독} 멀리서 보면 매일 고통을 반복하는 시지포스로 보이는 동무들도 가까이에서는 다른 서사를 살고 있었습니다. 역사책은 숲에서 생활하던 인간이 강으로 몰려가 자연에 의지하지 않고 먹을 것을 직접 농사 지으면서 인류의 4대 문명이 시작됐다고 말합니다. 인간은 농사짓고 불로 요리해 먹으면서 오늘날의 인간이 되었습니다. 다음과 같은 문장으로 시작하는 장엄한 서사가 있습니다.

"1만 여 년 전 어느 날 티그리스 강가에서 한 여자가 밀 씨앗을 뿌리면서 인류는 농사를 짓기 시작했다."

동무여, 기록동무여, 기록을 내내 밖에 내버려두었다가 비로소 마음 안으로 받아들인 이후부터는 이 문장이 참 중요해졌습니다. 아마도 인류의 문명처럼 누구나의 삶에도 지금 삶의 씨앗을 뿌리고, 키워서 거둔 수확으로 요리를 해서 동무들과 나눠 먹은 사람이 있을 것 같습니다.

저는 마을기록을 농부들에게 배웠기 때문에 자연스럽게 기록방법론을 농부의 언어, 농부의 정서로 말하려고 시도합니다. 인간은 1만 년 전에 농사를 짓기 시작하면서 문명을 일궜습니다. 물론 메소포타미아 지역의 어떤 여자가 밀의 씨앗을 뿌렸다는 것은 일종의 상징입니다. 꼭 그렇지 않더라도 씨앗을 뿌리는 사람들이 하나둘 생기고 서로 시행착오를 겪으면서 농사짓는 법이 정착되었을 것입니다. 어떤 일이든 도약의 순간이 있습니다. 어느 날 누군가 농사의 과정을 온전히 체득하게 되고, 그때부터 아마 인간은 농사를 짓기 시작했을 것 같습니다.

국가기록은 표준이 중요합니다. 표준을 제대로 만들어서 제도의 힘으로 확산할 수 있습니다. 그러나 마을기록은 그럴 수 없을 겁니다. 마을기록은 표준보다는 씨앗의 서사가 더 필요할 지도 모르겠습니다. 수만 가지 혹은 수백만 가지의 방법이 나오면 좋겠습니다. 그래서 각자의 위치에서 그 지역의 토양에 맞는 씨앗을 뿌리고 '기록농사'를 짓는 겁니다. 그것이 기록문명을 일구는 길이 될 것 같습니다.

얼마 전 《당신의 병점 이야기》를 읽다가 깜짝 놀랐습니다. 일제 강점기 때 얘기였는데요, 어느 날 지역으로 기차가 들어왔는데, 그것을 두고 새로운 문명이 들어왔다는 말로 표현을 하더군요. 인상적이었습니다. '기록농사'를 찬찬히 지으면 새로운 기록문명을 만날 수 있다고 생각합니다.

인생을 따라가는 마을기록

낭독 13세기 이탈리아의 르네상스 시인들은 시의 행간에서 '사랑'을 찾았다고 합니다. 행간에서 무엇을 찾을지는 각자의 몫입니다. 저는 시집《자명한 산책》에 실린 〈강〉이라는 시를 읽으면서 그 행간에서 인간의 자부심을 느꼈습니다. 요약하자면, '인간은 스스로 할 수 있는 존재이다. 물론 혼자서는 불가능하다. 사회적 동물인 인간은 서로 협력하는 와중에 자신이 하려는 일을 찾는 존재이다. 의사들은 말한다. 환자가 스스로 나으려는 의지가 없으면 백약이 무효라고. 의사에게 일방적으로 매달리는 것이 아니라 환자와 의사가 서로를 신뢰하고 상호협력해야 병을 치료할 수 있다고 말한다. 아팠던 경험이 있는 사람들도 의사의 그런 말에 동의한다.' 시로 무언가를 기록하는 시인들은 이런 주저리주저리를 압축하고 상징해서 간결하게 시로 기록합니다.

제가 대학에서 강의하는 과목 중에 '일상생활과 기록'이 있습니다. 교양과목이라 만만하게 들어왔다가 한 학기 내내 깊은 혼란을 느끼다가 떠나는 학생들이 부지기수입니다. 그 학생들에게 냉정하게 말합니다. "직접 기록의 의미를 탐구하라. 나는 학점을 관리한다." 저는 학생들을 믿습니다. 학생들에게 그럴 능력과 의지가 있다는 것도 믿습니다. 교수는 단지 그런 기회를 제공해야 한다고 생각합니다. 그래서인지, 그런 와중에도 기록 여행을 즐기는 학생들이 제법 되었습니다. 젊은 학생들은 기록의 의미를 자기 시선으로 찾았습니다.

저는 오늘 이 자리에서 기록의 의미를 같이 탐구하자고 권유합니다. 제가 생각하는 기록의 의미를 공유하는 것이 아니라, 제가 생각하는 기록의 의미를 찬찬히 들으면서 당신도 당신의 마음에 기록이 무엇인가, 하는 '기록 이미지'를 새겨 넣기를 바랍니다. 기록의 세계로 같이 여행을 떠나서 기록의 의미를 지금까지 살아온 자기 경험과 열망, 의지, 바람 등으로 이해하고 정리하기를 바라는 마음입니다.

시의 행간에 무엇이 있는가? 이것이 시인들의 중요한 관심사인데요. 13세기 시인들은 '사랑'을 찾았다고 합니다. 이탈리아어로 스텐차(stanze)라고 하는데요. 이 말은 원래 아랍어로 직역하면 천막이라는 말입니다. 유목민들은 옮겨 다니면서 살지 않습니까? 늘 옮겨 다니니까 천막(집)이 중요합니다. 그 중에 가운데 있는 천막은 특별히 성소의 역할을 합니다. 유목민들은 그곳을 스텐차라고 불렀다고 합니다. 시인들에게는 그런 자부심이 있었습니다. 시에는 인간의 정서가 들어가는 것이다. 그것은 사랑이다.

생태농사를 짓는 사람들은 화학 제초제나 화학 농약을 쓰지 않으려고 노력합니다. 제초 작업을 하지 않으면 풀이 많아져 작물 스스로는 성장이 어렵기 때문에 농사를 지으려면 제초를 어떻게 해야 할지 고민하지 않을 수 없습니다. 기록농사도 제초가 필요하긴 하지만, 풀을 완전히 제거하는 방식보다는, 더구나 화학 제초제를 쓰는 것보다는, 작물과 잡초가 공생하는 법을 모색하는 제초법을 고민해야 합니다.

기록농사에서 잡초란 무엇일까요? 저는 바로 '우리 마음'이라고 생각합니다. 전문가들이 형성한 가공의 세계에는 질서 역할을 하는 표준이 있습니다. 표준은 화학 제초제처럼 작용해서 '잡초'를 모두 제거합니다. 엉망인 것들, 말 그대로 쓸데없는 것들, 불필요한 것들, 잡초 같은 것들을 표준은 용납하지 않습니다. 표준이 무조건 나쁘다고 말할 수는 없지만 표준은 제초 작업의 일환일 뿐입니다.

그러니 잡초와 공생하는 '표준'이어야 합니다. '표준'과 '잡초'가 섞이면 참 좋겠습니다. 특히 마을기록에서는 더할 나위 없이. 그러니까 마을기록을 할 때는 이미 정해져 있는 표준에서 출발하는 것이 아니라, 여행지에서 계획을 세우는 것처럼, 일단 씨앗을 뿌립니다. 그 다음에 잡초가 무성해지면, 그때서야 잡초를 줄여서 공생할 수 있는 표준을 만드는 것입니다. 거기에 마을기록의 요체가 있습니다. 사실 우리는 사랑하는 법을 배워서 사랑을 시작하는 것도 아니고, 애 키우는 법을 배운 다음에야 애를 키우는 것도 아닙니다. 연인을 사랑하고 친구들을 만나 우애를 나누는 것은 그 반대이지 않습니까? 그것은 자기도 모르게 습득하는 것입니다.

 마을기록은 인생을 따라가야 합니다. 마을기록에 관심 있는 사람들이 모여 앉아 표준대로 묵묵히 기록하기 보다는, 자기의 경험, 살아온 시간 등을 기록 작업에 풀어놓아야 합니다. 그 시간에 기록을 받아들여야 할 것 같습니다. 그러면 참 좋겠습니다.

공정한 관찰자가 이끄는 삶

 낭독 기록이 아니라면 만날 일이 없을 단 한 번의 저녁시간, 2018년 9월 21일 금요일. 아무쪼록 고독한 시간이 되길 바랍니다. 진지할 때 찾아오는 그런 고독, 나 혼자 무언가를 발견했을 때의 고독. 영화관에서 우리는 각자 고독합니다. 수백 명이 함께 모여 앉아도, 심지어 옆에 사랑하는 연인이 있어도 우리는 고독하게 영화에 몰입합니다. 그러나 고독만 있어야 할 이유는 없습니다. 가벼움도 있습니다. 저녁 시간, 홀가분한 복장으로 정처를 무시하며 천천히 동네를 배회하다가 커피 한 잔 테이크아웃해서 마시는 그런 산책이 주는 가벼움 말입니다. 그렇게 동네 한 바퀴 돌고 집에 돌아오면 홀가분한 느낌이 듭니다. 옷깃을 스쳐 가는 소리만 들리는 이 시간에 기록동무들과 같이 기록 여행을 떠나는 것에 희망을 품어봅니다. 혼자라면 할 수 없지만 이렇게 여러 명이 모여 앉았기에 가능하겠지요, 아마도. 우리 각자의 마음에 좋은 기록이미지가 들어가 우리 삶을 조금이라도 변화시키길 바랍니다.

 우리는 가끔 혼잣말을 합니다. 중얼중얼하는 다른 사람의 모습을 가만히 보면 미친 사람이 아닌가 싶습니다. 중얼거리는 자신을 보면서도 그런 생각을 합니다. 나 왜 이러지? 미친 사람처럼 혼잣말을 하네. 세수를 하다가도 손바닥에 비친 자기 모습을 보며 잘 살고 있는 거야? 묻습니다. 일에 치이고 사람들에게 지쳐 밤늦게 집으로 돌아올 때면 피곤합니다. 저기 하늘에는 달이 떠 있습니다. 그럴 때 우리는 가만히 걷지 못하고 상념에 빠져 혼자 중얼거립니다. 왜 그러고 사니?

경제학의 아버지로 불리는 아담 스미스는 원래는 철학자입니다. 그는 인간에게 필요한 도덕을 사유했습니다. 아담 스미스는 우리 안에는 보이지 않는 공정한 관찰자가 있어서 우리를 이끌어간다고 말합니다. 아담 스미스의 '보이지 않는 손'도 비슷하게 이해가 됩니다. 저는 '보이지 않는 공정한 관찰자'라는 존재에 참 끌립니다. 우리에게는 각자 공정한 관찰자가 있어서 자기를 공정하게 관찰해 주고 엇나가지 않게 해주고, 심심하지 않게 대화도 나눠주고 그러면서 삶을 이끌어간다고 하는 이야기에 끌리지 않을 수 없습니다. 공정한 관찰자를 증명할 수는 없지만 그 존재를 부정하는 증명도 어렵습니다. 공정한 관찰자가 이끌어가는 삶은 멋집니다. 산책을 떠나자 하는 것도 그렇습니다.

"자기 안에 보이지 않는 기록자가 있을 것이다. 그 기록자는 자기 자신을 공정하게 관찰할 것이다."

지금부터는 보이지 않는 기록자를 꺼내서 기록을 같이 의논하는 시간입니다. 여기 앉아 있는 눈에 보이는 우리가 아니라, 각자의 곁에서 보이지 않는 귀신같은 어떤 공정한 기록자와 함께 기록농사를 짓기 바랍니다.

모여 사는 공동체를 만든 근원, 기록

_{낭독} 먼 옛날 수렵채집 시대로 간다. 인류학자들의 연구에 따르면, 그들의 삶은 지금과 별반 사는 것이 다르지 않았다. 아침에 일어나면 남자들은 떼 지어 사냥을 나가고 여자들은 삼삼오오 모여서 백팩을 메고는 채소를 찾아 과일을 찾아 나갔다. 아이들은 남고 노인들도 남았다. 저녁이 들어올 때쯤 공동체 구성원들은 주거지 한가운데에 있는 공동취사 구역으로 모였다. 모닥불이 타고 있는 그곳에서 그들은 고기를 굽고, 고기와 야채를 섞어서 요리를 하고, 과일을 나눠 먹었다. 그런데 침묵의 식탁은 아니었다. 그들의 입은 먹기도 하고 말하기도 하면서 바빴다. 그들은 너나없이 서로의 눈을 마주보고 그날 있었던 일을 이야기했다. 아이는 사실은 졌으면서도 자기가 오늘 친구와 싸워서 이겼다는 무용담을 말하고, 할머니는 사실은 아이에게 짜증을 냈으면서도 아이를 정성껏 돌보았다고 말하고, 남자는 사실은 너무 두려워 그 자리에서 얼어버렸으면서도 사자를 만났으나 전혀 두렵지 않았다고 으스대고, 여자는 사실은 정신없이 일했으면서도 간간히 보았던 하늘이 높았으며 바람은 시원했다고 말한다. 그들은 사실을 자신에게 유리한 방식으로 각색하고 때로는 심한 과장법을 넣어 반전이 있는 이야기를 만들었다.(마저리 쇼스탁, 《니사》, 삼인, 2008)

가만히 생각하면 인간의 저녁 식탁 자리는 밥을 먹는 자리라기보다는, 기록을 만들고 나누는 자리였습니다. 인류는 태고의 기록 형식인 이야기로 그날의 일을 기록했습니다. 인간 최초의 기록 형식인 이야기는 이처럼 반복되는 일상에서 나오지 않았을까요? 기록은 혼자 간직하는 것이 아닙니다. 요즘 시대 기록의 의미는 곁에 있는 사람과 나누며 결속력을 강화하는 것, 공동체 구성원들과 나누며 공동체성을 강화하는 것에서 찾을 수 있습니다. 인간은 밥과 기록으로 타인에게 곁을 주었고 공동체의 결속을 다졌습니다. 사랑을 이야기했고, 우

리가 어떻게 살아야 하는가를 함께 고민했습니다. 아이들에게 읽히는 대부분의 동화는 이런 윤리적 맥락에서 이해할 수 있습니다. 공동체는 '이야기 기록'이라는 문화적 유전자로 살아왔습니다.

우리는 기록을 오해하고 있습니다. 기록이 시작된 것은 누군가를 지배하기 위한 도구가 필요했기 때문이라고 말합니다. 물론 그런 측면이 있습니다. 예를 들어서 농사를 짓기 시작하면서 국가가 생기고 계급이 생겼습니다. 지배계급이 피지배층을 지배하기 위한 통치 도구로 기록이 이용된 것도 사실입니다. 그리고 상업 활동이 활발해지면서 확실한 계산을 위해 기록이 필요했습니다. 신분을 증명할 수 없는 노숙자들은, 이 사회 기록에서는 존재하지 않는 사람으로 취급됩니다. 우리는 태어날 때부터 죽을 때까지 국가기록 체계에 등록되고 관리되면서 살다 갑니다. 죽어서도 사망기록을 남깁니다.다 기록으로 관리가 됩니다. 직장에 들어가도 마찬가지죠. 물고기가 물에서 벗어나 살 수 없듯이 우리는 기록을 벗어나 살 수 없습니다. 그러나 진지하게 묻게 됩니다. 그게 전부일까? 기록에는 그것 말고는 없는가?

더 먼 옛날, 수렵채집의 원시시대로 돌아가 보면 기록은 다른 의미였습니다. 기록이 공동체를 이루고 사는 인간들의 유대감을 형성했기 때문입니다. 물론 이야기를 기록이라고 할 수 있을까 하는 반론이 있을 수도 있습니다. 하지만 저는 그런 가설이 가능하다고 봅니다. 문자를 무조건 기록물 위주로 보지 않고 인간의 언어적 행위 전반으로 넓혀서 기록을 이해하면 좋겠습니다. 이렇게 넓혀서 보면, 기록은 우리가 모여 사는 공동체를 만든 근원에 들어갑니다. 이런 근원적인 곳에서 출발하면 현대 사회의 기록을 더 잘 이해할 수 있습니다.

600만 년 무렵 인간은 침팬지와 갈라졌다고 합니다. 진화의 나무에서 다른 나뭇가지로 옮겨가서 살기 시작했습니다. 호모에렉투스는 허리를 곧게 세운 자라고 하는데요. 어떻게 직립보행을 하게 되었을지 궁금합니다. 아무래도 신체 해부학적 특징을 말해야 할 것 같습니다. 진화 가설 중에는 요리사 가설이 있다고 합니다. 익힌 음식은 소화하기도 쉽고 에너지 효율도 높습니다. 인간이 음식을 불로 익혀 먹으면서 장이 가벼워졌다고 합니다. 장이 가벼워지면서 직립이 가능해졌다고 합니다. 저는 불로 요리를 해서 먹기 시작하면서 직립보행이 온전해졌다는 이 가설이 참 마음에 듭니다. 저녁 무렵 소규모의 사람들이 불을 중심에 두고 둘러 앉아 음식을 익혀 먹는 풍경이 그려집니다.

원시시대에는 공동으로 식사를 했을 텐데요. 불로 요리를 하고 나눠 먹으면서 인간은 서로의 얼굴을 쳐다보면서 대화를 나눕니다. 야생의 세계에서 서로를 빤히 쳐다보는 것은 공격 의사로 이해됩니다. 특히 먹을 것을 앞에 두고는 그렇게 하기 힘듭니다. 다른 동물들은 묵묵히 밥만 먹습니다. 그러나 인간은 대화를 나누면서 밥을 먹습니다. 불 주위에 둘러앉은 사람들이 이야기를 나누는 풍경을 저는 기록의 기원으로 보고 있습니다. 이야기의 원형을 만들고 신화를 만들고 그러면서 공동체의 결속을 다졌을 것 같습니다.기록은 무엇보다도 공동체적 특성을 가지고 탄생했습니다.

인간은 기록하며 인식의 세계를 확장했다

낭독 어느 날인가. 그들은 넓은 동굴에 모였다. 그들은 내일을 증식하기 시작했다. 해가 다시 떠오르는 문자 그대로의 내일, 이번 겨울이 가면 다가올 봄, 지금은 젊지만 기력이 빠져 거동이 불편한 내일, 사랑하는 사람들과 영영 헤어지는 그 어떤 날, 비록 사랑하는 사람과 영영 헤어지지만 다음에 또 다시 만날 수 있는 다음 생애. 그들은 동굴에서 내일을 기록했다. 노래를 지어 부르고, 춤을 추면서 '광란의 밤'을 보냈다. 죽은 자를 추모하고, 내일 있을 사냥과 전투의 승리를 기원하고, 병든 자를 낫게 했다. 공동체 구성원의 누군가가 나서서 이것을 벽화로 그렸다. 반복되는 광란의 밤을 위해 공동체 기록자는 벽화를 그렸다. 그들이 사냥해서 먹는 동물들, 그들이 입으로만 들었던 상상의 동물들, 그들이 따서 먹는 채소와 과일, 그들이 말로든 들었던 식물. 공동체 기록자들은 '그림기록'이라는 만들었다. 공동체의 중요한 의례는 이 기록 앞에서 펼쳐졌다. 저녁 식탁과는 사뭇 다른 이런 축제, 제사의 자리에서 빛나는 것은 어떤 특이한 기록 능력을 가진 기록자들이었다. 그들은 팀을 이뤄 공동체의 결속을 다지는 그림기록을 산출했다. (미셀 로르블랑세, 《예술의 기원》, 알마, 2014)

프랑스의 라스코 동굴벽화, 스페인의 알타미라 동굴벽화, 울산 반구대의 암각화 등. 인간은 진지하게 그림기록을 만들었습니다. 전 세계적으로는 몇 백 개가 넘는다고 합니다. 이런 장엄한 역사를 가만히 들여다보면, 인간이 공동체를 만들고 운영하기 위해서는 사회제도보다도 상징적 구심점이 더 필요하지 않나 하는 생각이 듭니다. 인간은 두 종류의 기록(이야기, 그림-노래-춤)을 공동체적 삶의 상징적 구심점으로 삼았을 것 같습니다. 인간은 기록을 하면서 인식의 세계를 확장했습니다. 그렇게 인간의 삶은 넓어졌고, 또 다른 세계와 연결되었습니다.

울산의 반구대나 다른 지역 벽화들도 일상적으로 만나는 동식물만 그린 것은 아니라고 합니다. 예를 들어 수원의 벽화라면 수원 지역의 동물, 식물만 그린 게 아니라 부산이나 제주, 심지어 일본이나 중국의 동식물도 그리는 식입니다. 이것은 상상입니다. 인간이 추상의 세계에서 살았다는 것을 의미합니다. 사물을 있는 그대로 직접적으로 이해하는 것에 그치지 않고, 추상화해서 이해할 수 있는 능력이 인간에게 생겼습니다. 벽화는 그런 사실을 말해주는 기록입니다. 인간이 추상의 세계에서 기록하기 시작한 셈입니다.

그것은 어떻게 보면 '지금과 다른 나'와 '다른 누군가'를 갈망하는 것이고, 이 세계와는 다른 세계를 그리는 것입니다. 그러면서 죽음을 자기의 세계로 받아들였을 것 같습니다. 사랑하는 사람의 죽음에 슬퍼하는 것, 죽은 뒤에서 평안하게 지내기를 바라는 마음이 죽음의 세계에 반영되어 있습니다. 내세가 있다는 생각과 내일이 있다는 생각은 같은 맥락으로 읽힐 수 있습니다. 가끔 개나 고양이를 보면 과연 내일을 생각할까, 의문이 듭니다. 개와 고양이에게 내일이 있을까요? 잘 모르겠습니다. 어제의 어떤 사건이 오늘을 형성하고, 오늘 어떻게 사느냐에 따라 내일이 결정된다는 인과론적 시간관념을 개나 고양이가 지니고 있을지 의문입니다.

우리는 초등학교 4학년, 5학년 무렵부터 역사를 가르칩니다. 역사는 과거, 현재, 미래의 시간을 인과적으로 구성하는 작업입니다. 당연하게 생각되지만 어떻게 구성하느냐에 따라 현재는 다른 모습을 띕니다. 어제 어떤 행동을 했기 때문에 오늘 나에게 이런 영향을 미쳤고, 내가 오늘 어떤 행동을 하면 내일에 영향을 줄 것입니다. 이런 시간의 인과적 특성이 역사의 요체입니다. 4학년, 5학년 무렵이면 아이들도 그런 인과적 세계를 이해할 수 있다고 합니다. 어제가 있어 오늘이 있고, 오늘이 있어 내일이 있을 것이라는 인과적 시간관념은 인간의 행동을 규

율합니다.

　인간은 특이한 시간관념에서 삽니다. 어제, 오늘, 내일의 흐름에서 삽니다. 내일은 해가 떠오르면 그저 오는 시간이 아니고, 오늘 어떻게 지내느냐에 따라 달라지는 유동적인 시간입니다. 역사를 가르치는 것은 현재를 사는 법을 가르치는 것입니다. 기록의 관점에서 보면, 인간의 이런 인과적 시간 관념은 이야기를 만들고 벽화를 그리는 것과 밀접한 관련을 갖습니다. 오늘날에는 미디어를 통해서 쉽게 접할 수 있지만, 문자가 나오기 전에는 사실 이야기라는 것은 직접 만나서 듣는 것 말고는 방법이 없었습니다.

　물론 언어가 달라서 직접 만나도 소통이 어려웠을 겁니다. 폴리네시아는 한 섬에도 사용되는 언어가 수백, 수천 가지가 된다고 합니다. 다양한 언어를 가진 각각의 언어공동체가 만나서 이야기를 나누는 것은 참 어려운 일입니다. 그런데 그림은 이런 언어의 장벽을 넘어설 수 있는 장점이 있습니다. 그림을 통하면 이해의 폭이 넓어집니다. 그림은 다른 공동체와 만날 수 있는 커뮤니케이션 수단이 됩니다. 벽화를 보면서 이런 생각을 했습니다. 이야기는 그 공동체의 결속을 강화하고, 그림은 내부 결속뿐만 아니라 상호 소통의 역할까지 했을 것 같습니다.

지배 기록의 폐기, 기록 자치의 문제

　^{낭독} 비극이 없는 삶은 없습니다. 인류의 슬픔은 폭력이 제도적 장치를 통해 영속적으로 반복된다는 데 있습니다. 그런데 그 제도 중에는 기록제도가 있습니다. 얼마 전 한신대 기록대학원의 기록답사 여정으로 중국 북경에 간 적이 있습니다. 우리 일행은 천안문 광장에 면한 웅장한 국가박물관에 들렀습니다. 전

시는 사진, 그림이 혼재되어 있었습니다. 저는 매우 사실적인 사진보다는 거대한 화폭의 그림에 이상하게 더 끌렸습니다. 20세기 전반기 중국 인민의 장엄한 역사가 화폭마다 거대 서사로 담겨 있었습니다. 물론 권력의 이념이 들어 있었습니다.

수천 년간 이어진 불의와 억압이라는 역사의 질곡에 빠진 인민을 구한 자는 과연 누구일까요? 중국 공산당의 역사적 역할을 강조하고 또 강조하는 선전 선동의 화폭이었지만, 그 기록 속에서 발견한 한 장면이 인상적이었습니다. 질곡을 넘어 완전한 해방과 자유, 평등의 세계로 들어가는 입구에서 그들은 무엇을 했을까요? 거대한 나무 주변에 모인 사람들이 문서를 태우며 환호하고 있었습니다. 토지문서, 부채문서, 신분문서. 가난한 사람을 더욱 가난하게 만들고, 억압된 자를 더욱 옥죄이는 문서가 무더기로 폐기되고 있었습니다. 저는 기록을 폐기한다는 것이 그렇게 쾌감을 주는 일일 줄 몰랐습니다.

여기부터는 제도적인 측면에서 이야기하겠습니다. 한국에서 내셔날 아카이브를 기반으로 하는 기록제도가 형성된 것은 1999년에 공공기록 관리법이 제정되면서부터입니다. 공공기록관리법은 기록물을 정당한 절차를 거치지 않고는 폐기할 수 없도록 강력하게 규제를 합니다. 공공기록관리법은 기록을 폐기하는 절차를 규정했는데요. 이 절차대로 하지 않으면 무단 폐기라서 불법적인 행동이며 벌금형, 또는 징역형까지 갈 수 있습니다.

폐기를 그렇게 강력하게 규제하는 분위기에서 국가기록을 관리하는 일에 종사했기 때문에 요즘도 '기록물 폐기'라는 말을 들으면 의심하는 마음이 생깁니다. 그런데 얼마 전 중국에 기록답사를 가서는 폐기에 대한 정반대의 이미지를 갖게 된 것입니다. 기록을 폐기하는 것이 인간을 해방시키는 역사적인 과제가 될 수 있다는 것을 알았습니다.

국가적 차원에서 폐기를 얘기하면서, 기록의 역할을 지배와 피지배의 구도로 얘기를 했는데요. 기록은 다른 역할도 수행합니다. 마을의 입장에서 보면 다른 점이 보입니다. 자치, 분권이 중요해서 정치, 행정, 재정, 경찰 등의 자치에 대해 말합니다만, 기록 자치도 중요합니다. 지역의 곳곳에 마을 아카이브가 생겨서 일상생활의 근거지가 되면 좋겠습니다. 그러면 누군가 당신 마을의 역사는 어디에 있는가? 라는 질문을 받았을 때, 우리 마을에는 마을기록을 모아놓은 마을아카이브가 있고, 그곳에 마을 역사가 있다 이렇게 대답할 수 있습니다. 예를 들어서, 골목잡지《사이다》가 전국적으로 유명합니다. 《사이다》에 대해 알고 싶어서 각지에서 많은 사람들이 왔습니다. 만약 아카이브가 없다면《사이다》를 방문할 것이고, 그러면 방문객들과 일대일로 얘기를 해야 합니다. 물론 잡지사를 방문하는 것도 필요하지만, 일일이 응대하는 것도 꽤 힘든 일이고, 한계도 있을 겁니다. 그러나 아카이브가 있으면 방문객은 우선 그곳부터 들르면 됩니다. 알고 싶은 사건에 대해, 원하는 기록에 대해 아카이브가 먼저 답을 합니다.

평화를 위한 기록, 마을 아카이브

이런 상상을 해봅시다. 아카이브를 방문한 사람이 지역에서 며칠을 지내면서 자연스럽게 기록과 연관된 사람들도 만날 수 있습니다. 아키비스트는 누구를 만날지 안내를 해줍니다. 잡지에 관계된 사람과 연결시켜 주고, 관련된 다른 사람과도 연결시켜 줍니다. 그 때 나누는 대화는 무엇보다 실속이 있는 대화가 되는 것입니다. 물론 인터넷에서도 기록을 볼 수 있습니다만, 한계가 있습니다. 적어도 이런 직접적 네트워킹이 어렵습니다.

한번은 오키나와에 갔습니다. 지역을 안내하던 분이 있었는데요, 오키나와에서 평화운동을 하면서 출판사를 운영하는 분이었습니다. 출판의 주요 아이템은 구술, 특히 위안부 구술이었습니다. 오키나와에는 미군 기지가 많습니다. 미군 범죄도 많은데요. 이 분이 범죄 리스트를 만들었습니다. A4용지에 컴퓨터로 범죄자의 목록만 기재한 단순한 리스트였습니다. 버스를 타고 이동하는 중이었습니다. 그분이 앞에 서서 그 리스트를 우리한테 보여주었는데, 세상에 그걸 쫙 펼치니까 버스 앞에서 뒤까지 쭉 이어졌습니다.

엄청났습니다. 그냥 앞에서 마이크를 잡고, 예를 들어서 미군이 1945년에 와서 1만 건의 범죄가 있었습니다, 실로 어마어마합니다. 이런 식으로 얘기를 들었으면, 꽤 많네 하는 정도의 생각은 들었겠지만 범죄를 기록한 종이를 펼치는 퍼포먼스가 주었던 압도감은 없었을 겁니다. 기록의 힘이 대단했습니다. 그 분은 오키나와에서 마을기록 활동을 하는 분입니다. 도쿄에 있는 사람이라면 그렇게 못했을 겁니다. 도쿄에는 일본의 국립문서관이 있습니다. 내셔날 아카이브의 입장에서 본다면, 미국과의 외교관계를 말하면서 공개하기(버스 속 전시)는 어려웠을 것 같습니다.

그러나 오키나와 사람들한테 미군에 의한 범죄는 외교가 아니라 일상입니다. 삶을 훼손하는 범죄입니다. 기록하고, 공개하는 기록 행동으로 범죄를 막아야 합니다 . 오키나와의 마을기록은 평화를 위한 기록입니다. 지역의 문제를 기록하는 기록자가 필요하다면, 지역에 마을아카이브가 있어야 한다면, 바로 그런 역할을 할 수 있기 때문입니다.

갈등을 대면하는 기록자의 역할

^{낭독} 문서기록은 인간이 인간을 지배하는 도구로 사회적 기능을 수행했습니다. 문서기록은 법적 효력이 있는 기록입니다. 공공 조직에서 나오고 관리되는 문서는 법적 기능이 주요합니다. 모든 문서기록이 다 그렇다는 말을 할 수는 없습니다. 나아가 주권자의 권리를 요구하는 문서기록도 있습니다. 그리고 시민의 정당한 삶을 보장하는 문서기록도 있습니다. 따라서 문서기록이라고 해서 모두 지배-피지배 관계 유지를 위한 것이라고 말할 수는 없습니다. 이 글에서는 다만 인간의 지배-피지배 관계에도 기록이 끼어들어 있다는 점을 말하고 싶습니다.

우리가 어딘가에서 기록 작업을 할 때 '갈등'이 어쩌면 가장 주요한 기록 대상일 수도 있습니다. 인간 사회에 내재하고 작동하는 갈등 관계를 기록하는 사람이 회피할 수는 없습니다. 그가 직업적 기록 관리자이든 일상의 삶을 기록하는 사람이든 마찬가지입니다. 자기 안에도 갈등이 지배한다는 점을 잘 알고 있고, 부모 자식 사이에서도 갈등이 있습니다. 기록자는 갈등을 대면하고 기록하면서 갈등을 관리하려는 노력을 기울여야 합니다.

풀무학교가 있는 충남 홍성군 홍동면에 10년 동안 다녔습니다. 그곳은 참 대단한 곳입니다. 처음에는 좋은 면만 보였습니다. 환상만 보았던 셈입니다. 세상에 이런 곳이 다 있나 하는 마음이었습니다. 사람들에게 좋은 면을 알리고 싶어서 그런 기록을 많이 했습니다. 그런데 점차 시간이 지나고 사람들과 자주 만나 익숙해지다 보니 비로소 구체적인 갈등이 보였습니다. 누가 누구와 사이가 좋지 않고, 어떤 이해관계가 얽혀 있고, 그 안에서 갈등이 치열했습니다. 도저히 화해할 수 없는 적대적인 갈등 관계도 보였습니다. 지금 생각해 보면 당연합니다. 인간 사회에서 갈등이 없을 수는 없으니까요. 연애 초기 서로의 장점만 보게 되는 것처럼, 저 또한 사람들 사이에 얽혀 있는 갈등을 읽지 못한 채 좋은 점만 본 것이었습니다.

마을에도 갈등이 있습니다. 그렇다면 기록할 때 갈등을 외면해야 할까요? 아니라고 생각합니다. 기록이 갈등을 더 악화시킬 수도 있고, 괜히 긁어 부스럼 만들게 뭐 있나 싶어 그냥 넘어갈 수도 있을 것입니다. 그러나 세상살이는 그렇게 단순하게 돌아가지 않습니다. 어느 공동체든 갈등이 있습니다. 갈등을 기록한다는 것은 단순히 기록해 둔다는 의미가 아닙니다. 갈등을 관리하는 것을 의미합니다. 민주주의는 사회적 갈등을 관리하는 제도입니다. 정당은 사회적 갈등을 수렴하는 장치입니다. 정당마다 가치를 내세우고 그것을 공개적으로 논의하면서 갈등을 관리합니다. 우리는 주기적으로 선거를 합니다. 의회에서도 일상적으로 법을 만들고 토론을 하면서 갈등을 관리합니다. 현대 민주주의는 이렇게 운영되면서 사회에 내재하는 갈등을 관리하고 사회를 안정적으로 유지합니다.

마을에도 마을 민주주의가 필요합니다. 마을 아카이브는 마을 민주주의의 흐름에 기여해야 합니다. 원론적인 차원에서 기록하는 사람은 마을 갈등의 조정자, 중재자 역할을 맡아야 합니다.

낭독 기록자에게는 유네스코(UNESCO) 기록의 정신이 필요합니다. 1945년 설립된 유네스코는 전 세계가 전쟁을 막 끝낸 시기에 인류의 삶에 등장해 존재 이유를 이렇게 밝혔습니다. "전쟁은 인간의 마음에서 생기므로 평화를 지키는 장벽을 세워야 하는 곳도 인간의 마음입니다." 유네스코가 인류를 위해 하는 가장 중요한 일은 인간의 마음에 평화를 심는 것입니다. 평화가 생긴다고 폭력이 저절로 사라지는 것은 아닙니다. 그러나 댐이 물을 막듯이, 평화를 지키는 장벽이 세워지면 폭력은 더 이상 흐르지 못할 것이라는 믿음이 유네스코의 정신입니다.

전쟁은 무기가 일으키지 않습니다. 전쟁은 인간이 일으키는 것입니다. 전쟁을 일으키는 인간에게 필요한 것이 무기입니다. 우리는 무기를 없앨 수 있습니다. 그 무기를 없애는 것도 인간이고, 마음에 평화를 지키는 장벽을 세우는 것도 인간입니다. 유네스코가 인류를 위해 수행하는 많은 일 중에 '세계기록유산 프로젝트'가 있습니다. 1992년 보스니아 내전 때 인류의 기록유산을 품은 건축물 도서관이 파괴되었습니다. 이런 야만적인 행위가 남긴 것은 폐허였습니다. 사람들은 폐허 속에서 폐허를 응시할 뿐이었습니다. 인간이 만들었고 인간이 사용한 무기로 인해 만들어진 폐허. 아름다운 건축물 도서관이 우뚝 서 있던 그 자리는 이제 폐허로 바뀌었습니다. 우리는 무엇을 할 수 있을까요? 유네스코는 기록을 보존하자는 운동을 벌이고 있습니다. 단순히 기록이 중요하다고 말하는 것이 아닙니다. 평화를 위한 프로젝트에 기록 프로젝트도 참여하고 있습니다.

우리 기록자들도 각자의 세계에서 각자의 규모에 맞춰 유네스코 기록자 정신을 실천하면 좋겠습니다. 기록의 이유를 평화를 위한 프로젝트로 삼는다는 것이 참 근사합니다.

구술기록은 친밀함의 영역

낭독 지금은 사진, 영상, 웹의 시대입니다. 계절이 바뀌면 새들도 바뀝니다. 기록하는 매체가 다양해지면서, 일상을 기록하는 매체도 이제 사진, 영상, 웹으로 교체되었습니다. 스마트폰 보급률이 90%를 넘어 세계 1위라고 합니다. 사진을 찍지 않고는 하루를 살 수 없는 시대가 되었습니다.

　SNS에 접속하지 않고, 이런 저런 영상을 보지 않고, 게임을 하지 않고 하루를 순순히 넘기기 어렵습니다. 사진을 찍어 SNS로 공유하는 일련의 행위를 거치지 않고서는 음식을 먹을 수도 없습니다. 과거에는 어른이 숟가락을 들기 전에 아이들은 밥을 먹을 수 없었습니다. 이제는 사라진 풍속이 되었습니다. 기록의 시대인 요즘, 예의범절을 대체해서 기록이 밥보다 먼저 자리를 잡았습니다. 이런 현상을 어떻게 이해할 수 있을까요? 기록의 시선으로 이런 사회적 현상을 어떻게 말할 수 있을까요? 기록하는 매체가 달라졌을 뿐이고, 그래서 그것에 맞는 기록관리 방법론을 찾으면 그만이라고 말할 수는 없을 것 같습니다.

　한국 사람들은 요즘 기록 열병(archives fever)을 앓고 있습니다. 스마트폰으로 대표되는 개인적인 차원뿐만 아니라 사회적인 차원에서도 마치 장마철에 비가 내리듯이, 각양 각지에서 사방팔방으로 기록하는 사람들이 등장합니다. 바람직한 사회현상입니다. 그런데 궁금합니다. 왜들 그럴까? 거기에서 기록의 어떤 욕망을 읽을 수 있을까? 누가 시켜서 하는 것은 아닙니다. 자발적인 행위입니다. 그들에게는 분명 기록의 욕망이 있을 것입니다. 그것은 무엇을 의미할까요?

　우리가 그리워하는 것은 기록 그 자체가 아닙니다. 그보다는 기록이 있는 시간, 기록이 넓혀주는 공간, 기록이 주는 어떤 친밀한 느낌 때문은 아닐까요? 인간과 반려동물 사이에는 기록이 필요 없습니다. 그러나 인간은 친밀하기 위해서 기록합니다. 모든 친밀함의 원천이 기록으로 환원될 수는 없지만, 인간은 친밀함의 영역에 기록을 넣었습니다. 이런 맥락에서 구술기록을 말해볼 수 있을 것입니다.

　기록을 너무 기록물로만 접근하지 말자, 하나의 세계로 보자고 했습니다. 기록의 세계에는 기록을 같이 읽는 시간도 포함되어 있습니다. 예를 들어서 선경도서관이 좋은 마을기록을 많이 보유하고 있으면, 선경도서관은 기록을 읽는 프로그램을 만들 수 있습니다. 종이로 된 기록은 상자에 보관합니다. 독서 모임처럼 기록을 읽는 기록 모임이 도서관에서 열리면 사람들은 모여 앉아서 테이블 위에 상자를 몇 개 펼쳐 놓을 것입니다. 상자를 열어 기록을 함께 읽으면서 대화를 나눕니다. 인간에 대해, 공동체에 대해, 어떤 사건에 대해 대화를 나누는 겁니다. 일주일도 좋고, 3개월도 좋고, 1년도 좋습니다. 우리의 일상에는 그런 시간이 아직 없습니다. 좋은 책을 함께 읽고 대화를 나누는 독서 모임은 꽤 있습니다. 영화를 같이 보는 영화 모임도 있습니다. 시를 같이 쓰는 시 모임도 있습니다. 그런 것처럼 기록을 함께 읽고 대화를 나누는 그런 기록 모임도 우리 일상에 들어오면 참 근사하지 않을까요?

   기록물을 대량으로 처리하는 곳에서 기록은 마치 컨베이어 벨트 위 물건처럼 흘러갑니다. 대량의 기록물을 정리하려면 불가피한 측면이 있습니다. 50분 노동, 10분 휴식. 옆 사람하고 얘기는 금지. 정해진 시간에 정해진 만큼의 기록을 정리하는 식입니다. 대화는 없습니다. 이것 역시 기록의 세계이기는 하지만 비판적인 시선을 갖지 않을 수 없습니다. 찰리 채플린의 영화 〈모던 타임즈〉의 한 장면 같습니다.

   이런 기록 현장에는 인간적 친밀함이 없습니다. 그러나 찬찬히 시간을 갖고 기록 모임을 할 때는 좀 다를 겁니다. 기록물을 정리하는 워크숍도 인간적인 친밀함을 유지하면서 할 수 있습니다. 전에 느티나무 도서관에서 진행된 기록정리 워크숍이 그랬습니다. 기록을 수집해서 정리하는 시간도, 잘 정리되어 상자에 담겨 있는 기록을 함께 읽는 시간도 인간이 갈망하는 공동체성을 강화하는 시간이 될 수 있습니다. 이런 기록의 세계를 만드는 일은 마을기록이 할 수 있습니다. 하지만 국가기록은 좀 어렵습니다.

📖 요즘 구술기록이 많이 생산됩니다. 왜 구술기록이 이렇게 인기가 좋을까요? 우선, 간편합니다. 복잡한 방법론이 있는 것도 아닙니다. 전문가의 영역에서는 이것저것 따질 수 있지만 마을기록자에게는 그런 복잡함까지는 필요 없습니다. 그러나 간편하다는 이유만으로 구술기록으로 편향된 상황을 설명하기는 힘들 것 같습니다. 구술은 인간을 만나는 일입니다. 구술기록은 기록방법론에 '만남과 대화'를 넣는 것입니다.

왜 인간은 인간을 만날까? 진화심리학은 다음과 같이 설명합니다. 한 가지 전제가 있습니다. 인간도 개와 같은 동물이라는 점을 명심하자는 것입니다. 인간을 보려거든 개가 언제 행복해하는지를 보라고 합니다. 개들은 맛있는 것을 먹고 주인이 쓰다듬어 주면 행복해합니다. 인간의 행복에는 두 가지 요인이 있습니다. 하나는 맛있는 것을 먹는 것, 또 하나는 친밀한 인간관계를 맺는 것입니다. (서은국,《행복의 기원》, 21세기북스, 2014) 인간을 괴롭히는 것도 인간이그, 행복하게 하는 것도 인간이라는 딜레마는 인간이 사회적 동물로 진화를 하면서 얻은 것이라고 합니다.

태곳적부터 반복되어 온 저녁 식탁의 이야기와 요즘의 구술기록은 뭔가 통하는 것이 있습니다. 두 사람이 만나지 않으면 구술기록은 나오지 않습니다. 왜 굳이 만나야 할까요? 기록방법론에 다른 인간을 만나야 하는 과제가 주어진다는 것이 흥미롭습니다. 그것은 아마도 인간이 기록하는 이유에는 행복이 있기 때문일까요? 구술기록을 하려거든 근엄하게 하지 말고, 행복한 식탁에서 기록하면 좋겠습니다.

라디오 시사프로그램 PD가 하는 일은 단순하다고 합니다. 매일 사람을 찾는 겁니다. 이 사건에 대해 누가 말해줄 수 있을까, 그 사람을 찾아서 말하게 하는 것이 PD가 할 일입니다. 맞지 않습니까? 라디오를 들으면 꼭 누군가 나와서 말을 합니다. 구술기록 활동도 크게 다르지 않습니다. 사람을 만나서 그 사람 이야기를 듣습니다. 기록에는 사회적 성격이 있습니다. 구술기록은 혼자 듣는 것에 그치지 않고 그 기록을 누군가에게 전합니다. 구술은 사람을 만나는 것이고, 그 사람의 이야기를 듣는 시간입니다. 이런 의문이 듭니다. 왜 사람을 만날까? 구술전문가라면 어떤 특정한 주제를 연구하는 것일 수 있습니다. 그러나 마을기록자는 연구와는 다른 차원에서 구술기록 활동을 할 텐데요. 그건 사람을 만나기 위해서이고, 그 사람의 이야기를 들으려는 것이며, 그 사람과 사회적 관계를 맺으려는 것입니다. 그렇지 않습니까?

요즘 마을기록 프로그램의 대세는 구술기록입니다. 구술기록 활동을 참 많이 합니다. 구술은 굉장히 광범위한 영향력을 행사하면서 퍼져나가는데요, 구술이 마을기록의 주류라는 생각마저 듭니다. 문서 위주로 기록을 이해하는 사람이라면 질투심이 느껴질 정도입니다. 구술기록을 만들기는 쉽습니다. 우리는 늘 대화를 하기 때문에 특별히 전문적인 기법을 습득하지 않고서도 구술기록 활동을 할 수 있습니다. 마을기록은 인간의 일상적 삶과 떨어져서 존재할 수 없습니다. 인간의 삶이란 다른 인간을 만나는 것의 연속입니다. 삶의 이유를 행복에서 찾는다면, 인간의 행복은 다른 인간과의 만남에 있습니다. 결국 구술은 행복을 위한 노력이라고 할 수 있습니다. 마을기록은 행복과 닿아 있습니다. 행복을 찾아 기록합니다.

제주에서 만난 기록의 저녁

낭독 어느 해 겨울, 제주행 비행기에 올랐습니다.

여행지에서 한 여관업자를 만났습니다. 여관은 구도심으로 불리는 제주읍성 안에 있었습니다. 그는 농담인지 진담인지 알 수 없는 표정으로, 게스트 하우스가 제주도청 공문서에는 '여관업'으로 등록되어 있다면서 자신을 여관업자라고 소개했습니다. 여관업자? 올드한 느낌이 풍기지만 실제로는 전혀 그렇지 않았습니다. 훤칠한 키에 세련되고 뭔가 비범해 보이는 남자였습니다. 그는 주인 권한을 십분 활용해서 여관 거주자들을 1층 공용방의 널따란 테이블에 둘러앉혔습니다. 피차 처음 만난 사이지만 두런두런 이야기를 주거니 받거니, 약간의 어색함이 흐르는 여행지의 밤은 낭만적이었습니다.

그가 기록자 생활을 시작한 데는 이유가 있었습니다. 그는 고향으로 돌아왔지만 금의환향은 아니었습니다. 육지를 떠날 때도 섬에 다시 돌아왔을 때도 환영하고 반겨주는 사람은 많지 않았습니다. 그는 갈등했다고 합니다. 입신양명을 위해 고향을 떠났던 사람들 중에는 고향을 떠난 자의 부채의식 같은 것이 있었습니다. 이런 감정은 자기가 어느덧 타지사람(이도저도 아닌 사람)이 된 것은 아닌가 하는 정체성과도 연결되어 상실감을 낳았습니다.

내가 자란 도시에서 자란 아이들은 고등학교를 졸업하자마자, 혹은 고등학교를 졸업하기도 전에 떠났다. 떠나지 않은 사람들은 남아 도시를 이끌었다. 옷가게, 음식점, 인쇄소, 가내공장. 그들은 성장하면서 지역의 라이온스클럽이나 로터리클럽의 청년회원이 되었다. 몇몇은 시의원이 되었다. 타지사람들은 어디서나 고단한 삶을 살아가는 모양이다. 하지만 졸업반이 된 모든 고등학생들은 모두 타지사람을 꿈꿨다.(김연수,《여행할 권리》, 창비, 2008).

이것은 떠난 사람들은 다시 고향에 돌아가도 타지사람으로 분류되어 살아가게 된다는 뜻이 아닐까요? 여관업자의 갈등과 상실감을 이렇게 이해할 수 있었습니다.

어느 날 유년의 추억이 있는 동네에 간 여관업자는 커다란 충격을 받았습니다. 삼촌들과 잡았던 문어, 멱을 감던 물, 동무들과 깔깔대던 웃음이 모두 '개발 콘크리트'에 묻혀 있었기 때문입니다. 물론 그도 잘 알 것입니다. 그가 고향을 떠난 것과 상관없이 벌어진 일이기에 이런 변화를 마음 아파할 수는 있어도 책임감을 느낄 이유는 없다는 것을. 그러나 부채의식과 상실감이 기록 의지와 섞이면서 일이 벌어졌습니다. 일없이 만나던 두 사람이 어떤 것을 계기로 급작스레 연인관계라는 새로운 국면을 맞이하듯이 그도 '콘크리트'를 사랑하게 되면서 누구도 시키지 않은 기록 작업을 하게 되었습니다. 기록자의 탄생. 사실 콘크리트는 전혀 새로운 풍경은 아닙니다. 그의 고민은 다른 데 있었습니다. '내 어린 시절의 풍경을 깔아 뭉긴 콘크리트가 저렇게 쇠잔해져 있구나.' 역설적 상황이 아닐 수 없습니다. 활기를 잃고 퇴락한 풍경의 가운데에 자리 잡고 있는 콘크리트가 슬펐습니다, 눈물이 났습니다. 그 눈물이 콘크리트 틈새로 스며들었습니다. 틈새로 스며들어 간 액체는 마침내 새 생명을 싹 틔우는 조건이 되었습니다. 그는 이런 말을 합니다.

제주의 아름다움에 감탄하고 제주에 산다는 의미에 대해 고민했다. 제주의 속살이 눈에 들어오기 시작했다. 시골에서건 도시에서건 느닷없이 마주치는 폐가들. 유명한 관광지라도 그 이면에는 방치된 폐가들이 항상 눈에 띄었다. 시간이 멈춘 것 같은 건물들도 많았다.(2012년 4월 28일 인터뷰,《제주의 소리》)

이것은 새로운 생명관이 싹트기 시작했다는 말이 아닐까요? 기록의 시선으로 사라져 가는 것들을 바라보면서 여관업자에게 변화가 생겼습니다. 기록자의 탄생과 기록하는 행동의 개시. 다행히도 그에게는 함께하는 동무들이 있었습니다. 덕분에 기록을 지속할 수 있었습니다. 그의 동무들이 없었다면 그는 자기 문제의식을 사회적으로 의미 있는 기록 활동으로 이어갈 수 없었을 것입니다.

여관에 들어가기 전, 저녁이 서서히 찾아올 무렵 한 강연장에서 그의 기록과 관련된 강연을 듣게 되었습니다. 물론 그때는 그가 여관업자인 줄 몰랐습니다. 그는 여관업에 종사하는 생활인이면서 전문 사진작가, 큐레이터였는데, 아카이브 프로젝트를 수행하고 있었습니다. 그와 동무들은 제주 곳곳을 다니며 담벼락의 꽃을 사진으로 찍었습니다. 그리고 아담한 공간에서 강연이라는 새로운 기록적 행동을 시작했는데 마침 그 자리에 제가 있었던 것입니다. 기록자는 사진을 보여주면서 강연을 진행했습니다. 모든 진실한 노력은 시간이 걸릴 뿐 사람들이 알아주는 법입니다. 꽃이 그려진 제주 시골의 담벼락은 이들이 기록하기 전에는 시골 구석의 퇴락한 담에 불과했으나 서서히 세간의 주목을 받게 되었습니다. 동무들은 계속 늘어날 것입니다.

담벼락에 그려진 꽃은 30년이 넘은 집에서만 발견된다고 합니다. 1955~1975년, 약 10년 동안 제주에는 전통적인 담벼락 대신에 벽돌과 시멘트로 지은 새로운 담이 대대적으로 생겨나기 시작했습니다. 비단 담벼락만 시멘트로 바른 것은 아니었습니다. 초가집이 슬레이트집으로 바뀌면서 벽, 바닥, 화장실, 지붕, 문 등에도 시멘트가 칠해졌습니다. 이런 곳마다 얼핏 보면 잘 보이지는 않지만 자세히 보면 '사깡'(일본어 左官. 순화된 한국어로는 미장이)의 흔적이 남아 있습니다.

마을기록자는 어떻게 탄생할까요? 질문을 던져봅니다. 아마도 그 사람의 생각에서 출발할 것입니다. 지금 소개한 제주의 기록자는 '내가 뒤늦게 다시 고향으로 돌아왔다, 고향이기도 하고 새로 거주하게 된 마을이기도 한 이곳을 위해 내가 할 수 있는 것은 무엇일까, 과연 나는 어떻게 살아야 할까' 이런 자성적인 물음에서 기록 활동을 시작했습니다. 이러한 생각이 중요합니다.

  돈을 지원해 주니까 프로젝트를 받아서 하는 식의 흐름에서는 마을기록자가 나오기 힘듭니다. 그런 시도는 일회성에 그칠 공산이 큽니다. 비록 짧은 시간이었지만 제주의 기록자를 가만히 지켜보니 고민이 깊었습니다. 마침 그가 사진 찍는 일을 했기에 담벼락을 찍으며 마을기록을 시작할 수 있었습니다. 아마 그림을 그리는 사람이었다면 그림을 그렸을 것입니다. 기록하는 방법, 기록하는 대상은 다양할 수 있지만 마을기록자의 탄생은 그 사람에게서 출발합니다. 이런 마을기록자에게 제도권에서 승인한 자격증은 필요하지 않습니다. 그보다 중요한 것이 있습니다. 그것은 '나는 마을을 기록하는 사람이다' 하는 의식입니다. 누가 뭐라 하지 않아도 이런 의식을 가진 사람은 스스로 기록하고, 같이 기록할 동무들을 찾아다닙니다.

기록이라는 문화적 DNA

  낭독 여행도 이제 끝나갑니다. 떠나기 전날 밤입니다. 어둠 속에서 홀로 깨어나 생각합니다. 국가기록원 방문자의 90%가 전시 관람자랍니다. 이 사람들에게 국가기록원 전시장은 어떤 곳일까요? 관람자 중 몇 사람이나 그곳에서의 경험을 기억할까요? 저는 한때 국가기록원에서 일했고, 제주에 와서 한 전시장에서 강연을 들었습니다. 두 개의 기록공간은 규모의 차이가 크지만 동시대의 기록공간이라는 공통점이 있습니다. 한쪽은 확실히 개방된 기록공간이고 다른 한쪽은 업무 경험 외에는 별로 기억이 나지 않습니다. 나는 이제 업무하던 공간을 나와 90%는 전시 관람자의 한 사람입니다. 그곳에서 업무했던 경험도 의미가 크지만 이제는 기록을 경험하는 장소로 새롭게 다가오는 곳이 되기를 바라는 마음이 큽니다. 기록은 우리 삶으로 들어와 무언가를 전시할 것입니다. 단순히 기록관의 전시장에서 갇힌 전시가 아니라, 우리 삶에서 삶의 구성요소 중 하나가 되는 전시일 것입니다.

서울행 비행기에 오르며 짧은 여정을 돌아보았습니다. 이번 기록 여행에서 사라져 가는 담벼락과 이를 지키려는 기록자를 만났습니다. 그렇다면, 이들이 말해주는 바는 무엇일까요? 이 물음은 무엇이 더 중요할까 하는 의문으로 이어졌습니다. 물론 제주 담벼락이 원형대로 보존되기를 바라지만 모든 담벼락을 다 보존할 수는 없을 것입니다. 그렇더라도 상징적인 몇 개의 담벼락은 계보별로 보존되어야 합니다. 그러나 만약 이것조차 불가능하다면 우리는 어떤 선택을 할 수 있을까요? 저는 차라리 1960~70년대를 상징하는 담벼락을 잃어버리더라도 작은 기록전시회가 중요하다고 생각합니다. 1960~70년대와 2012년~2015년을 연결해준 한 기록전시회가 있었습니다. 그 전시회를 기억하는 사람들과 함께했던 기록공간이 보다 많아져야 합니다. 이것이 기록물의 수량 증가 못지않게 가치가 있다고 생각합니다.

지금 이 시간은 기록을 이해하는 시간이지만, 단지 기록만 말하기보다는 기록으로 무언가를 하려는 인간에 대해서도 말해야 할 것 같습니다. 벽돌을 들고 다니는 사람에게 그냥 홀가분하게 맨손으로 다니지 왜 미련하게 벽돌을 들고 다니느냐 물었습니다. 그는 자신이 아직 살아 있다는 것을 말하고 싶었다고 했습니다. 자기 집이 아름다웠다는 것을 보여주려고 그런다는 말도 했습니다. 자기가 아름다운 것은 자기가 잘 알고 있습니다. 그러나 그것을 누군가에게 보여주고 동의를 얻으며 소통하려면 혼자만 알아서는 안 됩니다. 그래서 아름다움을 소통하려는 사람들은 벽돌을 들고 다닐 수밖에 없습니다.

발표문의 마지막에 에필로그가 있는데요, 시를 한 편 적어두었습니다. 제 강의를 듣고 나서 기록을 떠올리면 어떤 이미지가 생길지 모르겠습니다. 저는 아름다움을 떠올립니다. 그런 기록이미지를 잘 보여주는 시를, 이번에는 제가 낭독하겠습니다.

> 이번에는 이것이 전부인데, 충분치가 못하다
> 하지만 이것이 말해주겠지, 우리가 아직 살아 있다는 것을
> 사람들에게 자기 집이 얼마나 아름다웠는지 보여주려고
> 벽돌 들고 다니는 사람을 우리는 꼭 닮지 않았을까.
>
> (브레히트의 시, <모토>를 조금 개작함)

_{낭독} 인간의 역사에서 기록은 그런 종류의 벽돌일 것 같습니다. 인간이 다른 동물과 다른 점 중의 하나는 기록을 삶의 기반으로 삼으며 진화했다는 점입니다. 스페인 알타미라 동굴이나 한반도 울산 반구대의 암각화는 꽤 오래 전부터 기록을 삶의 동반자로 선택했던 인간의 모습입니다. 기록은 인간적이고 역사적인 현상입니다. 개에게 기록은 별로 중요하지 않습니다. 개는 기록과 무관하게 삽니다. 개를 이해하는 데에 기록은 별로 소용이 없습니다. 그러나 인간에게 기록은 본질적으로 필요한 것입니다. 몸 안에 DNA가 있어 생명이 유지된다면, 몸 밖에는 기록이라는 문화적 DNA가 있어 우리 삶이 유지되는 것이 아닐지요. 인간을 이해하고 인간에게 다가서려면, 아마도 인간이 기록을 어떻게 대하고

수용하는지를 살피는 것도 좋은 방법일 것 같습니다.

　사람과 사람의 만남, 그리고 사람과 크고 작은 사건의 만남에서는 늘 문제가 생깁니다. 그런데 인간은 문제를 회피하거나 순응하거나 공격하는 태도를 보이기도 하지만 정반대의 태도를 취하기도 합니다. 인간은 자기에게 닥친 문제를 대면하면서 갈등 속으로 걸어가기도 합니다. 혼자이기도 하고 여럿이 함께 하기도 한다. 인간은 그렇게 문제와 만나며 그 시간을 학습의 기회, 성장의 계기로 삼습니다. 이런 욕구는 생태적인 욕구입니다. 인간은 성장의 계기를 변형, 감속, 가속하면서 창조적이고 질적인 개인 경험으로 만들려고 노력합니다. 인간과 기록에서 인간은 생태적 인간을 의미합니다. 인간의 긴 역사에 등장하는 기록은 이런 위치를 점하고 있습니다.

　헤어지기 전에 말하고 싶은 것이 있습니다. "아직 묻지 않은 것이 있다. 그것이 우리를 자유롭게 할 것이다." 집으로 돌아가는 발걸음마다 이곳에 오기 전에는 묻지 않았던 질문을 던져보기를 희망합니다. 기록자인 당신이 좁쌀 한 톨만큼이라도 자유롭기를 바랍니다.

　지금까지 기록에 대한 제 생각을 말씀드렸습니다. 오늘은 마을기록학교의 첫 시간입니다. 이어지는 강의에서는 다른 기록의 세계가 펼쳐질 텐데요, 찬찬히 공부하면서 오늘 이 시간을 한 번쯤 떠올려주시면 좋겠습니다. 마을기록학교가 끝나고 수료증을 받을 때 여러분에게 좋은 기록이미지가 생기기를 바랍니다.

2강

공동체 아카이빙을 시작하며

사회적참사 특별조사위원회
이현정

민간영역의 아카이브는
'리빙 아카이브(Living Archive)'를 지향합니다.
끊임없는, 살아 있는 아카이브는
계속 논쟁의 거리를 만들 수 있습니다.
기록, 이야기가 지속적으로 회자될 수 있게 만드는 것입니다.
기록에 사람들이 덧붙이고 덧붙여서
많은 이야기가 같이 어우러져서 계속 활용됩니다.
기록이 살아 있는 유기체 같은 성격을
갖게 하는 것이 리빙 아카이브의 개념입니다.
다른 공동체와 공유할 수 있는 지식의 몸체, 즉 하나의 공간입니다.

2강

공동체 아카이빙을 시작하며

불확실하고 독특한 가치 갈등, 기록

'공동체 아카이빙'이라는 주제로 이야기하는 것은 굉장히 모호하고 어렵습니다. 제 경험을 이야기하자면 저는 주로 사회적인 사건에서 상처를 받은 공동체의 아카이빙에 관심을 가졌습니다. 그 방향으로 아카이빙을 해온 사람이기 때문에 오늘 강의가 마을기록과는 직접적으로 맞닿지 않는다고 생각하실 수도 있습니다. 다만 제 다음 시간에 이경래 선생님께서 공동체 아카이빙에 대한 이야기를 해주실 계획이라서 저는 그 전초전 격으로 이야기하면 될 것 같습니다.

마을기록은 몇 년 전부터 빈번하게 이야기가 되고 있습니다. 우선 서울시의 경우 공공영역에서는 이미 기록을 하고 있습니다. '마을기록학교'로 검색해 보면 강원 지역, 충청 지역, 경기도 지역 모두 진행을 하고 있습니다. 기록화한다고 하면 '기록'에 집중을 하실 텐데요, 보통은 텍스트로 남겨진 것이 없습니다. 그렇기 때문에 사진이나 구술 또는 영상

등을 통해서 마을의 기억을 되살린다거나 공동체 상(像)을 회복하려는 아카이빙 활동을 합니다. 마을기록자의 발굴, 양성을 위한 마을기록학교라고 하면 보통 그런 활동에 초점이 맞춰지는 것 같습니다. 여기 오신 분들 중에서 마을기록에 관심을 갖고 직접 활동하시는 분이 계신가요? 혹시 계시면 수줍게 손 한번 들어보시겠어요? 자신의 일은 따로 있지만, 마을 공동체에 관심이 있으신가요?

다을기록자라는 말은 제가 명명한 것은 아니고, 보통 이렇게 부릅니다. 요즘 아키비스트, 시민 아키비스트 또는 기록활동가라고도 불리는 활동가에 대한 관심이 큽니다. 여기 오신 분들도 그런 관심에서 오셨으니까 매우 중요한 일이라고 할 수 있습니다. 마을기록자가 우리 마을공동체에서 수행하는 활동을 아카이빙적인 관점에서 본다면 기록을 수집하고 생산하는 활동도 중요하고 그 결과물 역시 중요합니다. 그런데 이 활동은 목표에 따라, 어떤 생각을 가지고 마을기록자가 되느냐에 따라 기록의 선별, 획득의 방향이 달라집니다. 이것으로 공동체 아카이빙의 방향과 질 역시 달라집니다. 아마 이영남 선생님께서 기록을 대하는 태도에 대해 이야기하신 이유도 바로 이것 때문일 것입니다. 그리고 저도 오늘 여기에 초점을 맞춰 여러분과 이야기하고 싶습니다.

여기 계신 분들은 마을기록 활동이 매우 중요하다는 데에 공감하고 동의할 텐데요. 공동체 아카이빙이라고 하는 것은 불확실하고, 독특하고, 가치 갈등적인 것이라서 수행하기 어려운 작업입니다. 마을 어르신의 이야기를 듣고 잘 전승되도록 기록하겠다고 결심할 수 있지만 그렇더라도 마을 구성원이 될 수는 없습니다. 제삼자일 뿐입니다. 마을에 계신 분들이 마을공동체의 일을 기록하는 기록활동가를 제삼자로 대하면 마음을 열기가 상당히 어렵습니다. 또 자신이 생각하는 마을기록과 마을 사람들이 생각하는 기록이 꼭 같지는 않습니다. 따라서 가치에 대한 갈등이 생길 수 있습니다. 마을이나 공동체마다 갖고 있는 정체성을 마을에 속한 분은 이해하기 쉽지만, 마을기록의 의미만 갖고 뛰어들어서 활동하는 사람은 이해하는 데 시간이 걸립니다. 익숙해기까지 어려울 수 있습니다.

    소위 라포(Rapport building, -形成, 의사소통에서 상대방과 형성되는 친밀감 또는 신뢰관계)를 형성한다고 하지요. 친근감 형성이 중요하다는 것을 모두 아실 겁니다. 하지만 친근감을 형성하는 게 하루아침에 되는 것이 아니잖아요. 그래서 넓은 의미에서 마을기록자는 공동체 아카이빙을 하는 사람입니다. 나와 아카이빙 대상의 생각이 같지 않을 경우에 벌어지는 불확실하고 독특한 가치 갈등적인 문제를 어떻게 풀어내야 할까. 이것을 오늘 이야기하고자 합니다.

    이 시간은 공동체 아카이빙을 수행하는 마을기록자로 활동하기 위해 고려해야 할 기록의 의미, 가치의 기준, 공동체 아카이빙의 지향점을 이 시간에 살펴보겠습니다. 여러분은 마을기록에 관심을 갖고 있지만 저는 '공동체'를 예로 들어 설명하겠습니다. 이 다른 예는 여러분이 앞으로 마을기록화 활동을 하는 과정에서 다양한 문제를 마주했을 때 떠올릴 수 있는 사례로 삼을 수 있다고 생각하시면 될 것 같습니다.

아카이브는 정치적인 기억 작업

공동체 아카이빙은 모호한 말이라고 제가 말씀드렸는데요. 공동체라든가 아카이브 모두 개방적인 해석이 가능한 단어이기 때문입니다. 아카이브 같은 경우는 이미 아실 수도 있지만, 두 가지 뜻을 가지고 있습니다. 하나는 중요하고 지속적으로 가치가 있어서 보존해야 할 기록이라는 의미이고, 또 하나는 그 기록을 보존하는 장소를 뜻하기도 합니다. 지금 말씀드린 건 용어사전의 정의이고 아카이브를 어떻게 해석하느냐는 학자들마다 의견이 다릅니다. 아카이브를 하나의 유기체로 보는 입장도 있고, 다른 해석들도 있습니다. 그렇기 때문에 개념을 정의하기가 어렵습니다.

공동체 역시 마찬가지인데요. 로컬리티는 우리말로 지역성이라 합니다 다만 지역이라는 말과는 호환되지 않습니다. 공동체 자체도 지리에 국한되지 않고 공통적인 관심사, 공통된 삶 혹은 집단적인 경험을 중심으로 합쳐진 관계 틀 혹은 조직을 가리킵니다. 그리고 지향하는 바가 같아서 스스로 공동체라고 식별하는 개인이나 단체조직 역시 공동체라고 합니다. 마을이라고 하는 단위를 우리가 리나 동 같은 행정적인 구획으로 생각하지 않는 것처럼 마을기록자는 공동체의 범위부터 깊게 생각해 보아야 합니다.

마찬가지로 아카이브도 다양한 활동에서 적극적인 의미를 구현합니다. 특히 민간영역의 아카이빙은 항상 비판하고 역사적인 판단을 해야 하는 입장에 놓입니다. 또한 늘 경쟁적입니다. 주류 서사가 되기 위해서 노력하고 경쟁해야 하는 것입니다. 기록 보존소에 남겨진 기록은 대표성을 갖고 경쟁에서 이겨서 남은 것입니다. 기존의 기록보존소에 남겨진 기록은 권력 지향적이고 이름 있는 사람의 것입니다.

특히 마을기록과 같이 여러분이 하려는 영역은 기록보존소에 남아 있는 것이 거의 없습니다. 민간영역에서 공동체 아카이빙은 이것을 고민해야 합니다. 그래서 '대안적인 기록화', '공동체 아카이빙'이 기록학에서 대두된 것입니다. 사회문제나 사회현상에 대해서 공정한 기록이 남겨진다고 할 때, 공정하다는 것은 공평하다, 시소의 양쪽 무게가 같다는 의미가 아닙니다. 특히 공공영역에서 기록보존소는 어쩔 수 없이 강한 권력을 쥔 자가 남기고 싶어 하는 것을 주로 남기게 됩니다. 그렇기 때문에 민간영역에서도 그 사안에 대한 기록이 다양한 곳에 남겨져 있어야 그것이 공정하다고 할 수 있습니다.

예를 들어 여러분 제주도 강정마을 아실 거예요. 강정마을에 해군기지를 건설하는 것을 반대하는 다양한 시민단체의 활동이 있었습니다. 만약 강정마을에 관한 기록이 공공영역에만 남겨져 있다면 해군기지 건설과 관련한 이슈는 거의 보여지지 않을 것입니다. 강정마을에 해군기지를 건설할 때, 얼마가 들었고, 공사는 몇 년에 걸쳐서 했고, 여기에는 몇 명이 근무했는지 등 무미건조한 기록만 남게 됩니다. 시민들이 왜 반대를 했는지, 환경운동 또는 공동체가 중요하게 생각하는 의미는 무엇인지 하나도 남지 않게 됩니다.

그 상태에서 100년이 지난다면 강정마을을 연구하거나 교육하려는 사람들도 그저 남겨진 해군기지 건설의 내용만 알 수 있을 겁니다. 그런데 다양한 민간영역에서 투쟁의 기록이 남는다면 그야말로 기록적으로 공정함을 이룬다고 할 수 있습니다. 이것이 당대를 비롯해서 후대에 공정한 역사를 남길 수 있는 토대가 될 수 있는 것입니다. 마을기록화는 마을에 대한 기억을 전승하는 것, 마을과 사회적인 관계의 문제를 잘 풀어내는 것이 중요합니다. 무엇보다 주류의 기록보존소에는 거의 남아 있지 않는 기록을 여러분이 남기는 것이고, 이를 통해서 사회의 공정한 기록화를 이룰 수 있습니다. 이것이 이제 여러분이 하게 될 일입니다.

앞에서 아카이브는 중립적일 수 없고 매우 정치적인 기억 작업이라고 했습니다. 누구나 되도록이면 성공한 기록을 남기려 하고, 자신의 치부가 드러나는 기록은 숨기려는 본성이 있습니다. 그래서 역사적으로 강자의 치적 기록만 남고, 사회적으로 소외된 자들의 기록은 남지 못하게 되는 것입니다. 공동체가 기록을 직접 아카이빙하게 된다면 자신들의 역사를 통제하고 자신들의 기억과 관점이 역사적 기록에 반영되도록 보장할 수 있습니다. 그래서 마을기록이 제대로 남겨지면 마을 사람들이 생각하는 가장 중요한 것, 혹시 제삼자가 봤을 때는 전혀 중요하지 않지만, 이 마을에는 중요하고 의미 있는 것을 알 수 있습니다. 표준적으로 기준을 마련하기는 어렵지만 여러분이 이것을 포착해야 합니다. 그렇게 남겨지는 다양한 기록 그리고 마을 사람들의 삶, 이것이 역사에 반영되는 것은 보장할 수 있는 역할을 하는 겁니다. 아카이브는 그런 것을 지원하는 다양한 활동이라고 할 수 있죠. 그래서 아카이브는 기억의 장소이기도 합니다. 해당 지역에 대한 정보와 거주민의 활동이 빛을 보게 하는 활동이죠.

기록활동가는 기록을 수집하는 일이 매우 중요하지만 이것을 어떻게 활용할 것인지도 고민해야 합니다. 예전의 아카이브는 보존에 초점을 맞췄습니다. 지금도 보존은 중요한 문제죠. 어쨌든 남아야 하니까요. 그렇지만 기록보존소가 수도원이 되어서는 안 된다는 비판이 있습니다.

수도원이 갖는 이미지가 있죠. 엄숙함, 비밀스러움, 가까이 가기 어려운 분위기가 예전 아카이브의 기본적인 이미지였습니다. 지금도 그렇지만 어쨌든 지금은 시민들이 적극적으로 기록을 활용하게 합니다. 보존하는 이유도 활용에 중점을 두기 때문입니다.

민간영역에서는 특히나 활용에 관심이 많습니다. 왜냐하면 보존보다는 그것을 활용하는 것이 훨씬 중요하기 때문입니다. 자료를 해석할 때도, 객관성을 위해 제삼자의 입장에서 어느 곳에도 치우치지 않는 시각을 갖고 있어야 되는 것은 아닙니다. 마을의 이미지, 마을이 갖는 의미를 더 적극적으로 해석하고 먼 훗날까지 이 마을에 관한 기억을 잘 보존하는 것도 중요합니다. 그렇지만 당장 마을 사람들이 자부심을 가질 수 있도록 자신들의 정체성을 잘 보여주는 것 역시 중요합니다. 그래서 여러분은 마을기록을 할 때 큐레이터로서의 활동가를 지향해야 하지 않을까 합니다.

요즘 '큐레이션'이라는 말을 많이 쓰지요. 아카이브는 기본적으로 1차 자료의 보존을 목표로 합니다. 그런데 1차 자료는 파편적으로 하나씩 존재해서는 의미가 없습니다. 마을의 기록을 어떻게 엮어서 다른 사람들 혹은 마을 사람에게 잘 보여줄 수 있는가, 무엇이 마을을 잘 표현할 수 있는가에 초점을 맞추려면 기록을 잘 알아야 됩니다. 잘 알고 어느 것을 큐레이션할지, 그러니까 무엇을 모아서 다시 잘 보여줄지 고민하게 되는 것입니다. 그래서 활동가는 큐레이터가 되어 기록을 선별한 뒤 시민들이 이용할 수 있게 하고, 널리 알려야 합니다. 이것이 마을기록자의 궁극적인 목표이기도 합니다.

기록 개념의 확장, 신체의 체득

제가 이 말씀을 드리면 혹시 헷갈려 할 수 있을 것 같습니다. 여러분이 앞으로 마을기록자가 되어서 손에 잡히는, 그러니까 물리적인 의미의 기록을 만들거나 수집할 텐데요. 공동체 아카이빙은 기록 이전에 더 적극적인 활동을 여러분 마음속에 새겨야 합니다. 저는 이것을 '기록 개념의 확장'이라고 부르는데요. 유명한 기록학자인 에릭 케텔라르(Eric Ketelaar)는 기록은 산출물로서가 아니라 과정으로 취급되어야 한다고 말했습니다. 기록의 개념은 우리 손에 잡히는 기록을 중심으로 하는 관리 체계를 넘어서야 한다는 의미입니다. 저는 이것을 더 적극적으로 해석하여 기록을 활동과 경험의 기억과 신체적 체득의 정보까지 포함하는 확장된 의미로 생각해야하지 않을까 합니다.

여러분이 마을기록자가 되어서 마을을 기록하러 갔을 때 이 마을 사람들이 가지고 있는 여러 가지 경험을 잘 포착하고 그 의미를 알아야 합니다. 그래서 마을 분과 인터뷰한 것을 기록으로 남기고, 보존하고, 활용해서 마을에 기여하겠다고 다짐할 수 있습니다. 그리고 마을 분들은 그렇게 나온 결과물을 보고 즐거워하실 수 있습니다. 하지만 그 결과물 자체가 최종적인 것은 아닙니다. 즉, 공동체 아카이빙은 마을 사람들의 경험, 그리고 중요한 의미, 마을 사람들과의 교감이 꼭 기록으로 남는 것은 아닙니다.

기록은 억지로 행위를 하는 것이거든요. 무언가를 듣는데, 그 행위 자체가 기록은 아니잖아요. 여러분이 채록을 하든지 또는 그것에 의미를 부여하는 이차적인 저장을 하든지 하여 남겨진 기록에는 그분하고 이야기할 때 느낀 감동이나 절절한 마음이 모두 다 포괄되어 있지 않습니다. 그래서 마을기록자가 지금 마을 분과 이야기를 하는 그 과정 자체

Archive Guide

서울광장의 노란리본

를 자신의 기록활동의 영역에 포함시켜야 한다는 것이 기록 개념의 확장입니다.

다른 예를 들어 보겠습니다. 저는 416가족협의회에서 기록활동을 좀 돕고 있습니다. 그곳에서 활동하면서 다양한 경험을 했습니다. 416가족협의회 분들에게 지금의 이슈는 사회적참사 특별조사위원회 활동이나 진상 규명 활동을 지속하기 위해서 기자회견을 하고, 세월호가 육상 거치된 목포 신항에 가서 선체 조사와 미수습자 수습과 관련된 활동을 하는 것입니다. 그런데 기록활동가라는 사람이 기록의 생산 또는 수집의 입장에서, 그분들이 가서 활동한 기록을 수집하려 합니다. 그러면서 현수막 또는 노란리본 등을 수집한다면 이분들의 전체 활동 가운데 아주 일부분만 기록으로 남기는 것입니다. 이분들의 활동에 공감하고 함께하지 않으면, 똑같은 노란리본이라도 이것이 어떻게 생산되어 목포 신항에서 사용됐고, 거기서 시민들과 어떤 교감을 했는지가 빠지게 되는 것이지요.

여러분은 마을기록자가 기록을 잘 만들고 관리하는 문제에 관심이 많을 것입니다. 그렇지만 공동체 아카이빙은 일단 공동체와 함께하는 것, 그리고 그 활동에 참여하는 것이 우선입니다. 여기서 참여의 의미는 같이한다, 이야기를 듣는다 정도가 아니라 정말 온전히 이해하고자 노력하는 것입니다. 물론 그분과 온전히 같을 수는 없더라도 공동체가 왜 이렇게 할 수밖에 없을까 생각하고, 이 공동체가 처절하게 무엇인가 해야만 하는 이유에 공감해야 합니다. 그렇지 않으면 공동체는 마음을 열지도 않을 것이고 또 여러분이 얻고자 하는 다양한 기록의 생산과 접근도 어려울 것입니다.

마을기록자라면 공동체의 이야기를 경청하고, 관계의 맥락을 듣기 위해서 내가 하는 여러 가지의 활동을 기록의 영역으로 확장해서 생각을 해야 합니다. 그러한 경험, 즉 신체의 체득은 기록으로 남지 않지만 내가 느꼈던 감정 또는 교감 역시 기록하는 활동이고, 기록이라고 생각해야 여러분이 다른 곳에 가서 이 공동체의 이야기를 했을 때 더 진심으로 이분에 관한 이야기, 마을에 관한 이야기를 잘 전달할 수 있습니다. 그러면 다른 사람에게 이 마을(공동체)의 일로 영향을 끼칠 수 있어요. 이것이 신체적으로 체득된 기록의 다양한 효과라고 할 수 있습니다. 그래서 과정 역시 기록의 영역으로 생각하셔야 합니다.

월가점령운동과 부흥주택의 사례

외국 사례로는 월가점령운동(Occupy Wall Street, 2011년)을 들 수 있습니다. 거기서도 실천적인 아키비즘(Archival Activism)이 있었습니다. 아키비즘은 기록학으로 사회의 실천적 활동에 참여한다는 것인데 실천적 아키비즘은 어쨌든 운동에 직접적으로 참여하는 것을 의미한다고 할 수 있습니다. 그 능동적 참여자를 '활동가 아키비스트'라고 부릅니다.

> 우리는 활동가 아키비스트(Activist Archivists)를 '아카이빙하는 운동의 능동적 참여자'로 규정한다. 그들의 목적이 아카이빙이 될 자료를 수집하기 위한 것이든, 참여의 산물로 자료가 수집되는 것이든, '실천적 아키비즘은 운동에의 직접적 참여'를 의미한다.
> – Queens's Collage 월가점령운동 archiving Project 사명 및 콜렉션 개발 방침 중에서

꼭 기록학 뿐만이 아니라 다른 분야에서도 많은 이야기가 있습니다. '부흥주택'이라고 하는 게 있어요. 부흥주택은 1950년대 중반 한국전쟁 후 생긴 심각한 주거문제를 해결하기 위해 당시 정부와 서울시가 조성한 공영주택단지입니다. 똑같은 집을 많이 지어서 서민들이 살게 한 것이 특징인데 그게 오래되다 보니까 심하게 낡았죠. 그래서 낡은 집들을 많이 철거했고, 서울에 몇 군데만 남아 있었습니다. 마포구 주변의 부흥주택이 철거되기 1년 전, 도시재생 운동하는 분들이 이 주택을 청년 주거와 연관시킨 실험을 했습니다. 청년들의 주거문제 해결이 어렵잖아요. 그래서 그런 부흥주택에 청년들 네 명이 살면서 주거 체험을 해보게 한 것입니다.

청년 주거문제를 이 방법으로 해결하려는 실험적인 시도였는데, 이 내용을 발표하는 토론회에 제가 사회자로 참석했습니다. 제가 질문을 했죠. 곧 철거된다고 하니 그 장소를 촬영한 사진은 많이 있나요? 철거 이전의 모습은 어떻게 보존하셨나요? 제 입장에서는 이렇게 질문할 수밖에 없었는데 그분은 의외의 대답을 했습니다.

"관련 사진도 찍었고 글도 썼습니다. 그런데 저희는 그 네 청년이 거기서 보고 느꼈던 것을 가장 중요하게 여깁니다."

기록학을 하는 사람은 어쨌든 기록을 결과론적으로 접근합니다. 왜냐하면 실제 획득할 기록이 있어야 안심이 되거든요. 하지만 공동체 아카이빙에서 제일 중요한 것은 공감과 참여입니다. 그래서 눈에 보이는 결과뿐만 아니라 참여와 개입 그리고 과정, 또 신체적인 체득까지 모두 기록활동에 포함시키고 결과적인 기록도 남아야 합니다. 그리고 이 마음가짐이 공동체 아카이빙에서 가장 중요한 기록의 의미라고 할 수 있습니다.

체화된 지식, 자기에게 체화된 지식은 그냥 반복되는 것이 아니고 경험의 과정에서 선택되고 기억되고 내면화되고 전송됩니다. 신체에 체화된 것 역시 선택적으로 남겨집니다. 그냥 반사 신경에 따라 받아들이는 것이 아니라 자신이 보고 느낀 것 가운데 의미 있다고 판단되는 내용만 체화된 지식이 됩니다. 이 과정은 기록의 프로세스와 똑같습니다. 만들고 선택하고, 선별하여 보존합니다. 여러분이 마을기록자니까 결과와 실체 중심의 기록을 하는 것도 중요하지만 이 과정에 참여하고, 보고 듣고 느끼는 과정에서 받는 교감이 스스로에게 더 중요한 기록의 의미일 수 있습니다.

리빙 아카이브(Living Archive)

아카이브는 굉장히 비밀스러운 장소였습니다. 여러분이 어쩌면 이렇게 생각할 수도 있습니다. 큰 규모의 서고가 있는 보존소가 아니라도 기록을 일정 장소에 잘 보존해서 필요할 때마다 사용할 수 있으면 되지. 하지만 그런 장소를 마련하면, 그 다음에는 이 기록이 가끔 전시에 활용되는 경우가 아니면, 어쩌면 여러분도 기록의 존재를 잊을 수 있습니다. 그냥 여기 잘 있어, 언제든지 우리가 이걸 쓸 수 있는 곳에 잘 해놨어 하는 만족감을 가질 수도 있습니다. 하지만 요즘 아카이브, 특히 민간영역의 아카이브는 '리빙 아카이브(Living Archive)'를 지향합니다. 끊임없는, 살아 있는(living) 이렇게 해석하면 됩니다. '살아 있는 아카이브'라고 하는 것은 계속 논쟁의 거리를 만들수 있습니다. 기록, 이야기가 지속적으로 회자될 수 있게 만드는 것입니다.

처음 생산된 기록이 있는데, 거기에 사람들이 덧붙이고 덧붙여서 많은 이야기가 같이 어우러져서 계속 활용됩니다. 기록이 살아 있는 유기체 같은 성격을 갖게 하는 것이 리빙 아카이브의 개념입니다. 다른 공동체와 공유할 수 있는 지식의 몸체, 즉 하나의 공간이죠. 그런 공간을 구축하고 비슷한 관심사를 가진 단체들과 공유할 수 있습니다. 마을은 각자의 독특한 성격이 있지만 그 가운데서도 유사한 마을, 이미 아카이브가 잘된 곳을 벤치마킹할 수도 있습니다. 다른 활동가들이 사용할 수 있도록 공유하고 증거와 연대의 네트워크를 구성할 수 있는 것이죠. 그리고 현재 진행 중인 활동이라면 지원하는 자료를 구축할 수도 있습니다.

영국의 도시 재개발과 관련된 원주민의 투쟁 이야기가 있습니다. 영국도 마찬가지인 것 같아요. 아파트가 들어서면 그 마을에 살던 원주민이 그 아파트에 사는 것이 아니라 다른 곳으로 쫓겨나고 사실 아파트 입주민은 새로운 사람들인 거죠. 그렇게 되면서 마을의 이야기는 새로운 시작을 맞지만, 그 이전의 기억은 전부 지워집니다. 이렇게 공동체가 붕괴되는 것을 우리도 이미 경험했습니다. 외국에서도 마찬가지 상황이 벌어집니다. 영국의 헤이게이트 지역의 원주민들이 재개발에 대항하는 투쟁을 합니다. 그들이 관련 기록을 어떻게 남겼는지 제가 보여 드리겠습니다. 이것을 통해 운동과 더불어 미래를 고려하고, 논쟁하기 위해서 사회적이고 역동적인 공간을 형성하는 모습을 볼 수 있을 겁니다.

헤이게이트 워즈 홈(Heygate was Home, http://heygatewashome.org/index.html). 이곳은 영국의 엘리펀트 앤 캐슬(Elephant & Castle) 지역의 도시재생 계획에 저항하는 활동의 하나로, 거주민의 경험을 기록하기 위해서 구축 됐습니다. 여기서 두 가지가 중요한데요. '기록을 똑바로 세우기'와 '도시재생 계획에 대한 깨진 약속(의회와의)을 기록하기'가 그것입니다.

이들은 자기 권리를 주장하기 위해서 다양한 활동을 합니다. 정보공개 청구 운동을 통해서 사건과 관련된 기록들을 모두 받아 사이트에 올려서 활용할 수 있게 했습니다. 증거를 올리기도 하고 또 반대쪽의 언론자료, 기사들도 계속 사이트에 올립니다. 이렇게 우리의 의견과 반대되는 자료도 올려서 다른 사람들이 대비해서 판단할 수 있도록 합니다. 그리고 구술 인터뷰를 통해서 자기가 살던 곳에서 떠난 이후 느끼게 된 상실감, 추억, 향후 계획 등을 다른 사람들도 듣게 합니다. 이전의 도시 전경과 공동체가 어떻게 사라졌는가에 대한 서사를 수집하고 공유하는 자료가 웹사이트를 구성하고 있습니다.

헤이게이트 위즈 홈의 아카이빙 행위는 토지와 운동의 기억을 생생하게 보존하는 의식적이고 정치적인 방법으로 의회의 도시재생 계획에 개입하여 저항하는 한 방법입니다. 그래서 '도시재생 계획에 대한 깨진 약속 기록하기'는 의회가 계속 어떻게 말을 바꿔왔는지 웹에 게시하는 것입니다. '망각에 대한 전투'는 편파적인 보도를 극복하고 균형 있는 기록을 배포해서 웹사이트를 만든 거주민들이 아카이브를 '기록을 바로 세우는 본거지'로 활용하게 합니다. 또 이것을 법적 증거로도 활용하고 있습니다.

사이트에 보면 원주민의 후속 인터뷰가 있습니다. 고향에 대한 자신의 생각을 짧지만 호소력 있게 말합니다. 긴 인터뷰를 했지만 일부만 실은 것입니다. 이것도 일종의 큐레이션 같은 것이죠. 많은 이야기 속에서 가장 핵심적인 것만 모아서 내용을 구성하고 있습니다. 홈페이지 메뉴 중에서 프레스아카이브는 편파적인 보도를 쭉 모아서 기사가 원주민에 관하여 어떻게 이야기하고 있는지를 보여줍니다. 브로큰프로미스는 의회가 계속적으로 한 거짓말과 그에 대항한 원주민의 기록을 담고 있습니다.

그리고 메뉴 가운데 타임라인이 있습니다. 이 싸움은 실제로 길게 진행이 됐습니다. '타임라인제이에스'라고 무료로 타임라인을 만들 수 있는 프로그램이 있습니다. 오랜 싸움을 기록하고 또 기록하여 이야기를 계속 올릴 수 있게 합니다. 98년도, 99년도 연도별로 되어 있는 타임라인을 통해서 원주민들의 법적인 투쟁을 쭉 나열합니다. 이처럼 일깨우는 아카이브가 있어서 현재에 충실한 활동을 할 수 있습니다.

공동체 아카이빙은 후세의 연구를 위해서라기보다 '지금' 사람들을 위해서 하는 활동입니다. 진행 중인 사안에 대해 적극적으로 대응할 수 있고, 대안의 목소리도 낼 수 있기 때문입니다. 우리나라에서도 지금 SNS가 언론의 편파 보도에 대응하는 역할을 하고 있습니다. 이에 비해 헤이게이트 워즈 홈 사이트는 그런 대응을 일목요연하게 보여줄 수 있습니다. 법적인 증거에 관한 것이라도 원주민의 가슴 시린 이야기를 보면 이 싸움이 그들한테 얼마나 절절한 것인가 하는 감정적 측면을 볼 수 있습니다. 리빙 아카이브는 이런 감정도 잘 나타낼 수 있습니다.

이 사이트는 대학과 사회적인 활동을 지지하는 단체들, 그리고 원주민들 당사자, 이렇게 삼자가 구성해서 만들었습니다. 지속가능성 측면이 있는 것이죠. 외국은 대부분 이러한 유형으로 사이트를 만듭니다.

우리한테는 이 같은 모델이 중요하지요. 마을 아카이브를 한다고 해서 웹사이트를 혼자 구축하기는 쉽지 않습니다. 오픈소스 아카이브 같은 다양한 방식으로 접근할 수는 있지만 역시 전문가의 도움을 받아야 합니다. 마을 아카이브가 여러 사람들의 관심을 받기 위해서는 아무래도 마을기록자 개인의 오프라인 활동으로는 부족합니다. 그래서 온라인상에서 어떻게 해야 할까 고민이 됩니다. 쉽지 않은 문제지요.

안전사회를 지향하는 투쟁과 증거의 기록

저는 말씀드린 대로 416가족협의회에서 아카이브 활동을 하고 있습니다. 이제는 그 이야기를 할 텐데요. 마을기록은 아니지만 다른 공동체 아카이빙에서 무엇을 고민하는지 볼 수 있습니다. 기록의 범위와 기록의 가치에 대해 여러분과 같이 생각해 보고자 합니다.

416과 관련한 기록의 의미를 저는 두 가지로 이야기합니다. 하나, 416 기록은 안전사회를 지향하는 투쟁과 증거의 기록입니다. 여기에 계신 여러분도 서명하셨을 것 같은데요. 특별법을 제정하기 위해서 시민들에게 서명을 받았습니다. 삭발도 마다하지 않으셨던 가족 분들의 활동기록도 있습니다. 그리고 공공영역에서 진상규명을 하기 위해 벌인 여러 활동이 있습니다. 이 기록은 모두가 궁극적으로 앞으로는 더 이상 이와 같은 희생자가 나오지 않아야 한다는 투쟁과 증거의 기록입니다. 416 희생자 가족 가운데 오랜 시간 단식을 했던 아버님을 혹시 기억할지 모르겠는데요. 그분은 몸에 영어 몸자보를 걸고 2015년 8월 교황님이 내한했을 때 그 앞에 서 계셨습니다. 몸자보 내용을 해석하면, 나는 34일째 단식을 하고 있다, 내 딸이 왜 죽었는지 모른다, 알고 싶다는 내용입니다. 이것도 기록이죠. 희생자 가족 분들은 세월호를 인양하기 전에 배를 하나 샀습니다. 통통배를 사서 동거차도를 거점으로 세월

소망과 추모의 벽

호 인양 현장을 감시했습니다. 멀리 떨어진 인양 현장을 제대로 파악할 수는 없지만 사고 해역의 가장 가까운 곳에서 가족들이 지켜보고 있다는 것을 정부에 알리고 끊임없이 감시했습니다. 한국 사회에서 국가에게 책임이 있는 사안의 기록을 국가의 기록보존소에서 찾기는 쉬운 일이 아닙니다.

애도와 성찰 또는 치유의 상징 기록

진상을 규명하는 활동 자료가 피해자 개개인의 기록을 모은 것이라고 해도 이것은 개인 차원의 기록이 아닙니다. 안전사회를 지향하는 사회적 요구에 따른 신뢰의 회복과 성찰을 위한 기록입니다. 여러분도 사회적 사안에 대해 의견을 담은 포스트잇을 쓰셨을 것입니다. 리본도 붙이셨을 거예요. 이 같은 추모기록은 애도와 성찰 또는 치유의 상징 기록입니다. 그렇지만 저는 기록을 정리하면서 고민이 많아요. 왜냐하면 반복되고 대량의 기록이거든요. 리본 더미를 보면서 이 리본들을 다 모아야 될까? 고민합니다. 여러분도 마을기록을 수집하실 때 같은 고민을 하게 될 겁니다. 물론 대량의 같은 기록물은 샘플링을 할 수도 있습니다. 그런데 의미를 어떻게 생각하느냐에 따라서 보존 방법을 달리 할 수도 있습니다.

미국 워싱턴에 있는 홀로코스트 기념관을 예로 들겠습니다. 그곳의 한 전시공간에는 가스실에서 희생당한 유대인들의 신발이 있습니다. 신발만 모았어요. 그런데 그 많은 신발 더미만 보면 다른 것은 필요 없을 정도로 잔인함을 바로 느끼게 됩니다. 가스실에서 사용했던 가스통 더미도 마찬가지예요. 이처럼 대량의 기록일 경우에 희생당한 유태인의 신발 하나, 가스통 하나만 남길 수도 있습니다. 하지만 상징의 힘이라는 게 이렇습니다. 하나로 모았을 때 어떠한 매체보다, 글보다 훨씬 더 큰 메시지를 사람들에게 전달할 수 있습니다. 마을기록에 접근할 때도 이런 상징성을 많이 고민하셔야 합니다.

  마을에서 기록을 할 때, 기록자가 보기에 좀 보잘것없어 보이는 것이 많이 쌓여 있을 수 있습니다. 그런 경우에 무조건 다 모아 놓으라는 것이 아닙니다. 다만 이것이 상징하는 바가 무엇일까, 남겨야 할까 고민을 더 많이 하고, 의미를 더 깊게 생각해 보아야 합니다. 마을 분들하고 이야기를 하는 참여의 과정을 겪으면 자연스럽게 그 사건과 관련된 일과 물건의 상징성도 알 수 있습니다. 또한 참여의 과정이 있어야 물어보기에도 편합니다.

  416 기억저장소에는 전시실이 있습니다. 전시의 제목은 〈아이들의 방〉입니다. 아이들이 살아 있을 때 방을 그대로 간직하는 부모님들이 꽤 많습니다. 그래서 아이들이 살아 있을 때 체취를 간직한 방의 사진을 전시했고, 옆에는 이불을 전시했습니다. 이 이불은 참사 직후 아이들을 찾으러 진도체육관에 내려갔을 때, 진도체육관 바닥에 깔렸던 것입니다. 가족 분들은 이 이불을 다 가지고 오셨어요. 이분들은 직접 겪어서 알고 계십니다. 앞서 헤이게이트 위즈 홈 사이트 예처럼 의회가 약속을 지키지 않는 것을 몸소 경험한 공동체는 기록의 중요함을 잘 압니다. 416 가족 분들도 정부와 소통하는 과정에서 자신들이 직접 기록을 모으지 않으면 안 된다는 것을 체득하셨어요. 그래서 무엇이든 버리지 않으려고 합니다. 사진도 기록활동가보다 잘 찍고, 녹음도 하세요. 중요한 순간의 사진도 많이 찍었습니다. 그래서 아이들의 생사를 알기 위해

Archive Guide

416 기억저장소 전시실, 아이들의 방

기다린 그 고통의 시간을 같이했던 이불이 남아 있습니다.

시중에서 살 수 있는 흔한 이불이지만 이렇게 모이면 전시물이 될 수 있습니다. 물건의 상징성이 무척 중요하기 때문입니다. 물론 법적 증거의 기록은 아닙니다. 진상규명과 관련된 특정 활동이나 진상규명과 관련된 기록도 아닙니다. 하지만 이불 더미가 보여주는 집합적인 의미는 시민들에게 증거보다 더욱 오랫동안 416 참사를 기억하게 합니다. 이것이 애도와 성찰의 기록이 됩니다. 10년 뒤에는 법적 재판 자료보다 오히려 노란리본 하나가, 전시되어 있는 저 흔하디 흔한 이불의 서사가 416의 상징성 있는 기록이 될 것입니다. 마을기록을 할 때 우리는 아무래도 텍스트적인 것, 무언가 증거가 될 만한 것에 접근하는 것이 일차적으로 더 쉬울 것입니다. 하지만 마을 사람들이 더 중요하게 생각하는 상징을 찾으려고 많이 고민해야 합니다.

끊임없는(Living) 의미의 재구축

저는 416 기록 역시 리빙 아카이브라고 봅니다. 그래서 그 기록화의 개념을 '끊임없는(Living) 416 의미의 재구축'이라고 생각합니다. 그래서 리빙 라이츠(living Rights), 리빙 아카이브(Living Archives), 리빙 메모리얼(living memorial)로 나누어 봤습니다.

리빙 라이츠는 진실과 정의에 대한 권리를 말합니다. 앞으로 진상규명과 관련된 자료를 계속 찾아야 합니다. 416 가족 분들이 시민들과 함께하는 활동 역시 2014년 4월 16일에 머무는 것이 아니라 현재로 이어져야 합니다. 리빙 아카이브 개념으로 지속되는 의미를 잘 파악해야 합니다. 이 가운데 가족 분들이 제일 중요하게 여기는 것은 리빙 메모리

얼입니다. 아이들이 불쌍하게 죽은 아이로만 기억되지 않길 바라는 것입니다. 아이가 이전에 얼마만큼 사랑스러운 아이였는지 또는 어떤 삶과 이야기를 가지고 있었는지 사람들이 알았으면 합니다. 아이들이 단지 4월 16일의 희생자가 아니라 대한민국에서 꿈을 가지고 있었던 나의 아이, 우리들의 아이라는 것을 지속적으로 끊임없이 이야기(living memorial)하는 것이 리빙 메모리얼입니다. 리빙 아카이브 개념으로 사건이 계속 이야기가 되도록 하는 것입니다.

 2001년도에 일어난 미국의 911 테러 사건 아시지요? 뉴욕 세계무역센터 쌍둥이 빌딩에 두 대의 비행기가 충돌하여 수천의 인명이 희생된 사건입니다. 이와 관련된 웹 사이트에 가 보면 거기에도 리빙 아카이브 형식의 페이지가 있습니다. 희생자들마다 언제 태어났고, 무슨 꿈을 꾸었던 사람인지 적혀 있고, 그에게 하고 싶은 말을 댓글로 쓸 수도 있습니다. "안녕, 오랜만에 찾아왔어." 이렇게 안부를 묻는 댓글이 지금까지도 있습니다. 이것이 리빙 메모리얼의 한 예입니다. 마을기록자가 리빙 아카이브를 지향하려면 마을 이야기가 끊임없이 재생되도록 해야 합니다. 그러면 이야기의 의미가 다양한 방법으로 재구축될 수 있습니다.

 여성 혐오와 관련하여 사회문제가 된 강남 묻지마 살인사건 아시지요? 그 사건을 예로 들면 요즘 사회의 키워드는 '공감'입니다. 강남역 10번 출구에 포스트잇을 붙인 사람들을 살펴보면 다 젊은 친구들이에요. 요즘 젊은 친구들은 면 대 면 만남을 중요하게 여기지 않습니다. 굳이 만나기보다는 SNS로 소식을 전합니다. 같은 집 안에 있으면서도 그런 젊은이들이 강남역에 와서 손글씨로 추모의 글을 씁니다. 포스트잇에 '내가 너와 다르지 않다'라고 씁니다. 굉장한 공감의 표현이지요.

너는 나와 같다, 나도 너와 다르지 않다. 젊은 친구들의 이런 행동은 공감에서 이루어지는 것입니다. 구의역의 스크린도어 비정규직 노동자 사망 사고(2016년)도 마찬가지입니다. 구의역까지 직접 와서 포스트잇을 붙이고 추모 물품을 놓고 가요. 여기에는 상징적으로 매우 중요한 것이 있습니다. 희생자 가방에서 먹지 못한 컵라면이 나왔어요. 기사에 컵라면 사진이 나간 이후 구의역 추모 현장에 컵라면이 많이 보입니다. 여러분께 묻겠습니다. 이 컵라면도 기록일까요? 가게에 진열된 상품이라면 절대 기록이 아니겠지만 그것이 갖는 상징으로 보면 중요한 기록입니다. 고민이 됩니다. 추모객이 남긴 컵라면을 모두 모아야 할까요? 저는 그렇게는 하지 않겠어요. 하지만 젊고 아까운 친구가 남기고 간 유품, 그 컵라면은 어떻게든 보존할 것 같습니다.

경찰이나 사건과 관계된 사람의 입장에서는 컵라면이 증거 물품일 뿐입니다. 곧 없어질 것입니다. 그런데 젊은 친구가 사고를 당한 지 1년 뒤에 다시 구의역 스크린도어에 추모객들이 왔습니다. 그때 컵라면이 또 남겨집니다. 사람들은 구의역 지하철에서 젊은 친구들이 겪는 비정규직 문제도 기억하지만, 이 컵라면을 기억한 것입니다. 기록으로 보면 매우 상징적인 유품이기 때문에 1년 뒤에도 놓고 가는 것이죠. 젊은 비정규직 노동자가 끼니도 거르는 열악한 근무 상황에서 컵라면도 못 먹고 스러져 간 모습이 시민들에게 상징적 기록으로 각인된 것입니다. 강남역과 똑같습니다. 나도 너와 다르지 않다는 공감입니다. 아마 그곳에는 2년 뒤에도 컵라면이 놓여 있을 것입니다.

정서의 공동체, 정동의 가치

　젊은 친구들의 개인적인 성향에도 불구하고 그들은 왜 이런 적극적인 추모 활동을 할까요? 이것은 감성 중심의 시민의식, 개인 차원의 정치 참여, 일상생활의 이슈가 부각되는 네트워크 정치 운동으로 생각할 수 있습니다. 생활에서 겪은 폭력과 그로부터 기인한 고통의 시간을 서로 고백합니다. 공감을 얻고, 포스트잇을 붙이거나 SNS로 소통하여 서로가 서로에게 용기를 줍니다. 이렇게 정서의 공동체가 형성되는 것입니다. 구의역 사건 또는 강남역 사건처럼 사회적으로 문제가 되는 현장에 불특정 다수가 나타나 우연히 만났다고 볼 수 있습니다. 416 추모 글도 마찬가지입니다. 개인이 직접 그 현장에 와서 나도 '너'가 될 수 있었다는 글을 남깁니다. 그 느슨한 조우로 정동적 결연이 이뤄집니다. 결연과 분노, 정의에 대한 부끄러움의 공감을 매개로 한 연대가 중요합니다.

　애도는 그저 지나가는 감정이라고 생각할 수도 있습니다. 하지만 이것은 다분히 정치적인 행동이에요. 예를 들어 416 추모로 이야기하면 우리는 포스트잇 글 내용을 통해 알 수 있습니다. 잊지 않겠습니다. 짧은 글이잖아요. 그리고 같은 내용도 무척 많습니다. 우리는 그날 TV로 생중계되는 침몰 장면을 봤어요. 그러니까 다 목격자들이에요. 그래서 잊지 않겠습니다, 진상을 규명하라는 글이 나오는 것입니다. 우리는 죽음을 유발한 원인의 책임 소재를 계속 묻습니다. 대한민국이 안전해졌으면 좋겠다는 포스트잇도 아무것도 아닌 것 같지만 제도적인 변화를 요청하는 내용입니다. 그저 감정에 복받쳐서 썼다고 할 수도 있지만 적극적으로 해석하면 이것은 정치적인 애도입니다. 이런 메시지를 다 남겨야 되나?라고 생각할 수도 있지만 이것은 정치적인 애도를 잘 표현한 중요한 기록입니다. 리본도 마찬가지고요.

희생자를 목격하고, 희생의 원인을 묻고, 구조적 변화를 요청합니다. 이런 상징을 담은 애도는 시민이 권력을 압박할 수 있는 정동(情動)입니다. 정동은 개인의 감정이 아니라 사회적인 감정입니다. 정치적 정동이지요. 개인이 내적으로 공동의 사회적 의제에 대해 함께 느끼는 정서적인 변화를 정동이라고 합니다. 정동과 연결된 행위의 효과와 기록학적 측면에서 본 정동에 대해 탐구해야 합니다. 그리고 사회적 사안의 가치 기준을 생각할 때 정동적 가치를 꼭 염두에 두셔야 합니다.

기록학에서는 기록이나 사안을 볼 때 정보적 가치가 있는지, 역사적 가치가 있는지를 많이 따집니다. 반면 공동체 아카이빙에서는 정보적 가치가 있거나 역사적 가치가 있어도 마을 사람들에게도 공감이 가는 가치인가? 하는 의문을 가져야 합니다. 앞에서 말한 상징성과 연결이 되는 것입니다. 역사적이고 정보적 가치가 중요할 수도 있지만 마을 사람들에게 중요한 것은 정동적 가치입니다. 그래서 개인이 느끼는 또는 마을 공동체가 느끼는 가치의 기준을 여러분이 생각해 볼 수 있습니다. 정동, 기록을 체화된 경험으로 내 자신이 느끼는 것이 무척 중요해요. 기록이라고 생각하지 못했던 것이 엄청난 상징성을 가지고 있을 수 있습니다. 또한 그 상징성의 가치를 어떤 기준으로 판별할까 하는 것도 문제입니다. 제가 사회적인 사건이라고 예를 든 것은 우리 국민 모두 다 정동의 경험을 한 것입니다. 정치적 정동의 경험을 우리가 가치로 보고 기록을 해야 합니다.

길을 잃은 아키비스트

실제로 여러분이 마을기록자가 돼서 활동하면 앞에서 말씀드린 것이 좀처럼 손에 안 잡힐 수 있습니다. 저도 고민입니다. 그래서 지금 공동체 아카이빙을 하면서도 길을 찾고 있다고, 길을 잃은 아키비스트라고 스스로 이야기합니다. 기록을 전공하는 사람을 대상으로 강의를 하긴 했지만, 기록자는 사실 정체성에 많은 고민이 있습니다. 여러분도 그러실 거예요. 마을 사람이 아닌데 마을 사람을 얼마나 이해해야 할까? 마을 사람들과 꼭 일체화가 되어야 할까? 내 정체성은? 하고 생각할 수 있습니다. 예전에 기록관리자의 입장에서 혼자 판단했던 일을 공동체 아카이빙에서는 제일 먼저 공동체의 의견을 물어야 합니다. 그래야 공동체가 무슨 생각을 가지고 있는지 알 수 있습니다.

게다가 자신과 의견이 다를 때는 어떻게 해야 할지 고민이 깊어집니다. 마을기록자로 들어왔는데 마을 사람의 정체성으로 있는 게 맞을까? 그런데 두 입장을 분리하기가 쉽지 않습니다. 항상 마을기록자의 입장으로 있는 게 아니라 한편으로는 마을 사람의 입장이었다가 또 다른 상황에서는 마을기록자가 됩니다. 이것에 대해 논리적으로 의견을 풀어내기가 저도 아직 어렵습니다. 다만 느낌이나 상황에 따른 뉘앙스로만 알겠어요. 사안마다 어떤 정체성으로 있을지 선택을 합니다. 더 참여하거나 더 아키비스트적인 입장으로 있게 됩니다. 아직도 이런 체험을 해나가고 있는 상황입니다. 마을기록자로 활동을 하면 공동체 아카이빙의 이러한 모호함과 마주하게 됩니다. 내 위치에서 마을기록자 역할만 하면 되는 상황이 아닐 수 있습니다. 다양한 마을의 경험과 활동을 같이 하면서 정체성의 혼란이 분명히 있을 것입니다.

2015년 5월부터 416가족협의회 활동을 했는데 제 자신이 투명인간처럼 느껴질 때가 많습니다. 마을기록자들도 마찬가지일 텐데요. 기록학자, 기록활동가가 전문직이지만, 변호사나 의사 같지는 않습니다. 변호사 혹은 의사라면 전문가라고 굳이 설명하지 않아도 아는데 기록활동가는 그 전문성을 인정받기가 쉽지 않습니다. 기록활동가는 공동체 아카이빙의 조력자, 즉 '퍼실리테이터(facilitator)'라고 부를 수 있습니다. 공동체 아카이빙에서 공동체들이 잘할 수 있도록 옆에서 조력해 주는 사람이라는 거죠. 이 말은 좀 멋있는 말이에요. 하지만 현실에서는 그게 무슨 역할이지? 하고 고민하기가 쉽습니다.

공공영역에서 사업으로 마을기록화 사업을 하면 직분이 명확합니다. 하지만 공공영역의 마을기록자 직분을 수행하면서 얻는 경험은, '공동체 아카이빙'에서 얻는 경험을 백퍼센트라고 했을 때, 30퍼센트 이상이 안 될 가능성이 큽니다. 그 사업을 전부 부정하는 것이 아니라 그런 사업이 갖는 장단점이 무척 명확하기 때문입니다. 그럼에도 불구하고 그 일을 할 수는 있습니다. 하지만 스스로 민간영역의 마을기록을 중요하게 생각해서 공동체 아카이빙을 경험하고 싶은 분이 있을 것입니다. 그 분이 마주할 여러 혼란에 대해 제가 지금 답을 드리긴 어렵지만, 이렇게 생각하면 좋겠습니다. 분명 길을 잃을 가능성이 있고 3, 4년 동안 활동했던 사람 역시 길을 잃고 있다. 이것이 혼란을 대하는 안심 기재가 될 수 있길 바랍니다.

공감, 치유, 관계, 정의의 아카이브

저는 공동체 아카이브가 지향할 것은 리빙 아카이브, 살아 있는 아카이브라고 생각합니다. 이것은 공감의 아카이브, 또는 치유의 아카이브입니다. 이야기를 들어주고 자신의 정체성을 이해해 주고 자신의 삶을 같이 보듬어 주는 사람은 그 존재 자체로 굉장한 치유의 힘이 있습니다. 그래서 여러분이 하는 아카이브가 치유의 아카이브이기를 바랍니다. 정동의 가치를 이야기했듯이 기록이 체득된다는 점에서 여러분 자체가 하나의 기록보존소가 될 수 있습니다. 이것이 관계의 아카이브입니다. 기록 개념을 확장하여 지속적 가치를 가진 기록을 보존하는 것이라고 한다면 여러분 자체가 하나하나의 아카이브입니다.

그런 의미에서 서로 관계를 형성해 나갈 수 있습니다. 여러분이 앞으로 하게 될 일은 크게 보면 사회정의에 일조하는 것입니다. 정의는 권위적이고 남성적인 언어라고 말할 수 있지만, 사회정의는 그런 의미가 아닙니다. 마을의 사안을 이야기하는 것은 그저 마을의 소소한 이야기가 아니라 일상의 소소함에 있는 불의를 바로잡아 나아가는 것입니다. 정의롭지 못한 일이 여러분의 활동으로 더 나아진다면 그것 자체가 정의의 아카이브입니다. 그래서 여러분이 지향할 살아 있는 아카이브는 공감의 아카이브이고, 치유의 아카이브입니다. 또 관계의 아카이브이며 정의의 아카이브라고 할 수 있습니다.

다치바나 다카시의 《자기 역사를 쓴다는 것》

책을 한 권 소개하겠습니다. 다치바나 다카시의 《자기 역사를 쓴다는 것》이라는 책입니다. 일본 대학에서 시니어 프로그램을 만들어서 60세 이상 되는 학생들에게 한 학기 과정으로 자기 역사를 쓰는 강좌를 개설

합니다. 자기 역사를 어떻게 쓸 것이냐 라는 주제를 주는 것입니다. 그렇게 쓴 자기 연표가 책에 있는데, 제법 재미있는 연표도 많습니다. 여러분이 마을기록을 할 때 연표를 어떻게 활용할지 좀 고민하면 어떨까 싶어서 소개를 합니다. 이 다양한 연표 구성이 중요하기 때문입니다.

한 분은 이렇게 구성을 했어요. 한 해의 주요 사건, 세상 사람 또는 일, 반경 5미터 이내 사람들 그리고 사적인 일, 이렇습니다. '한 해의 주요 사건'에 해당하는 것은 객관적인 연표입니다. 자기가 태어난 해부터 지금까지 살아온 시간 속에 객관적으로 중요한 일이 뭐가 있었는지 적었습니다. 그리고 '세상 사람 또는 일' 부분에는 해외에서 일어난 일을 적은 것 같습니다. '반경 5미터 이내 사람들'에는 특정 시기에 자신 주위에 있었던 중요한 사람들을 적고, '사적인 일'에는 그 시기에 일어난 자기의 이야기를 적었습니다.

여기서 객관적인 연표가 중요합니다. 이것에 따라 내 삶을 재단하는 것은 물론 아닙니다. 다만 기억을 끄집어낼 때, 개인의 삶을 떠올려 꺼내 볼 수 있는 이야깃거리를 큰 사건이 제공합니다. 예를 들어 그 해에 있었던 큰 사건, 이를 테면 월드컵 같은 것 말입니다. 마을과 공동체의 연결된 화제를 여러분이 풀어내기 위해서는 연표를 기록하는 것이 중요하다고 생각합니다. 이 책이 도움이 되는 또 다른 이유는 마을기록에 어르신들이 많이 참여하기 때문입니다. 그런 어르신들 이야기를 이끌어내는 방식으로도 연표가 좋을 것 같습니다. 적어도 60대 이상인 분이 자기 자신의 역사를 쓸 수 있게 돕는 가이드 책입니다. 저자가 어르신들 눈높이에 맞춰 작성했기 때문에 마을기록을 준비하는 분은 한번 보시면 좋을 것 같습니다.

3강

도시재생과 공동체 아카이브

한신대 기록관리 대학원
이경래

마을 아카이브의 구축은
컬렉션보다는 풀뿌리 운동의 일환이자
과정으로 이해해야 합니다.
마을 주민들 간의 소통이 무엇보다 중요합니다.
소통을 통해 마을 아카이브에 대한 합의 체계를 만드는 과정이
마을공동체 내부에 지속가능한 내적 동력을 확보해 줍니다.
마을 만들기는 결국 마을을 만드는 사람의 문제입니다.
아카이브도 마찬가지입니다.
아카이브를 구축하는 사람을 양성하는 문제,
인프라 구축이 무엇보다 중요합니다.

3강

도시재생과 공동체 아카이브

비공식적인 기억을 어떻게 보존할까

아카이브는 '기억 기관'이라고 불립니다. 사회적인 사안에 대해 기억하는 역할을 위임받은 기관인 것입니다. 자크 데리다 같은 포스터모더니스트들은 아카이브가 모든 기억을 보존하는 기관이어야 하는데 공식적인 기억만 보존한다며 아카이브 존립의 정당성까지 흔들었습니다. 공식적인 기억에 반하는 대항 기억이라든지 반(反)헤게모니적인 서사나 네러티브(narrative)는 전혀 보존하지 못한다고 비판한 것입니다. 그렇다면 비공식적인 기억은 어떻게 보존할 수 있을까. 민간기록에 대한 관심은 이 고민에서 시작했습니다. 민간기록의 가장 대표적인 예로 공동체 아카이브가 주목을 받습니다. 기록학의 관점에서 보면 우리나라에서는 1980년대부터 공동체 아카이브가 시작됐고, 본격적인 논의가 진행된 것은 2000년대 이후입니다. 오늘 저는 포스트모더니즘이라는 이론적, 학문적 프레임이 아니라 공동체 아카이브가 등장하게 되는 주요한 사회적 동력을 설명하려 합니다.

저는 공동체 아카이브의 사회적 동력을 도시재생 프로젝트에서 찾고 있습니다. 1980년대, 전 세계적으로 경기가 침체되고 산업구조가 변화하여 공동체가 해체 위기에 직면합니다. 그때 도시재생 프로젝트가 시작됩니다. 1990년대부터는 공동체의 해체 위기를 막고 이를 재생하는 프로젝트가 본격적으로 진행됩니다. 초기에는 주로 물리적인 환경을 개선하는 데에 중점을 두었습니다. 그리고 추진 세력이 정부였습니다. 하지만 이후 질적 전환을 겪으면서 질적인 환경 개선이 논의의 중심이 됩니다. 삶의 질적인 측면을 개선하자는 것입니다. 물리적, 하드웨어적 접근이 아니라 공동체 구성원 간에 상호 호혜적인 관계망과 돌봄의 관계망을 복원하는 질적이고 소프트웨어적인 접근이 가능해집니다. 예를 들면 공동육아 같은 도시재생의 구체적인 방안이 나오기 시작합니다.

서로 간의 유대감 형성이 도시공동체의 정체성 확립의 문제로 이해되면서 초기에는 시민단체를 비롯한 민간에서 주도했습니다. 이후에는 정부가 민간을 지원하는 민관협치형으로 발전하게 됩니다. 이처럼 도시재생 프로젝트의 일환으로 문화자원이자 교육자원인 공동체 아카이브에 대한 관심이 커졌습니다. 공동체 아카이브는 공동체의 정체성 확립에 기여합니다. 그리고 자생적인 풀뿌리 거주자 운동으로 이어집니다. 사람들이 어떻게 하면 삶의 질적인 전환을 모색할 수 있을까, 어떻게 공동체를 복원할까. 이렇게 거주자 운동을 고민하다가 바로 공동체 아카이브를 구축하는 것으로 연결됩니다. 이 맥락에서 볼 때, 거주자 운동으로서 도시재생 프로젝트가 공동체 아카이브 발전의 주요한 사회적 동력이었다고 저는 생각합니다.

자생적인 풀뿌리 거주자 운동_영국의 사례

자생적인 풀뿌리 거주자 운동인 영국의 공동체 아카이브를 소개하겠습니다. 영국 공동체 아카이브는 캐나다와 미국의 공동체 아카이브와는 상당히 다릅니다. 캐나다와 미국은 대체로 주류 문화기관이 공동체 아카이브를 구축하려고 시도합니다. 주류 문화기관은 정부의 지원을 받는 박물관, 도서관, 공공 아카이브를 지칭합니다. 이들 기관이 지역을 도큐멘테이션(documentation)하려고 공동체 아카이브 자료를 수집하는 것입니다. 여기서 도큐멘테이션은 어떤 활동이나 사건을 입증하기 위해 모아 놓거나 생산된, 매체와 형식에 상관없는 자료 일체를 말합니다.

캐나다와 미국의 양상은 우리가 살펴보려는 영국과는 대별되는 측면이 있습니다. 영국은 도시공동체의 해체에 직면한 거주자들이 스스로 정체성을 확립하기 위해 자생적인 풀뿌리 운동으로써 기록을 수집합니다. 반면 미국은 수집 담당 기관에서 공동체 아카이브를 수집하는 사례가 대부분입니다. 영국은 주도 세력이 민간인데 북미는 문화기관이 주도하는 경우가 많습니다. 형태에서도 차이가 나타납니다. 영국의 공동체 아카이브는 통일적이지 않고 다양합니다. 그래서 불편한 점도 있습니다. 특히 서비스를 제공하는 측면에서 그렇습니다. 북미는 문화기관이 주체라서 표준에 충실한 통합적 서비스가 용이합니다. 하지만 천편일률적이고 공공기관의 아카이브와 거의 유사한 형태입니다. 물론 영국에도 정부가 주도한 공동체 아카이브가 있고, 미국에도 민간이 주도한 공동체 아카이브가 있습니다. 하지만 영국형과 미국형으로 대별되는 측면이 있습니다.

영국 정부와 공동체의 관계를 살펴보면 양자는 파트너십에 기반합니다. 정부기관과 공동체가 위계적인 구조가 아닙니다. 정부에서 일방적으로 민간에게 하행적 지시를 내리는 구조가 아니라 동등한 파트너십을 전제로 공동체 아카이브 구축이 진행됩니다. 아카이브에 관심을 가진 공동체는 응집력을 지닌 자생적 공동체로 재생하기 위해 정부의 정책적, 재정적 지원을 받는 거버넌스 체제에 참여합니다. 그러면서 영국의 공동체 아카이브는 급속하게 발전하게 됩니다. 현재 영국에는 약 3천여 개의 공동체 아카이브가 활성화되어 있습니다. 공동체는 언제 아카이브의 필요성을 절감할까요? 아마도 공동체의 서사가 남아 있지 않다고 느낄 때가 아닐까요. 대표적으로 공공 갈등을 경험하는 상황에서 그럴 것입니다. 사회적 갈등이라고도 볼 수 있는데요. '밀양 송전탑'처럼 입지를 선정하는 과정에서 공공 갈등을 겪거나 도시재개발과 관련해서 정부와 민간이 서로 다른 입장일 경우 그렇습니다. '용산 참사'도 같은 예입니다. 공동체는 자신들의 목소리가 남지 않는 것을 경험합니다. 공동체의 입장을 대변할 기억의 채널이 없는 것입니다. 이를 겪은 사람들은 공동체 아카이브의 필요성을 특히 절감하게 됩니다. 우리나라에서 가장 대표적인 독립 공동체 아카이브인 성미산마을 아카이브도 결정적인 동력은 성미산 개발 반대 운동이었습니다. 정부가 성미산을 개발하려 하자 이에 반대 운동을 전개하면서 성미산마을 만들기가 탄력을 받고, 아카이브 구축까지 진행된 것으로 보입니다.

영국 공동체 아카이브 발전의 역사적 국면을 살펴보겠습니다. 도시재생 프로젝트의 일환으로 공동체 아카이브가 등장한 시기는 '공동체 아카이브의 발전기'로 1990년대의 움직임입니다. 그 이전에도 공동체 아카이브가 없었던 것은 아닙니다. 이전에도 영국의 공동체 아카이브가 있었습니다. 형성기를 거쳐서 그 다음에 확대기, 마침내 1990년대 발전기에 접어든 것입니다.

초기 형성기는 1960년대로 당시 사회적 발전 동인은 '공동체 발전 프로젝트'였습니다. 당시 영국에서 사회보장, 사회복지 사업의 일환으로 공동체 발전 프로젝트를 진행했습니다. 이때 가장 중점적으로 교섭해야 할 대상이 지역공동체였습니다. 이 시기에 로컬리티(지역)에 기반한 공동체 아카이브가 하나씩 형성됩니다. 초창기 공동체 발전 프로젝트에서 가장 강조했던 것은 공동체의 자립과 구성원들의 적극적인 참여였습니다. 두 가지 모토는 이후 영국의 독립공동체 아카이브 형성에 있어서 중요한 뼈대가 됩니다.

다음은 공동체 아카이브의 확대기입니다. 영국 역사워크숍운동이 동인을 제공한 이 시기에는 기존의 역사가 관변 역사라는 것에 대한 문제 제기가 있었습니다. 이전의 지역을 기반으로 한 공동체 아카이브 형성에서 한 걸음 더 나아가 공유된 정체성을 기반으로 공동체 아카이브 형성으로 확대됩니다. 피지배계급 및 사회 소수자 등을 중심으로 공동체 아카이브가 형성되는 시기로, 인종 소수자 및 흑인, 트랜스젠더 등 성소수자(LGBT) 아카이브가 구축됨으로써 아카이브 운동이 확대되는 국면으로 볼 수 있습니다.

마지막으로 발전기 단계는 제가 앞서 설명한 자생적 풀뿌리 운동에 해당하는 시기이기도 합니다. 이 시기에 특히 주목할 부분은 '콤마넷'입니다. 콤마넷은 영국 공동체 아카이브가 발전하는 데 있어서 큰 역할을 담당합니다.

콤마넷_소프트웨어를 개발하는 비영리 기술지원 단체

콤마넷은 1994년에 등장합니다. 등장 배경을 살펴보면 도시재생 프로젝트와 관련이 있습니다. 당시에 웨스트요크셔 주에 위치한 베틀리 시가 도시재생 프로젝트를 진행하면서 정부로부터 지원을 받습니다. 이때 받은 지원금으로 콤마넷을 만듭니다. 콤마넷은 한마디로 공동체 아카이브를 위한 소프트웨어를 개발하는 비영리 기술지원 단체로 아카이브 구축에 필요한 기술적 자문을 제공하는 역할을 합니다. 콤마넷은 소프트웨어를 공동체에 무료로 배포합니다. 공동체는 이미지나 문서를 스캔한 기록을 메타데이터와 결합시켜 온라인상에 올리고 아카이브를 검색하여 이용하게 되었습니다.

콤마넷은 공동체가 고민하던 문제, 즉 수집한 기록을 어떻게 보관하고 이용할 것인가에 대한 해결책을 제공했습니다. 결국 일종의 도시재생 프로젝트로 만들어진 콤마넷이 영국 전반에 무료로 배포되어 많은 공동체가 이용하고 아카이브를 구축하게 되었습니다. 그 이후에 영국뿐만 아니라 캐나다, 미국에서도 이 프로그램을 이용했고, 공동체는 온라인상에 정체성을 표방하게 됩니다. 웨스트요크셔 주에 있는 또 다른 공동체인 핸스워스트와 디스트릭은 석탄으로 유명한 지역인데 이 콤마넷 프로그램을 이용해서 석탄 지역의 공동체를 기록화했습니다. 뿐만 아니라 이 공동체는 당시에 구술 작업까지 진행하여 공동체의 정체성 형성에 크게 기여했다는 평가를 받고 있습니다.

영국 공동체 아카이브의 역사적 맥락을 들여다보면 무엇보다도 풀뿌리 운동적인 성격을 잘 알 수 있습니다. 지역 주민, 그리고 공동체 구성원이 주체가 되어 스스로 아래로부터 자생적으로 벌이는 자치와 기록활동이 그렇습니다. 초기 공동체 발전 프로젝트에서 자립과 구성원 참여를 강조한 것은 이후 공동체 아카이브의 발전에 있어서 상당히 연계된 부분이 많습니다. 지역사 연구라는 사회적 요구에 대해서 공동체 구성원들이 자율적으로 응대하면서 아카이브를 구축하고 운영해 나갑니다. 기존의 역사가와 아키비스트가 하지 못한 지역 사회에 대한 자료를 지역공동체 스스로가 정체성을 확보하기 위한 도구로 구축합니다. 지역사 연구의 필요에 부응하기 위해서 공동체 아카이브를 구축한 것이 상당히 풀뿌리 운동적인 성격을 보여줍니다. 영국 정부가 재정적, 정책적으로 도시재생 프로젝트를 지원했지만 콤마넷의 아카이브 구축 발상의 뿌리는 지역공동체였습니다.

영국의 문화정책 '팔길이' 원칙

영국은 기본적으로 문화정책에 있어서 '팔길이' 원칙을 표방합니다. 즉 지원하되 간섭하지 않습니다. 도시재생 프로젝트의 일환으로 공동체 아카이브가 자율적으로 활성화된 동인은 영국의 '팔길이' 원칙이 반영된 정책에 있었습니다. 한마디로 영국에서 정의하는 공동체 아카이브는 공동체 구성원이 수집하는 것을 전제로 합니다. 공동체가 수집 대상이 아닌 수집 주체인 것입니다. 그리고 수집된 컬렉션을 이용할 때도 공동체 구성원에게 일정 정도의 통제권이 있습니다. 즉 공동체가 자율성과 통제권을 행사하는 아카이브를 전제합니다.

'영국형' 공동체 아카이브는 북미에서 정의하는 공동체 아카이브와 상당히 차이가 납니다. 미국이나 캐나다에서 공동체 아카이브는 '공동체에 관한 기록'으로 정의됩니다. 수집 주체가 누구든, 통제권이 누구에게 있든 상관없이 공동체에 대한 기록은 모두 공동체 아카이브입니다. 공동체 아카이브를 상당히 광범위한 개념으로 설정하기 때문에 공동체 아카이브에 대한 영국의 정의와 차별화됩니다. 이러한 차이로 인해 영국 학자들은 북미의 공동체 아카이브를 그저 공공 아카이브에 불과하다고 말하기도 합니다. 하지만 북미에 있는 모든 공동체 아카이브에 이런 개념이 백퍼센트 적용되는 것은 아닙니다. 다만 영국형, 미국형으로 대별해서 가르마를 타는 정도로 생각하면 될 것 같습니다.

영국형 공동체 아카이브의 특성

영국형 공동체 아카이브의 특성은 세 가지로 볼 수 있습니다. 첫 번째는 공동체 자생의 아카이브 구축과 지향입니다. 영국의 공동체 아카이브는 기본적으로 내적인 자각에서 비롯됩니다. 자신들의 기록이 없다는 현실 모순에 대한 내적 자각입니다. 기록이 있더라도 자신들이 타자의 시선으로 기록되기 때문입니다.

용산 참사를 예로 들면 어떨까요? 용산 철거민들을 공적인 기록으로 보면 이들은 타자화된 시선으로 기록됐기 때문에 범죄자입니다. 이러한 현실 모순에 대한 자각은 동시에 개선을 향한 내재적 욕망을 추동합니다. 영국의 공동체 아카이브는 기본적으로 모순을 개선하려는 내재적 욕망에서 시작되었습니다. 그래서 공동체가 주체가 되어 때로는 주류 문화기관과는 대립하면서 각 공동체의 개성, 개별성에 기반한 공동체 아카이브를 구축합니다. 그리고 자율적이고 분산적으로 구축되는 특성을 가집니다. 하지만 이들의 운영 방식을 보면 영국형 공동체 아카이브는 공식적인 주류 아카이브와 협업을 하기도 합니다. 독자적으로 움직이기도 하고 협업도 해서 '따로 또 같이'를 지향합니다. 기본적으로 독립된 형태를 취하면서 필요한 경우 손을 잡는다는 의미입니다. 하지만 영국 공동체 아카이브에 있어 가장 중요한 원칙은 아카이브 구축의 추진력, 그리고 지향점이 언제나 공동체 내부에 있는 것입니다. 이것이 영국형 공동체 아카이브의 첫 번째 특징이라고 볼 수 있습니다.

두 번째는 수집 주체로서의 공동체입니다. 이전에는 타자의 관점에서 수집 대상이었던 공동체가 수집 주체로 복원되는 것입니다. 주류 문화기관이 공동체 아카이브를 수집할 때 타자의 시선에서 공동체를 수집 대상으로 간주한 것에 대한 문제 제기입니다.

세 번째는 바로 자율적인 통제권 부분이에요. 공동체 내에서 아카이브에 대한 자율성, 자치권을 확보한다는 의미입니다. 아카이브의 자율 통제권은 무척 중요한 부분입니다. 지금까지 공공 아카이브는 기록의 보관을 조건으로 기록의 소유권과 저작권을 위임하는 위임증서를 작성하게 했습니다. 공공 아카이브의 입장에서는 아카이브를 디지털화해서 서비스해야 하기 때문에 저작권이나 활용권 문제가 걸림돌이 되기 때문입니다. 결국 공공 아카이브는 생산자로부터 모든 통제권을 위임받는 조건으로 그 기록물을 보관합니다. 하지만 이러한 방식의 보관 협약은 문제가 있습니다. 그래서 영국형 공동체 아카이브에서는 융통성 있는 보관 협약을 강조합니다. 공동체가 지속적으로 기록에 대한 통제권을 확보할 수 있는 협약을 맺자는 겁니다.

아카이브는 정치적인 부침을 많이 겪습니다. 지금은 내 기록에 대해 우호적이어서 생산자가 접근할 수 있지만 이후에 정권이 바뀌면 아카이브를 폐쇄할 수도 있습니다. 내가 기록의 주인임에도 불구하고 기록에 대한 접근 권한을 상실할 수 있습니다.

영국의 공동체 아카이브는 역사적으로 그런 문제를 겪었습니다. 그러면서 공동체 아카이브에 대해 일정 부분 자치권을 확보하는 것의 중요성을 절감하게 되었습니다. 물론 자치권을 완전히 공동체가 가지는 경우도 있지만 그렇지 않은 경우도 있습니다. 소유권을 기관과 공동으로 가지거나 일정 기간 활용권을 기관에 부여하는 방식으로 융통성 있는 보관 협약을 맺을 수 있습니다. 어느 일방에 의한 기록의 처분을 이렇게 막는 것입니다. 기록의 생산자가 기록의 의사결정 과정에서 소외되는 것을 막는 최소한의 안전장치라고 할 수 있습니다. 영국의 공동체 아카이브는 지금 말씀드린 것처럼 역사가 깁니다. 역사적인 경험 속에서 자각, 반성, 개선의 과정을 거치고 구체적인 방안에 대해 고민한 뒤 지속적으로 이어졌습니다. 그중 하나가 바로 일정 부분 통제권을 유지하는 것입니다.

민관협치의 나란한 파트너십

공동체 아카이브는 모든 측면에서 열악해서 정부의 도움이 필요합니다. 재정 지원뿐만 아니라 인적 지원까지 포함한 도움이 필요합니다. 2000년대 이후 공동체 아카이브가 성장하면서 새로운 국면에 접어듭니다. 바로 '거버넌스'입니다. 즉 민관협치 국면입니다. 영국 국가기록원(TNA : The National Archives)은 공동체 아카이브가 주류 아카이브에 있는 공공 기록만큼이나 사회에서 중요한 역할을 한다고 인정했습니다. 그동안 국가기록 관리체제에서 소외된 공동체 아카이브를 공적 영역으로 끌어들여서 관리하고 서비스하는 거버넌스 체제로 전환한다고 발표합니다. 재정적으로 힘들고 공동체 아카이브의 장기 보존이 당면

한 과제로 떠오른 공동체 아카이브는 공공기관과 파트너십을 맺게 됩니다. 하지만 공동체 아카이브는 자신들의 자율권을 침해하지 않는 범위에서 주류 아카이브와 파트너십을 맺는 것이 가장 중요하다고 생각했습니다. 그래서 공동체가 주도하는 민관협치 모델, 즉 위계적인 구조가 아니라 나란한 평행적 구조로 거버넌스 국면을 전환합니다.

거버넌스라는 개념 자체가 논란거리가 될 수 있습니다. 우리가 거버넌스를 민관협치로 말하지만 거버넌스라는 개념 자체가 갖는 한계를 지적하는 사람도 많기 때문입니다. 푸코는 거버넌스가 갖는 태생적인 한계를 지적했습니다. 푸코가 보기에 거버넌스는 결국 통치의 한 형태라는 것입니다. 일종의 통치를 위한 것이기 때문에 거버넌스는 '민관협치'라는 좋은 말로 포장을 했을 뿐이라는 것입니다. 결국에는 관이 통치하는 문제를 극복하려고 조금 더 확장된 통치의 형태를 받아들이는 것에 불과하지 않느냐고 푸코는 반문합니다. 물론 타당한 면이 있습니다. 주류 문화기관에서 주도하는 미국 같은 북미 공동체 아카이브의 경우, 푸코가 비판한 거버넌스 모델에 들어맞는 형태라고 볼 수 있습니다. 하지만 영국의 경우 거버넌스 모델이라고 하기 보다는 오히려 파트너십 모델로 볼 수 있습니다. 통치적 성격이 아니라 동등한 관계가 있다는 것을 강조하고 싶습니다. 거버넌스라는 용어 자체가 갖는 찝찝한 측면이 있기 때문입니다.

영국에서 로컬리티에 기반한 공동체는 특별히 정부에 대해 반헤게모니적이거나 대항적인 서사를 강조하는 경우가 거의 없습니다. 별 거리낌 없이 민관협치가 가능한 이유입니다. 하지만 피해 당사자들이 중심이 되는 공동체 아카이브 구축에서는 반헤게모니적인 서사를 표방해서 거버넌스 모델이 불가능한 경우가 많습니다. 그리고 공동체 스스로도 원하지 않지요. 이 경우에 재정적인 지원을 받으면 포기해야 되는 부분이 분명 있을 것으로 판단하는 것입니다. 이런 기관은 정체성 내지는 자부심으로 인해 자원봉사자들의 활동이 활발하게 이루어집니다. 또 기부나 기증을 통해서 자력으로 아카이브를 운영합니다. 그래서 문을 잘 안 엽니다. 반드시 전화를 해서 약속한 시간에만 문을 열어 아카이브를 제공합니다. 그런 한계는 있지만 나름의 고집으로 정체성을 확립해 나가는 사례라고 말할 수 있을 것입니다.

공동체가 주도하는 민관협치, 파트너십은 정부와 공동체가 각각 따로 가지만 필요에 따라서 만나는 관계입니다. '따로 또 같이' 파트너십 구조 속에서 영국형 공동체 아카이브의 거버넌스 모델을 엿볼 수 있습니다. 구체적으로 들여다보면 거버넌스 구조가 상당히 중층적으로 단단하게 연계되어 있는 것을 발견하게 됩니다.

중층적인 민관 협업 구조

중층적인 민관 협업 구조는 크게 세 가지 단계로 분석됩니다. 일단은 최상위 수준, 가장 높은 수준으로 영국 국가기록원이 주도하는 범국가적 차원의 공동체 아카이브의 지원 정책입니다. 영국 국가기록원의 팔짱끼기 프로그램, 즉 공동체 아카이브와 팔짱을 끼는 파트너십을 기반으로 공동체 아카이브를 지원하는 프로그램입니다. 이 프로그램을 위한 단기적인 프로젝트가 수행되는데, 소기의 목적을 달성하면 발전적으로 해체되고, 다음 단계의 프로젝트가 진행되는 방식입니다. 상시적인 지원 조직 하에 진행이 될 뿐만 아니라 공동체 아카이브를 위한 모범 실무를 개발해서 가이드라인을 제공하기도 합니다. 또한 국가적인 차원의 아카이브 게이트웨이에 공동체 아카이브를 참여시키고 있습니다. 게이트웨이에 들어가면 사람들이 거기서 주류 아카이브뿐만 아니라 공동체 아카이브와 연계된 통합적인 관리 서비스를 받을 수 있습니다. 공동체 아카이브가 게이트웨이에 참여하도록 기술적인 컨설팅을 제공하기도 합니다.

이외에도 영국 국가기록원은 우수한 공동체 아카이브를 포상하거나 전문적인 교육을 받은 아키비스트를 공동체와 연계시켜 주는 활동도 꾸준히 전개하고 있습니다. 그리고 또 하나 소개하고 싶은 것은 공동체 아카이브를 활성화시키기 위해 부단히 노력한다는 것입니다. 그 일례로 '공동체 아카이브의 영향'이라는 보고서를 발간했는데, 이 보고서는 공동체 아카이브가 공동체 도시재생에 있어서 얼마나 긍정적인 역할을 하는지에 대한 통계자료를 담고 있습니다. 범국가적인 차원에서 진행하는 거버넌스를 두 가지로 정리할 수 있겠습니다. 공동체 아카이브를 활성화하는 운동과 게이트웨이를 통해 국가의 거버넌스 체계 속에 공동체 아카이브를 포섭하는 작업입니다.

두 번째 수준은 지방정부 차원에서 공동체 아카이브 네트워크를 유지하는 것입니다. 지방정부 차원에서 그 주에 속하는 공동체의 아카이브를 지원하는 것입니다. 공동체 아카이브 스스로 자신들의 기록을 분산하여 보존하되 그 기록을 주정부 차원에서 네트워킹해서 통합적으로 관리하고 서비스하는 것입니다. 그리고 만약 공동체 아카이브가 더 이상 아카이브를 유지할 수 없는 상황이 되면 주정부가 아카이브를 넘겨받아 보존하는 역할을 수행합니다. 그래서 적어도 아카이브가 사라지지는 않도록, 그저 어느 한 사람의 하드웨어 속에 있거나 캐비닛 속에 들어가서 사라지지 않도록 최소한의 방책을 지방정부 차원에서 제공하는 것입니다. 주정부는 탈보관주의에 입각해서 분산하여 보존하되 연계해서 통합 서비스하는 것을 자신들의 임무라고 여깁니다.

그리고 여기서도 역시 중요하게 신경 쓰는 것 가운데 하나는 바로 인적, 그 다음에 시스템적 네트워킹을 구축하는 것입니다. 주정부의 아키비스트와 공동체 아키비스트가 서로 인적으로 연계되어 있습니다. 그래서 온라인상에서 서로 토론하고 필요한 부분에 대해 정보를 교환하거나 이야기를 나눌 수 있는 인적, 시스템적 연계에 신경을 쓰고 있습니다. 영국에서는 노폭 주도 그렇고 아이리시 공동체 아카이브 네트워크도 그렇고 주정부 차원의 공동체 아카이브 네트워크가 활성화되어 있습니다.

마지막 세 번째 수준은 가장 하위 수준으로 볼 수 있는데, 바로 주류 문화기관과 공동체 아카이브의 파트너십 구축입니다. 그 지역에는 도서관 또는 공공 아카이브, 박물관, 역사 협회 등의 문화기관이 있습니다. 이러한 문화기관과 공동체 아카이브가 파트너십을 구축하는 것입니다. 단층적인 구조가 아니라 3단계의 중층적인 구조 속에서 민관이 파트너십을 구축하는 것은 공동체 아카이브를 거버넌스 체계 속으로 유입시켜서 더 이상 기록관리 체계에서 소외시키지 않겠다는 국가적 노력이 돋보이는 부분으로 읽힙니다. 이것은 세부 전략이 작동하는 가장 실무적인 거버넌스의 영역이라고 볼 수가 있습니다.

문화기관과 공동체 아카이브 간에 보관 협약을 맺거나, 보관 협약을 맺을 때 통제권을 전권 넘기는 것이 아니라 융통성 있게 맺는 등 세부 전략이 작동하는 단계라고 볼 수 있습니다. 기관 입장에서 볼 때 기록물을 보관하려면 공간도 필요하고, 또 탈산소독도 해야 하니 재정이 필요합니다. 그렇기 때문에 공동체 아카이브 쪽에서 해 달라는 대로 해주고 정부에게 아무런 혜택이 없다면 정부 입장에서 받아들일까요? 아니라는 겁니다. 그래서 보관 협약을 맺을 때 적어도 10년 정도 공동체 아카이브에 대한 독점적 활용권을 보장해 주는 방법을 제안할 수 있습니다.

주류 문화기관 입장에서도 나쁘지 않은 협상으로 볼 수 있습니다. 이 단계에서 서로가 서로의 필요를 충족시키는 것들이 이루어질 수 있습니다. 이 단계에서는 보관뿐만 아니라 다양한 사항을 논의할 수 있습니다. 예를 들면 수집의 경우, 공공기관에서는 민간기록이 필요합니다. 영국의 공공 아카이브는 서비스 범위를 넓히고, 보다 사회적 가치를 반영하는 기록을 수집하기 위해 공동체 기록의 수집이 필요합니다.

하지만 공동체의 어떤 기록이 중요한지 공동체를 대변하는 기록이 무엇인지 기관들은 잘 모릅니다. 공동체가 어떻게 기록을 생산하고, 그 공동체에서 중요한 기록이 무엇이며, 주로 그 기록이 어디에 모이며, 그래서 정말 보존해야 되는 기록을 어떻게 선별해야 하는 것인지 잘 아는 사람은 바로 공동체 구성원들입니다. 그렇기 때문에 공동체의 도움이 필요한 것입니다. 서로 충족되게 협약을 맺고 보관뿐만 아니라 수집, 컨설팅, 큐레이션, 배부 등 다양한 영역에서 협업이 가능한 부분이라고 볼 수 있습니다.

우리나라 공동체 아카이브의 현실

지금까지는 남의 나라 이야기를 했습니다. 그럼 우리나라 공동체 아카이브에 대해, 지금까지 강의와 관련해서 논의해 보겠습니다. 우리나라도 역시 1960년대에 급속한 산업화를 겪습니다. 이로 인해 지역공동체, 한마디로 마을이 해체되는 위기를 맞게 됩니다. 농촌은 공동화 현상이 발생하고 도시에는 인구가 대량으로 유입됩니다. 삶의 공간, 주거의 형태, 일터, 여가 공간이 집약된 '마을'이라는 공동체는 해체됩니다. 이제 주거와 삶의 공간은 일시적으로 머무는 공간에 불과합니다. 직장이 가깝기 때문에, 학군이 좋기 때문에 선택하여 잠깐 지내는 공간으로 전락합니다. 또는 하나의 재산 증식의 수단으로 변질되는 상황도 발생합니다. 그리고 대단지 아파트가 건설되면서 생활상이 다 비슷하게 변합니다.

최근에 《목격자》라는 영화를 보셨나요? 아파트 한가운데서 살인이 발생합니다. 모든 사람이 알고 있지만 모르쇠로 일관합니다. 결국 여자는 죽습니다. 이것은 공동체 해체와 관련해서 함축하는 바가 큽니다. 도시개발 패러다임에서 도시재생 패러다임으로 질적 전환을 하는 것과 관련해서 사회적 문제에 대한 위기의식이 반영된 결과라고 볼 수 있습니다.

아이러니하게도 1960년대에 급속하게 해체된 마을공동체가 새롭게 주목받기 시작한 것은 박정희 시대 때 바로 새마을운동, 즉 '뉴마을무브먼트'를 통해서입니다. 기본적으로 새마을운동은 생활 환경을 개선하는 사업이었습니다. 그래서 다리, 도로, 관개시설의 정비에 치중했습니다. 농촌 지역의 물리적인 환경 개선에 중점을 뒀습니다. 이처럼 개발 지향적이고 근대적인 토건 프로그램은 1980년대 초반의 도시개발 프로그램에도 그대로 반영이 됐습니다. 이웃 간의 유대감, 상호 호혜적인 관계, 돌봄의 문화는 다 깨졌습니다. 이런 개발 지향적인 도시개발에 대한 자성의 움직임이 보인 것은 1990년대입니다. 도시재생 프로젝트, 바로 "마을 만들기"가 새롭게 등장한 시기입니다.

　마을 만들기의 등장 배경에는 우리나라 정치 민주주의와 시민 참여 정치의 성장이 있습니다. 그리고 지자체가 본격화되면서 주민 자치가 강조되는 민주적인 맥락 속에서 마을 만들기 운동이 본격적으로 활성화되었습니다. 초기 마을 만들기 운동은 주로 정부가 주도하는 형태였지만 본격적으로 진행되는 90년대 이후부터는 서울시를 중심으로 해서 민간이 주도하는, 적어도 주민이 주도하는 마을 만들기를 하자는 민주도형 민관협력이 강조되기 시작했습니다.

　이 시기에 우리나라의 공동체 아카이브는 크게 두 갈래로 나뉘어 전개됩니다. 첫 번째는 영국의 사례처럼 자생적 풀뿌리 거주자 운동으로 펼쳐진 독립마을공동체 아카이브 움직임입니다. 대표적으로 성미산마을 아카이브를 이야기할 수 있습니다. 성미산 주민들이 마을 만들기를 하면서 성미산 개발 반대 운동으로 내부 동력을 만들면서 자연스럽게 아카이브에 대한 논의가 됐습니다. 성미산 개발 반대 아카이브 컬렉션, 공동육아 컬렉션, 조합 활동에 대한 컬렉션이 이렇게 구축됩니다. 풀무 컬렉션 같은 경우는 충청도 홍성군 홍동면의 풀무학교에서 나왔습니다. 자신들이 가르치는 유기농법을 기록화하고 그 속에서 일어난 공동체 운동, 자율적인 풀뿌리 거주자 운동을 기록으로 남기자는 취지였습니다.

　두 번째는 지자체들이 새로운 도시재생 패러다임 아래서 마을공동체 아카이브를 지원해서 성장한 경우입니다. 대표적으로는 서울시 마을 아카이브 구축 사업을 들 수 있습니다. 우리나라가 마을 만들기를 할 때 사례로 삼은 것은 주로 일본입니다. 하지만 일본의 마을 만들기에는 마을 아카이브가 없습니다. 우리나라는 일본과 다른 상황으로 볼 수 있습니다. 우리나라는 성미산에서 마을 만들기 운동이 시작될 때 성미산 주민 가운데 아카이브 전공자가 있었습니다. 그래서 마을 아카이브 구축을 강하게 주장했다고 전해집니다. 서울시 마을 만들기 사업에는 마을 아카이브 구축이 핵심 의제로 설정되어 기간조성사업으로 추진되었습니다.

　서울시 사업은 적어도 마을 아카이브를 만드는 데 있어서 전시 행정에 그치는 폐단을 막고 아카이브의 인프라 구축을 중점적으로 추진했습니다. 주로 마을공동체의 역량 강화를 목적으로 6개 지역이 참여를 했습니다. 은평, 정릉, 성미산 등 6개 지역에서 참여를 했는데 그 당시에 추진된 사업을 살펴보면 마을 아키비스트 양성, 마을 아카이브 모범 실무 가이드라인 개발 등 인프라적인 측면에서의 접근이 상당히 강조된 사업이었습니다. 하지만 문제는 거기서 그쳤다는 것입니다. 11개월 동안의 마을 아카이브 사업 이후 후속 움직임이 없습니다. 전시하고 공개 토론회를 개최한 뒤 마무리되었습니다. 막 활성화된 마을 아카이브인데 지속가능성을 담보할 중장기적 발전 프로그램이 없었습니다. 사업 당시 마을 아키비스트는 적어도 교통비 정도는 서울시에서 지원을 받았지만 프로젝트가 종결되면서 모든 것이 중단되었습니다. 마을은 프로젝트를 통해 아카이브 컬렉션을 구축했지만 이걸 어떻게 해야 될지 모르는 상황이 된 것입니다. 보존에 있어서도 시민단체들이 그냥 캐비닛에 쌓아 놓고 있는 실정입니다.

성미산마을의 아카이브 역시 선구자적 사례로 언론의 주목도 받았지만 실제로는 컬렉션이 제대로 구축된 게 없습니다. 그냥 한 시민활동가의 하드디스크 안에 저장돼 있는 상황이에요. 후속 조치가 없어서 상당히 열악한 상황이라는 겁니다. 이것은 영국과는 대별된다고 볼 수 있습니다. 중장기 발전 프로그램이 없는 것은 한 사람의 희생, 또는 시민단체의 희생으로 해결될 문제가 아닙니다. 마을 아카이브의 지속가능성을 담보할 수 있도록 시스템 구축이 절실합니다. 아카이브가 미래에 지속가능성을 확보할 수 있는 조직적 또는 체계적인 시스템 구축이 필요한데 거기까지 나아가지 못한 모양새입니다.

현재 지속적인 모니터링, 컨설팅, 소통 채널 같은 기제가 전혀 없습니다. 사업 이후에는 행정가, 마을 주민, 시민활동가, 아카이브 전문가 간의 파트너십도 없습니다. 한마디로 통합적으로 관리하여 활동하는 거버넌스 체계가 없는 것입니다. 그래서 영국의 상황은 우리에게 많은 함의를 가집니다. 마을 아카이브가 유행처럼 번지고, 서울시가 마을 아카이브를 마을 만들기의 핵심 의제로 선정하면서 더 뜨거워졌던 시기가 있습니다. 저의 연구 주제는 당시에 공동체 아카이브를 어떻게 거버넌스 체계 속으로 통합할까 하는 것이었습니다. 연구 과정에서 해외의 벤치마킹 사례를 찾아봤습니다. 북미, 호주, 영국에서 공동체 아카이브에 대한 거버넌스 모델 사례를 찾았습니다. 그 가운데 영국 사례는 공동체가 주도하는 공동체 아카이브의 민관협치 모델에 대해 일정 부분 팁을 주었습니다. 영국의 체계적이고 중층적인 거버넌스 체계는 현재 한국의 상황에서 벤치마킹할 부분이 많습니다.

한국형 공동체 아카이브 거버넌스 모델

영국의 사례를 참조해서 한국형 공동체 아카이브의 거버넌스 모델을 제안해 보겠습니다. 구조적으로 볼 때 최하위 수준에 마을공동체가 있고, 그 위에 지자체가 있습니다. 그리고 최상위 수준에 국가가 있습니다. 세 개의 주체는 나름의 책임과 역할이 있습니다. 거버넌스 체계의 구축은 책임과 역할이 어느 일방에게 있는 것이 아니라 각각 제 몫을 해낼 때 가능합니다. 먼저 마을공동체의 책임과 역할을 보겠습니다. 마을 주민들은 무엇보다도 마을 아카이브를 지속가능하게 만드는 동력을 내적으로 확보해야 합니다. 영국의 사례에서 보았듯이 이 동력은 외부에서 오는 것이 아니라 내재된 자각에서 옵니다.

마을공동체의 자체 동력을 확보해야 합니다. 어떻게 자체 동력을 확보할 수 있을까요? 서울시 마을만들기시범사업의 토론회에서 만난 마을 아키비스트들의 이야기를 들으면서 나름대로 그 방안을 구상해 보았습니다. 우리나라는 주로 시민단체들이 마을 아카이브 구축을 주도합니다. 서울시 사업의 경우도 대부분 지역의 시민단체가 중심이 돼서 마을 아카이브를 구축하고 사업을 진행했습니다. 토론회에서는 이것의 부작용을 지적하는 말이 나왔습니다. 마을공동체 내부의 컨센서스(의견 일치, 합의)가 구축이 안된 상태에서 일부 시민활동가나 시민단체가 주도하는 마을 아카이브는 지역 내에서 설득력을 갖기 어렵습니다. 또한 만약 일부 활동가가 다른 지역으로 가 버리면 당장 내적 동력을 상실하기 십상입니다. 그러다 마을 아카이브가 흐지부지되는 상황이 발생하기도 합니다. 그렇기 때문에 무엇보다도 마을공동체 내부의 컨센서스 구축이 필요합니다.

마을 아키비스트로 활동하는 분이 토론회에서 어려움을 이야기했습니다. 중요한 마을기록을 찾아도 소장자에게 기증해 주거나 다양한 형태로 보관을 맡겨 달라고 말할 때 전혀 설득력이 없다는 것입니다. 마을 아카이브의 구축은 컬렉션보다는 풀뿌리 운동의 일환이자 과정으로 이해해야 합니다. 마을 주민들 간의 소통이 무엇보다 중요합니다. 소통을 통해 마을 아카이브에 대한 합의 체계, 즉 컨센서스를 만드는 과정이 마을공동체 내부에 지속가능한 내적 동력을 확보해 줍니다. 가치 있는 마을기록을 가지고 있는 단체 또는 사람들이 의사결정 과정에 참여할 수 있도록 공청회를 합니다. 이 과정에서 자연스럽게 마을 특유의 기록 생산 패턴을 파악해서 수집할 수 있습니다. 이것은 단지 콜렉션을 구축하는 차원이 아닙니다. 마을 아카이브가 풀뿌리 거주자 운동이 되어 그 의미가 배가될 수 있습니다. 마을 컬렉션을 만들어서 보존하고 서비스하는 것도 물론 중요합니다. 하지만 소통 속에서 진행하고 다양하게 공유하여 하나의 거주자 운동으로 아카이브하는 것이 상당한 의미가 있습니다.

　마을 아카이브 운동의 지속가능한 동력을 확보하기 위해 다음으로 중요한 것은 마을 아키비스트 양성입니다. 지속가능성을 확보하는 문제는 우리뿐 아니라 모든 국가의 고민입니다. 그들이 고민 끝에 제안한 해결책은 바로 사람입니다. 마을 만들기는 결국 마을을 만드는 사람의 문제입니다. 아카이브도 마찬가지입니다. 아카이브를 구축하는 사람을 양성하는 문제, 바로 앞에서 언급했던 인프라 구축이 무엇보다 중요합니다. 전문기관이 연계하여 워크숍을 열고 자원봉사자로 참여하는 주민을 마을 아키비스트로 양성하는 방법을 고려할 수 있습니다.

　또한 마을공동체는 내적 동력 확보를 위해 주류 문화기관과 파트너십을 구축할 필요가 있습니다. 마을에 있는 도서관, 박물관 또는 공공 아카이브, 역사협회 더 나아가 마을의 다른 공동체 아카이브와도 파트너십을 맺어야 합니다.

　지자체도 책임과 역할이 있습니다. 서울시도 영국처럼 주정부 차원에서 공동체 아카이브를 네트워킹한 뒤 분산하여 보관한다는 원칙을 세우면 좋겠습니다. 공동체의 요구를 적극적으로 수렴하고, 필요를 충족시키고, 인적·시스템적 네트워킹을 통해 통합적으로 관리하는 체계를 구축하는 것입니다. 마지막은 범국가적 차원의 책임과 역할입니다. 우리나라는 국가기록원을 상정할 수 있습니다. 영국 국가기록원의 팔장끼기 프로그램은 수행하는 책임과 역할 면에서 함축하는 바가 큽니다. 민간기록의 중요성을 인식하고 공동체 아카이브에 대한 거버넌스 구축을 지원할 체계를 마련해야 합니다. 이와 관련된 구체적인 프로젝트를 살펴보시면 좋을 듯합니다.

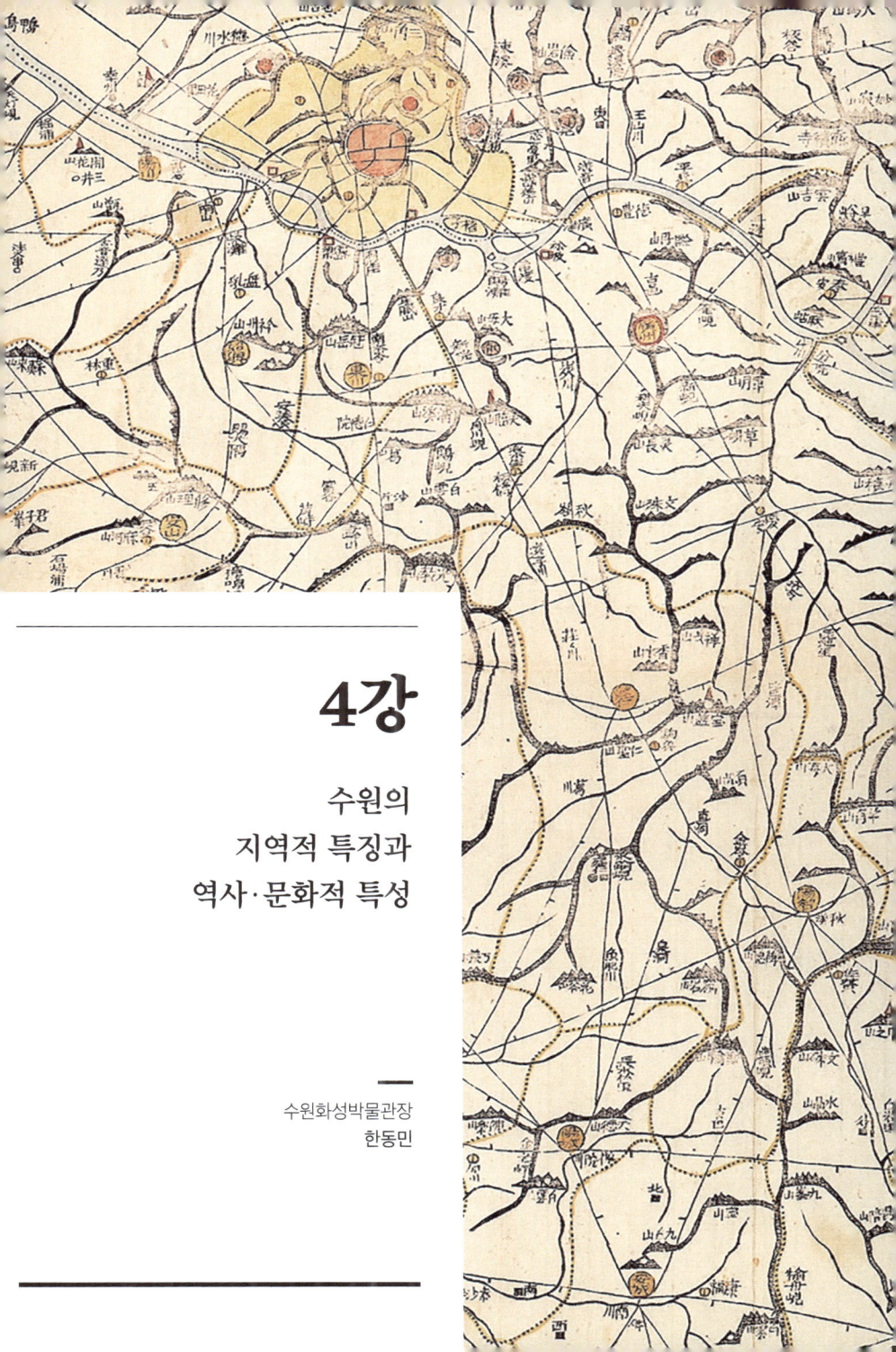

4강

수원의
지역적 특징과
역사·문화적 특성

—
수원화성박물관장
한동민

지역의 시민들은 스스로를 기록함으로써
지역의 존재 가치를 높이고
공공이 독점한 기록의 주권을 되찾을 수 있습니다.
우리가 마을 아카이브를 준비하면서
먼저 공부할 부분이 자기 지역의 역사입니다.
지역의 작은 역사들은 지금도 중앙의 기록에서 소외되지만,
지역 문화원이나 박물관 등을 통해 꾸준히 기록되고 있습니다.
경기도 지역의 수원과 이천의 사례를 보면,
민간과 공공의 협력을 통한 지역아카이빙은
기록 활동의 지속성을 강화해 주고 있습니다.
이 강의에서는 수원의 시민기록자들에게 가장 바탕이 될
수원 이야기 강좌를 진행하였습니다.

4강

수원의 지역적 특징과 역사·문화적 특성

서울과 가까운, 그러나 너무나 다른

수원 하면 떠오르는 것은? 이에 대한 대답으로 수원화성을 떠올렸으면 하는 소박한 소망이 있었습니다. 수원이 문화관광의 도시라는 또 다른 자부심이 있었기 때문입니다. 더욱이 팔달산 아래로 읍치를 이전하고 화성을 축성하면서 수원의 현재 모습이 큰 변화를 맞은 사실을 기억해 주기를 바랐기 때문입니다. 이러한 바람은 경제적 현실과 프로스포츠의 일상적 노출을 고려하지 않은, 순진한 생각이라는 것을 알게 됐습니다. 오래된 설문조사이긴 하지만 '수원화성'은 '수원 삼성' 과 '수원 갈비'를 이기지 못하기 때문입니다. 이제 갈비와 삼성 그리고 화성이 수원을 대표하는 상징임은 틀림없어 보입니다.

사람마다 다르겠지만 이에 더하여 수원사람의 기질과 관련하여 '수원 깍쟁이'를 떠올리기도 할 것입니다. 그럼에도 연령별로 수원에 대한 이미지는 미묘한 차이를 보여주고 있습니다. 식욕이 왕성한 10대 청소년기의 젊은이들은 수원 갈비를 많이 꼽았고, 직장을 선택해야 하는 20대 이후에는 수원 삼성을 떠올리고 있습니다. 화성이 여전히 높은 관심을 받지 못한 것은 활성화된 화성문화제 등이 반영되지 못한 조사이기 때문일 것입니다. 혹은 수원사람이 갖는 자만에 빠진 몽매함일 수도 있겠습니다.

서울을 중심으로 한 수도권의 위성도시들과 달리 수원은 역사 문화적 정체성이 남다릅니다. 서울은 한반도 중부지역을 아우르는 광대한 한강문화권의 중심입니다. 강원도 화천·춘천을 흐르는 북한강과 충청도 단양·충주와 경기도 여주의 남한강이 양평에서 김포까지 한강으로 흐르는 넓은 문화권입니다. 한강은 그래서 크고도 넓습니다. '한강을 차지하는 자가 삼한을 차지한다'고 할 만큼 한반도 문화의 중핵적 권역이었습니다.

그러나 수원에서 세수하고 버린 물이나 오줌 같은 오수는 한강으로 흐르지 않습니다. 한남정맥의 주산 광교산의 지지대 고개를 분수령으로 하여 수원천을 따라 안성천으로 이어져 서해로 흐릅니다. 그래서 수원은 서울로 대표되는 한강문화권과 다른 안성천문화권이고, 이러한 차이에서 오는 또 다른 정체성이 한강문화권인 서울의 인근 도시와 차별성을 갖게 만들었다고 할 수 있습니다.

수원은 안성천문화권의 시작인 물의 도시입니다. 경기남부 지역을 아우르는 안성천문화권은 수원을 비롯하여 오산·화성·평택·안성까지 아우릅니다. 실제 한남정맥과 금북정맥 사이의 아산만 일대의 충남 북부지역과 안성천으로 이어지는 경기남부 지역을 동일한 문화권으로 보고 있습니다. 이는 경기남부와 충청남도 내포지역을 포괄하는 문화권역입니다. 그래서 경기도 땅이지만 충청도 말씨를 닮았습니다. 안성천

문화권은 안성의 남사당패가 돈이나 곡식을 구하러 걸립을 다녔던 지역과 거의 일치하며, 새벽같이 일어나 걸으면 늦은 저녁에 들어갈 수 있는 거리의 통혼권(通婚圈)이자, 장돌뱅이들이 5일장을 돌아다니는 권역입니다. 어린시절 동네 아주머니들이 누구네 엄마라는 호칭보다 시집오기 전 고향의 이름을 붙인 안성댁·아산댁 등의 택호로 불렸던 그 지역과 동일하다고 볼 수 있습니다.

서울에서 1시간이 채 걸리지 않는, 강남에서 30분이면 올 수 있는 가까운 거리의 수원이지만 서울 사람들은 심리적으로 수원을 멀리 있는 도시로 인식하고 있습니다. 실상 수원은 서울과 가깝지만 너무나 다릅니다. 서울과 다르다는 역사, 문화적 정체성과 더불어 또 다른 안성천 문화권의 중심이라는 자부심이 강한 사람들의 땅이기도 합니다. '수원 깍쟁이'라는 말은 수원사람들이 이해타산이 빠른 것을 빗댄 말이지만 실제로 합리적이고 남에게 폐를 끼치는 것을 싫어하는 수원사람들의 기질을 반영한 말입니다. 수원에서 학창시절을 보낸 《먼동》의 작가 홍성원은 이러한 수원사람들의 기질은 진짜 깍쟁이인 서울사람들에게 허투루 보이기 싫어하는 양상의 반영이라 보고 있습니다. 그렇듯 수원은 서울과 가깝지만 다른 도시라는 자부심이 있습니다. 가까운 거리의 서울에 대한 모방과 습합(褶合 : 철학이나 종교 따위에서, 서로 다른 학설이나 교리를 절충함)에 더하여 서울과는 다르다는 차별적 경쟁의식이 뒤섞여 있는 묘한 도시적 특성을 지니고 있는 셈입니다. 서울과 다르다는 사회적 의식과 문화적 차이는 서울 인근의 한강문화권역의 많은 위성도시들과 같은 도매금으로 평가받는 것을 못 견디는 심리와 연결되어 있습니다.

서해를 아우르는 군사, 교통의 요지

수원(水原)은 말 그대로 '물고을'입니다. 마한 54개국 가운데 수원 지역은 모수국(牟水國)이 위치한 것으로 추정됩니다. 이 역시 물과 깊은 관련이 있는 이름입니다. 삼국시대에 들어와 수원 지역을 최초로 차지한 국가는 백제였습니다. 백제는 3세기 중엽 고이왕 때에 이르러 급격히 발전하여 4세기 중반 근초고왕 때에 고대 국가체제를 완성하였는데, 지금의 경기도 지역 대부분이 당시 백제의 영토였습니다. 한성백제 시대 5부(部) 가운데 서부(西部)로 비정되고 있습니다. 이것은 이 지역이 백제 때부터 서해안 지역을 관리하는 데 중요한 역할을 하는 정치, 군사적 중심지였음을 반영합니다. 이러한 이유로 한성백제 시대의 우수한 유물들이 상당히 발굴되고 있습니다. 그러나 백제 때 지명은 알 수 없고, 이후 고구려 때 지명이 역사에 등장합니다. 즉 고구려의 남하정책으로 한강유역과 수원을 포함한 그 주변 지역이 고구려 땅이 되었을 때 수원은 '매홀(買忽)'이라 불렸습니다. 매홀 역시 물골(물고을)을 의미하는 말입니다.

수원 지역은 해양교통로의 중심지였던 관계로 삼국 간의 항쟁이 매우 치열했습니다. 신라가 한강유역을 점령하고 삼국을 통합한 이래 수원 지역은 대당 무역의 중요한 루트가 되었습니다. 당항성을 중심으로 하는 경주에서 추풍령을 넘은 당은포로(唐恩浦路)의 길목이었기 때문입니다. 이 길은 원효와 의상이 당나라로 가다가 해골물을 마신 곳이기도 하고, 흥선대원군이 청나라 천진으로 납치된 곳이기도 합니다.

수원은 어디나 땅을 파면 물이 나고 하천과 저수지가 많아서 수원이라고도 합니다. 그러나 이보다는 실상 서해까지 이어진 땅이었기 때문에 붙은 이름입니다. 경기만 일대를 아우르는 해양교통로의 길목을 차지하고 있는 군사적 중요성이 부각된 이름인 것입니다.

'물골', '물고을'에서 수원의 물은 바다를 뜻하는 것입니다. 그래서 수원은 다시금 바다를 꿈꾸는 것입니다. 지금 수원·화성·오산으로 나뉘어진 이 땅은 전통적으로 수군의 요충지로 군사적으로 중요한 대접을 받았습니다.

"수원부사로 나갔는데 그때 왜인(倭人)들의 심상찮은 정보가 있어 수원은 국가의 앞마당이라 하여 무변(武弁)과 교체하였다(水原府使時 倭有聲息以國門庭之地替與武弁)"는 《국조인물고(國朝人物考)》 성식(成軾, 1542~1600)의 기록이 있습니다. 수원은 '국문정지지(國門庭之地)', 즉 나라의 앞마당으로 인식되어 이를 빼앗길 수 없다 하여 무인 출신으로 수원부사를 교체했습니다. 이렇게 수원이 나라의 앞마당이라는 인식은 바다를 상정할 때 더욱 의미있는 표현입니다. 수원을 상무적 전통이 강한 고을로 만든 이유이기도 합니다. 오늘날에도 옛 수원 지역이었던 평택시 안중 포승 앞바다에 해군2함대 사령부가 자리하고, 발안에 해병대 사령부가 위치하고 있는 상황과도 일맥상통하는 것입니다. 동시에 수원·오산·화성 지역에 군 장성이 유독 많은 까닭도 수원이 갖는 군사 지리적 유효성과 상무전통이 유난히 강한 역사적 맥락에 닿아 있습니다.

수원, 경기도 수부도시가 되다

조선시대 수원의 역사는 양주와 광주를 제치고 경기도의 수부도시가 되어가는 과정입니다. 우리나라 8도의 이름이 그 지역의 대표 도시의 이름을 따서 만들었다는 것은 모두가 아는 사실입니다. 전주와 나주로 하여 전라도라는 이름을 얻었고, 경주와 상주에서 경상도가 되었고, 충주와 청주로 하여 충청도라는 지명이 되었듯이 강원도(강릉·원주), 평안도(평양·안주), 함경도(함흥·경성) 등이 그렇습니다. 그러나 경기도는 서울(京)과 서울 주변(畿)이라는 행정적 특수성을 지닌 땅입니다. 1018년 고려시대 개성을 서울로 하여 황해도 일부 지역과 경기북부 지역이 경기도 땅이었을 때 지금의 경기도는 양주와 광주를 대표 고을로 하여 양광도(楊廣道)라는 이름으로 불렸습니다. 조선시대 한양으로 도읍을 옮기면서 경기도도 함께 남쪽으로 이동함에 따라 수원이 경기도 땅이 되었습니다. 따라서 고려시대나 조선시대 내내 경기도 땅이었던 곳은 경기북부 지역입니다. 고려시대와 조선 전기까지만 해도 양주를 비롯한 경기북부 지역은 중국으로 향하는 중요한 교통로로 대접을 받았습니다.

그러나 현재 경기도의 수부도시는 수원입니다. 결국 고려시대 양광도인 양주와 광주를 누르고 경기도의 중심도시가 되는 과정이 곧 조선시대 수원의 역사라 하겠습니다. 결국 수원은 삼남대로의 교통 요지이자 경기만의 해상을 관할하는 군사적 요충지로서 대우를 받으며 성장했기 때문입니다. 그 과정에서 정조의 화성 건설이 그 경향성을 결정적으로 만든 것도 사실입니다.

한편 조선 중기 이후 한강을 경계로 북쪽의 양주에서 남쪽의 광주로 무게중심이 이동하였던 과정과 연결되는 것이기도 합니다. 조선 전기 한양과 개성을 이어주는 양주의 중요성은 조선 후기가 되면서 점차 한강 수운을 이용한 경강(京江)상인들의 무역과 조선백자를 구웠던 관요(官窯)가 한강을 끼고 형성되면서 한강 주변의 광주 지역에 별서(別墅: 농장이나 들이 있는 부근에 한적하게 따로 지은 집)를 장만한 사대부들의 성장을 가져왔습니다. 조선 전기 양주에서 조선 후기 광주로 무게 중심이 이동하였던 셈입니다. 이에 고려 때 양주 땅으로 광주로 나가는 한강의 나루인 양진(楊津)보다 이후 광나루, 즉 광진(廣津)이 보다 널리 알려진 사실과 연결됩니다. 그렇게 양주와 광주로 대표되는 양광도였던 경기도 땅은 임진왜란과 병자호란을 겪으면서 교통의 요충지로 군사적 중요성이 부각된 수원을 재발견하게 됩니다. 임진왜란 당시 독산성 전투와 병자호란 때 광교산 전투의 승리는 무향(武鄕) 수원의 이미지를 강력하게 각인함과 동시에 서울 남쪽의 주요한 군사적 보장처(保藏處)로 수원을 재인식하게 되었습니다.

더욱이 임진왜란 이후 경상감영이 대구(大邱)로 고정되면서 김천을 거쳐 추풍령을 넘어 청주-천안-수원으로 하여 서울로 올라가는 영남대로가 활성화되었습니다. 이로써 수원은 호남과 영남으로 갈 때 반드시 지나가는 삼남대로의 목울대가 되면서 지리적 중요성이 더욱 커지게 되었던 것입니다. 이러한 수원의 재발견에 더하여 정조의 화성 건설이 그 흐름을 결정적인 것으로 만들었습니다. 이에 수원은 조선 후기 양주와 광주를 제치고 경기도를 대표하는 대도회지로 성장할 수 있었습니다. 결국 조선시대의 역사는 양주와 광주를 누르고 수원이 경기도의 수부도시가 되어 가는 역사라고 말할 수 있습니다.

한편 경기도의 근대사는 양주와 광주 및 수원의 해체 과정이라 할 수 있습니다. 조선의 개국공신 정도전이 <신도가(新都歌)>에서 "옛날에는 양주고을이여, 그 경계에 새 도읍의 지세와 풍경이 빼어나도다"라고 읊었듯이 새 도읍 한양은 본래 양주 땅이었습니다. 그 양주고을은 현재의 양주시·남양주시·의정부시·동두천시·구리시 그리고 서울특별시 광진구·노원구·도봉구·중랑구로 나뉘어졌습니다. 또한 땅이 넓어 이름조차 광주(廣州)였던 그곳은 과천시와 의왕시 및 광주시와 성남시·하남시 뿐만 아니라 서울특별시 강남구·강동구·송파구·서초구 일부로 해체되었습니다. 이는 1960년대 이후 서울을 비롯한 수도권에 인구가 집중하면서 발생한 한국 근대사의 또 다른 단면이기도 합니다. 물론 수원 역시 바다를 낀 광대한 영역을 잃고 화성시와 오산시 그리고 수원시로 나뉘어져 있습니다. 그러나 수원은 양주나 광주와 달리 핵심적인 도시 중심을 수원시로 유지한 채 그 역사를 이어왔다는 점에서 이들과 다른 양상을 갖습니다.

수원을 알면 한국이 보인다

수원은 전통적으로 호남으로 가는 해남로(제주로)에 위치해 있었고 조선 후기 영남으로 가는 길까지 수원을 거쳐 감으로써 삼남대로의 요충지에 자리한 사통팔달의 교통 요지였습니다. 삼국시대 이래 경기만 일대를 아우르는 군사적 요충지였고, 수주(水州)·수원(水原)이라는 이름에서 알 수 있듯이 전통적 대도시의 위상을 지녀왔습니다.

전통적으로 대도회지는 전주·나주·상주·경주처럼 고을 주(州)와 중원·서원·남원·철원 등과 같이 벌판 원(原)을 이름으로 쓰고 있습니다. 삼국시대 지명이 한자화되면서 죽주·인주·합주 등 고을 명칭이 주(州)로 대부분 쓰였습니다. 그러다 조선시대인 1413년(태종 13년) 주(州)자 이름을 갖고 있는 도호부 이하의 군·현의 이름을 산(山), 천(川) 두 글자 중 하나로 개정하게 하여서 죽산과 인천, 합천 등의 이름으로 바뀌었습니다. 따라서 수원(水原)이라는 이름에는 전통적 대도회지의 풍모를 갖는 역사적 자부심이 담겨 있는 셈입니다.

더욱이 조선 후기 정조 때 화성(華城)이 건설되면서 신도시로서 면모를 일신하며 조선을 대표하는 성곽도시이자 경제적 기반시설을 갖춘 계획도시로 성격을 갖게 되었습니다. 서울 남쪽의 지방 도시이지만 일국적 견지에서 보면 독자적 특수성을 지닌 도시로 성장했습니다. 이러한 역사적 전통과 저력은 수원로(水原路)의 개설과 더불어 1905년 경부철도의 부설 및 권업모범장과 농림학교의 설치로 이어져 수원은 한국 농업의 메카로 부상하게 되었습니다. 통일벼를 비롯한 숱한 농작물의 품종 개량이 수원에서 이루어졌던 것입니다.

 한편 조선 후기 이래 수원 우시장은 전국의 3대 우시장으로 일컫는 규모의 경제를 갖췄고, 상여와 상포(喪布) 및 곡비(哭婢)까지 갖춘 수원의 상부도가(喪布都家)는 경기남부를 아우르는 규모였습니다. 수원의 상부도가는 현재의 '보람상조' 같은 상조회사의 전신으로 이미 조선 후기에 상업적 성공을 일구었던 셈입니다. 상을 당했을 때 머리에 썼던 백립(白笠)은 수원의 또 다른 생산품으로 각광받았고, 이러한 전통은 근대 시기에 직물공장의 성장으로 이어졌습니다. 선경직물로 대표되는 수원의 직물공업은 삼성전자로 대표되는 전자산업과 더불어 한국 경제의 자본주의적 성장의 견인차 역할을 담당하였습니다.

 수원 우시장과 더불어 수원장시(水原場市)의 중요성은 경기남부의 큰 장이었던 안성의 안성장과 용인의 김량장을 포섭하는 더욱 큰 장으로 성장하면서 수원을 중심으로 하는 경제적 재편을 이루었습니다. 이에 따라 '수원 깍쟁이'라는 용어를 만들어 내며 경제적 성장을 이룬 세력은 토착 자본적인 성격을 띠면서 수원의 상권을 철옹성으로 만들어 갔습니다. 이와 동시에 전통적인 경기남부의 군사적 중심지로서 수원은 정조 때 장용영(壯勇營)과 순조 이후 총리영(摠理營)을 거쳐 근대 시기에도 지속되어 중영(中營) 및 지방대(地方隊)로 존속되었습니다. 이러한 군사적 영향력은 광범한 무과 출신자들을 배출하였고 이들의 상업적 진출을 가져왔습니다. 조선시대 전국적 규모에서 서울과 평양 다음으로 수원은 무과 출신자들이 많았던 상무적 전통이 강한 도시였습니다. 수원이 안동이나 전주보다 인구가 적었을 때의 일이고, 정조 때 장용영 외영이 수원에 설치되기 이전의 일입니다. 수원의 무과 출신자들의 광범한 존재는 조선시대 내내 이어진 전통입니다. 효종 임금이 "수원은 본래 무향(武鄕)이다"라는 언급을 할 정도였고, 인심이 질박하고 활쏘기에 능한 수원사람들이지만 글이 짧다는 평을 듣게 만들었습니다. 이는 실질을 숭상하는 전통을 가져왔고 상업적 번영을 이끄는 견인차 역할을 하였습니다. 이들 무반을 중심으로 수원의 전통적 유지 집단이 만들어졌고 이들의 경제적 역할과 의식은 근대 자강운동기 새로운 흐름을 만들 수 있었습니다. 근대적 계몽기구(기호흥학회, 국채보상운동)와 종교단체(종로교회, 성공회, 천도교) 및 경제단체(수원상업회의소), 그리고 근대적 사립학교(화성학교, 삼일학교, 상업강습소-화성학원)의 설립을 이끌었던 것입니다. 남양홍씨, 연안차씨, 수원최씨, 전주이씨, 김해김씨, 나주나씨, 해주오씨 등 전통적 유지 집단이었던 이들은 서로 결혼이라는 혼맥을 통해 강고한 지역적 관계망을 구축하며 경제적·정치적 권력을 향유했습니다. 이들 지역 유지들의 강력한 카르텔은 수원의 지역적 특성과 견결함을 보여주는 것이기도 합니다.

그러나 1910년 나라가 망하면서 수원의 변화는 수원역을 중심으로 하는 일본인 상권과 전통적 남문 상권의 경합과 길항관계에서 설명될 수 있습니다. 일본인 자본과 정치세력에 의한 남문 상권의 침식은 견디기 어려운 수난이기도 했습니다. 동시에 일제강점기 민족사의 분수령

Archive Guide

수원 기차 통학생 축구 선수단(1946년)
ⓒ 수원박물관

이라 일컫는 3.1운동의 가장 강력한 항쟁과 순국의 역사가 있는 땅이 수원입니다. 우정면 화수리 주재소의 가와바타(川端豊太郎) 순사와 수원경찰서에서 서신면 사강리에 파견된 노구찌(野口廣三) 순사부장을 처단하는 치열한 항쟁을 펼쳤습니다. 이는 당시 국내에서 유일하게 일제 경찰을 처단하는 과감한 투쟁이었습니다. 이에 일제는 신경질적이고 치졸한 보복으로 제암리·고주리 양민학살이라는 만행을 저질렀습니다. 이는 '수원사건'으로 불리며 제국주의에 반대하는 민족해방 투쟁이 결국 인권과 평화를 위한 역사적 당위임을 각인시켜주었습니다.

한편 일제강점기 지역 유지들은 친일과 항일의 경계선을 넘나들며 생존의 전략을 고민하면서도 지역민과의 관계는 상대적으로 우호적 관계를 유지하고자 애를 썼습니다. 지주제의 안정적인 강화가 이루어지는 과정에서 농민의 절대다수를 차지하는 소작농에 의한 소작쟁의는 1930년대 이후 여타 지역에 비해 급속히 증가했습니다. 이에 궁핍한 농민을 향한 수원 지역의 고리대금업자의 광범한 존재는 수원 지역민을 더욱 비참하게 만들었습니다. 수원 성안 호수가 3천 호 가량 되었는데 고리대금업을 하는 자가 2천 4백 호나 되었습니다. 고리대로 부를 늘려간 성안 사람들은 자연스럽게 축첩(蓄妾 : 정식 아내 외에 데리고 사는 여자인 첩을 둠)의 광범한 만연과 소비지향을 보여주고 있습니다. 그러면서도 서울과 가까운 지리적 이점과 교육 여건의 미비는 전국에서 두 번째로 많은 서울 통학생을 만들며 수원의 또 다른 자산을 만들었습니다. 1920년대 서울 통학생이 200명이 넘을 정도였습니다. 이들 통학생과 유학생의 광범한 존재는 동시에 수원을 역동적으로 만들었습니다. 수원에서 웬만큼 사는 집안마다 일본유학생들이 반드시 존재하였고, 유력한 가문마다 지역을 대표하는 사회주의자들이 존재하였습니다. 이러한 관계망은 해방공간의 좌·우익 갈등에도 서로 커다란 피해 없이 지날 수 있게 만들었습니다.

그러나 6.25전쟁 때 가장 큰 피해를 받은 곳은 수원이었습니다. 이는 서부전선에서 가장 북쪽에 위치한 수원비행장의 존재와 두 번에 걸쳐 서로 차지하려 했던 격렬한 공방전의 피해이기도 합니다. 이러한 전쟁의 아픔은 지역의 유용한 자료와 기록물들이 소실되어 지역의 역사문화적 정체성 확립을 그만큼 늦추게 만드는 요인이 되었습니다. 그럼에도 전쟁은 전통적 유지 집단의 방어기제 속에서 피난민의 광범한 유입으로 급격한 변화를 맞이한 도시를 만들었습니다. 더욱이 1960년대 이후 가장 역동적이고 폭발적으로 인구 증가를 보인 도시가 수원입니다. 농촌을 떠나 도시로 향하는 거대한 흐름 속에서 현재 120만 명을 넘은 유일한 지방자치단체이기도 합니다. 따라서 해방 이후 한국의 도시변천사를 가장 전형적으로 보여주는 도시인 셈입니다.

한편 대도회지 수원 지역 유지의 금력과 혼맥으로 연결된 강고한 카르텔에 균열을 낸 역사적 사건은 우선적으로 1950년 6.25전쟁이었지만, 결정적인 사건은 1961년 5.16군사쿠데타였습니다. 5.16 군사정변 이후 중앙권력과 결탁한 젊은 신흥세력이 정치권력을 장악하고 점차 경제계를 재편하면서 지역에 근거한 유지들은 몰락의 길을 걷게 되었습니다.

5.16군사쿠데타 이후 정치세력이 새롭게 재편되었을 때 수원의 이병희 국회의원은 박정희 정권과 끝까지 함께 했습니다. 18년간 이어진 박정희 체제의 장기지속은 이러한 정치적 영향력에 힘입어 문화적, 경제적 세력으로 기존의 유지 집단을 새롭게 재편하였고, 이러한 흐름을 가장 전형적으로 구현하고 보여주는 지역이 수원입니다. 새마을운동의

또 다른 중심지가 수원이었던 것도, 원호원이 만들어져서 보훈의 상징 도시가 된 것도 그러한 맥락입니다.

수원은 한국의 축소판입니다. 그러나 단순한 축소판이 아닌 독특하지만 전형성을 확보한 수원을 만날 수 있습니다. 수원은 서울을 비롯한 전통적 역사 도시인 - 전주·나주, 경주·상주, 충주·청주, 강릉·원주 등과 함께 유형화될 수 있습니다. 또한 철도로 이어지는, 철도가 통과하는 대표적 도시였습니다. 이러저러한 전형성을 갖춘 도시였던 탓에 일제강점기 생활 상태 조사가 지역별로 이루어졌을 때 첫 번째로 선택된 곳도 수원이었습니다. 종합적으로 수원의 역사 문화적 정체성을 꼽으라면 다음과 같이 정리할 수 있습니다.

- 안성천문화권의 시작인 물의 도시
- 선사시대 이래 유구한 역사의 도시
- 한성백제 시대 5부(部) 가운데 서부(西部)
- 경기도의 중심 도시(수부도시, 도청 소재지)
- 세계문화유산 화성(華城)이 있는 문화관광 도시
- 사통팔달 교통의 요충지
- 한국농업의 1번지(축만제, 농진청·서울농대)
- IT.BT.NT 등 최첨단 산업도시(삼성전자, SK)
- 100만 명이 넘는 전국 최대의 기초자치단체

수원, 한국 도시변천의 전형

수원은 한남정맥 아래 가장 큰 도회지로 안성천문화권의 시작이자 그 끝 서해까지 아우르는 지리적 공간으로 하여 군사적 영향력을 획득하였습니다. 이러한 지리적, 군사적 위상은 한성백제시대 서부(西部)로서 고급한 문화를 만들었습니다. 그래서 지금도 옛 수원 지역에서는 한성백제 시기의 품격 높은 유물들이 다량으로 발굴되는 것입니다. 삼국시대 이래 수원은 경기만의 바다를 통괄함과 동시에 삼남으로 가는 육상 교통로의 요충지로 각광받아왔습니다. 조선시대 수원은 상업적 발전과 군사적 중요성을 인정받으며 양광도의 대표도시였던 양주와 광주를 대신하여 경기도의 수부도시로 부상할 수 있었다. 이후 정조의 화성 건설과 더불어 수원로의 개설은 그 경향성을 결정적으로 만들었습니다. 조선시대 수원의 역사는 경기도 수부도시로 성장하는 역사에 다름 아닙니다. 정조 이래 조선 후기 모든 국왕이 찾은 유일한 도시가 수원이었기 때문에 역사, 문화적 자부심은 더욱 강화되었습니다. 수원대로를 따라 1905년 경부철도가 부설되고 1930년대 수원-여주를 잇는 수여선과 수원-인천을 잇는 수인선이 개통되면서 교통요지로서 수원의 위상은 남북축에서 동서축으로 확장되었습니다.

수원의 이러한 지리적 이점과 역사, 문화적 전통은 수원으로 하여금 전통적 대도회지의 특성과 함께 근대적 도시변천의 전형성을 획득하게 했고, 이를 통해 농업과 최첨단산업의 중심지로 거듭나며 120만 명이 넘는 대도시가 되는 원동력을 얻었습니다. 특히 1967년 도청이 수원으로 이전하면서 생긴 변화는 수원의 현대사에서 가장 중요한 사건입니다.

1910년 수원에 있던 경기관찰부(京畿觀察府)가 일제강점에 따라 서울로 올라가고 난 뒤 50여 년 만에 수원으로 다시 복귀했습니다. 경기도청의 수원 이전은 단순한 행정기구의 이전이 아닙니다. 조선시대 이래 경기도의 수부도시였던 수원의 위상을 재정립하는 것인 동시에 정치·사회·문화·경제 등 제 분야에서 경기도를 대표하는 것을 뜻합니다. 도청 이전으로 경기도와 관련한 유관기관들이 대거 수원으로 이전하였습니다. 이에 따른 효과는 전방위적인 형태로 나타났습니다. 삼성전자와 한일합섬 등이 경제발전의 구심 역할을 담당하였고, 경기도 및 수원의 변화에 또 다른 동력이 되었습니다. 이에 농촌을 떠나 도시로 향하는 이촌향도(離村向都)의 물결 속에 인구의 급격한 증가가 시작되었습니다. 수원으로 도청의 이전이 이루어진 1967년 이후 수원의 변화와 발전은 한국의 근대적 경제발전의 시대적 상황과 연결되어 괄목할 만한 도시적 성장과 인구팽창을 보여주고 있습니다. 그렇기 때문에 수원의 변화와 인구팽창이 한국의 도시변천사를 가장 집약적으로 보여주는 전형적 사례라고 할 수 있습니다.

서울에 있던 경기도청이 1967년 수원으로 이전하면서 수원은 새롭게 변화하게 되었습니다. 도청 이전과 1970년대 강력한 경제개발과 산업화의 추진으로 수원은 삼성전자와 선경직물의 생산기지가 되었습니다. 이러한 변화에 따라 1974년, 인구 20만 명(21만 258명)을 돌파하더니 1980년, 30만 명(31만 757명)을 넘었습니다. 6년 만에 10만 명이 증가한 것이니 수백 년 동안의 인구 증가를 단 몇 년 만에 이룬 놀라운 일이 아닐 수 없습니다. 그러나 이 정도의 놀라움은 그리 대수로운 일 아니었음을 우리는 몇 년 뒤 알게 됩니다. 인구 증가의 속도는 4년 만인 1984년, 40만 명(40만 2,516명)을 넘더니, 3년 만인 1987년에는 50만 명(50만 6,060명)을 돌파했습니다. 1989년, 60만 명(60만 5,225명)을 넘어섬으로써 2년 만에 10만 명이 증가하는 신기록을 세웠던 것입니다. 따라서 1960년대부터 고향을 등지고 도시로 몰려든 농촌 인구는 이제 서울을 거대도시로 만들어 놓고, 다시 1980년부터 서울뿐만 아니라 주변도시로 몰려드는 수도권 집중현상을 보여 줍니다. 이러한 변화의 기제 가운데 경기도청의 수원 이전도 한몫을 한 셈입니다. 이후 증가 속도는 약간 줄어서 4년마다 10만 명씩 증가했습니다. 즉 1993년, 71만 명에서 1997년, 80만 명을 넘어선 것입니다. 그러다가 1999년에는 90만 명으로 2년 만에 10만 명이 증가하는 신기록을 다시 작성했고, 드디어 3년 뒤인 2002년에 100만 명을 돌파하게 됩니다.

한국의 수도이자 모든 것을 갖고 있는 서울은 너무 큽니다. 서울을 범주화하여 한국적 현상으로 일반화하기에는 너무 큰 모델인 셈입니다. 근대 시기 개항장을 중심으로 성장한 부산과 인천 및 군산 등과 다르고 철도로 인해 급성장한 대전과도 다른, 역사적 전통과 함께 도시적 성장을 한 수원의 모습입니다. 더욱이 120만 명이 넘는 유일한 기초단체인 수원의 그것들은 적당한 수량과 크기 그리고 전형성을 확보하고 있다는 점에서 연구 대상으로 매혹적입니다. 강고한 지역적 연관고리의 선명함은 수원이라는 도시가 보여 주는 상업적 발전의 전형성에 더하여 서울을 매개하는 경기지방의 특수성을 함께 살필 수 있는 좋은 예가 됩니다. 특수성을 갖지만 일반성을 확보할 수 있는 독특한 '수원학(水原學)'이 가능한 지점이 아닐 수 없습니다. 지금은 한국의 사회, 문화 및 정치, 경제에 대한 폭넓은 이해와 심도 깊은 이해를 위한 노력과 연구가 지속되고 있는 즈음입니다. 그래서 '수원을 알면 한국이 보인다'는 말을 하는 것입니다.

수원 갈비, 한국음식문화를 바꾸다

오늘날 수원을 대표하는 음식으로 '수원 갈비'를 꼽습니다. 수원 하면 떠오르는 대표적 문화 아이콘이 바로 수원 갈비인 것입니다. 농업진흥청이 조사·발표한 '한국의 전통향토음식'에 따르면 경기도 향토음식은 수원 갈비를 비롯하여 이천 영양밥, 백암 순대, 여주 산병, 포천 이동 막걸리 등이 있습니다. 또 한국관광공사가 선정한 '대한민국 대표 음식 이야기(2009)'에 선정된 경기도 대표 음식으로 수원 왕갈비를 비롯하여 안양 삼계탕과 광주 곤지암 소머리국밥, 동두천 떡갈비, 안산 대부도 바지락칼국수, 양평 옥천냉면, 용인 백암순대, 의정부 부대찌개, 이천 쌀밥정식, 포천 이동갈비 등이 있습니다.

수원은 전국적으로 이름난 갈비의 본 고장입니다. 이는 수원 우시장과 밀접한 관계를 지니고 있습니다. 수원의 우시장은 조선 후기 이래 전국에서 이름난 곳이었고, 특히 일제강점기 전국 3대 우시장으로 자리 잡았습니다. 수원 우시장이 이렇게 유명했던 까닭은 정조의 새 도시 화성의 육성책과 관계가 깊습니다. 화성을 축성하고 난 뒤 수원을 자립 기반을 갖춘 도시로 육성하기 위하여 둔전(屯田 : 변경이나 군사 요지에 주둔한 군대의 군량을 마련하기 위하여 설치한 토지)을 경영하였습니다. 그리고 둔전에서 농사를 잘 짓도록 농민들에게 종자와 소를 나누어 주었습니다. 수확기가 되면 수확의 절반을 거둬들이고, 소는 잘 키워 3년에 한 마리씩 갚도록 했습니다. 이에 점차 늘어난 소는 수원의 대표적 상품으로 팔리기 시작하였고, 자연스럽게 수원 우시장이 전국적으로 유명하게 되었던 것입니다.

수원 우시장으로 대표되는 소의 집산과 거래는 동시에 수원을 갈비의 고장으로 이름나게 만들었습니다. 수원 갈비는 전국적으로 알려졌

Archive Guide

전국 3대 우시장이었던 수원우시장
ⓒ 수원박물관

던 수원 우시장과 연관이 있다고 할 수 있습니다. 우선 재료로 쓸 한우갈비를 구하기가 쉽다는 것이 수원 갈비를 탄생시킨 최대 요인입니다.

이러한 흐름은 수원의 소고기 소비가 여타 지역보다 앞서고 있다는 기록을 통해서도 확인됩니다. 1932년 신문기사 '水原의 食肉', <매일신보>(1932. 11. 29.)가 그것인데, 수원군에서 1년간 소비되는 소가 3,616마리에 이르고 그 쇠고기의 판로는 대부분 수원읍이 점하고 있었다고 볼 수 있습니다. 이는 다른 도시 인구에 비하여 수원이 소고기를 대량으로 소비하고 있다는 것을 의미합니다. 이러한 수원사람들의 소고기 사랑이 수원 갈비를 만들어 내는 원천이 되었음에 틀림없습니다. 지금도 전국적으로 수원의 소고기 소비량은 압도적입니다.

전국적으로 이름이 높은 '수원 갈비'는 이귀성(李貴成, 1900~1964)씨가 1945년 12월 팔달문 밖 장터인 지금의 영동시장 싸전거리에서 음식점을 내면서 시작되었습니다. 2년 뒤에는 제자거리 모퉁이 목조 2층 건물로 옮겨 '화춘옥(華春屋)'이란 이름을 걸었습니다. 일제강점기 화춘제과(華春製菓)와 화춘상회(華春商會)를 경영했던 형 이춘명(李春明)과 함께 했던 가업을 잇는다는 의미였습니다. 당시 그곳이 시장 안이어서 사람들의 왕래가 빈번하다는 데 착안하여 음식 장사의 경험도 없었지만 우선 해장국 장사를 시작했습니다.

화춘옥 해장국은 소갈비를 푸짐하게 넣어 주는 것으로 인기를 끌었고 도처에서 손님이 몰려들었습니다. 그러나 비싼 갈비를 넣어 주다 보니 해장국의 질은 좋았지만, 수익에 문제가 발생했습니다. 이에 갈비에다 양념을 넣고 무쳐서 재어 놓으면 맛있는 갈비의 맛을 낼 수 있을 거라고 생각하고 양념갈비를 구워 팔기 시작했습니다. 숯불에 구운 갈비는 맛이 일품이어서 인기를 끌었습니다. 이에 화춘옥에서 구워 파는 양념갈비는 유명해져서 당시 신문에도 소개되고 박정희 대통령도 화춘옥에 와서 갈비를 먹고 갈 정도였다고 합니다.

이러한 화춘옥 갈비는 이내 '수원 갈비'라는 이름으로 널리 알려졌는데 양념을 재어 만든다 하여 '수원 양념갈비', 또는 보통의 갈비보다 엄청 큰 갈비라는 뜻에서 '수원 왕갈비'로 다양하게 불렸습니다.

수원 갈비, 즉 수원 양념갈비 맛은 특별한 소스의 양념에 의해 판가름되는데 참기름을 비롯해 설탕·소금·마늘·깨·파·후추 등의 재료로 만듭니다. 이 양념소스를 발라 구워내는 양념갈비는 부드러우면서도 담백한 수원 양념갈비 특유의 맛을 냅니다. 또한 간장을 쓰지 않고 소금으로 간을 맞추는 수원 특유의 생갈비구이와 커다란 갈비뼈를 넣어 만든 수원의 갈비탕까지, 외지에서 온 사람들의 탄성을 자아내게 만들었습니다.

이귀성의 아들로 화춘옥 2대 주인이 된 이영근 씨는 화춘옥 갈비의 명성을 만든 장본인입니다. 1970년대 화춘옥의 명성은 폭발적이어서 박정희 대통령조차 농촌진흥청 또는 경기도청을 방문하러 수원에 오면 화춘옥을 찾아 수원갈비 맛을 즐기곤 했다고 전해집니다. 대통령이 먹으러 온 갈비집이라는 소문은 더욱 화춘옥을 유명하게 만들었고, 주변으로 갈비센터(희정갈비), 삼희정, 암소갈비집, 수원옥 등 갈비집이 몰려 있는 갈비골목이 생겨나 수원 갈비의 명성은 더욱 높아져 갔습니다.

오늘날 수원 갈비는 어느 특정한 집의 것이 아니고 수원의 어떤 갈비집을 가나 독특한 '수원 갈비'를 맛볼 수 있습니다. 이는 화춘옥에서 시작된 수원 양념갈비의 조리방식을 주방의 조리사들이 통일적으로 계량화하기로 결정함으로써 수원 양념갈비의 독특한 맛은 어느 곳이나 수원에서는 균일한 맛을 내게 되었기 때문입니다. 이에 화춘옥 방식의 수

남문 갈비골목
ⓒ 수원박물관

원 갈비는 1985년 4월 12일 수원시 고유향토음식으로 지정되었고, 수원갈비축제로 하여 세계적인 한국 음식의 대명사로서 양념갈비는 '수원 갈비'로 널리 알려지게 되었던 것입니다.

실상 수원 양념갈비의 등장은 소갈비를 주메뉴로 식단에 올림으로써 한국 음식문화사에 새로운 장을 열었습니다. 즉 평양냉면 등 냉면과 함께 서브메뉴로 식단에 오르던 갈비를 메인메뉴로 격상시킴으로써 한국 음식문화에서 육류 소비문화를 한 단계 고양시키는 역할을 한 것입니다. 또한 부산의 해운대갈비와 고양의 벽제갈비 등이 수원 갈비에서 파생되어 발전된 것이라는 측면에서 수원 양념갈비가 갖는 영향은 이후 돼지고기 삼겹살의 발견과 구워 먹는 방식을 확산시키며 우리 음식문화의 변화를 이끌었습니다. 한국 음식문화사적 변화를 수원 갈비가 주도한 셈입니다.

지역학을 통해 확립하는 지역의 정체성

우리나라는 세계에서 손꼽히는 기록유산의 나라입니다. 대표적인 기록물인 '조선왕조실록'은 번역하는 데 30년이 소요되었습니다. '조선왕조실록'을 하루에 100쪽씩 읽으면 3년 4개월 정도 걸린다고 합니다. 이처럼 방대한 기록을 가진 나라는 세계 어디에도 없을 것입니다. 태종이 사냥을 나가서 말에서 떨어졌을 때, "이 사실을 사관이 알지 못하게 하라"고 말한 것은 자신에 대해 좋은 것만 기록되기를 바라는 마음이었을 것입니다. 그러나 사관은 '임금께서 사냥을 갔다가 말에서 떨어졌다. 그리고 이 사실을 사관이 알지 못하게 하라 하셨다'고 기록합니다. 이것이 조선의 사관 정신이고 조선 역사를 지켜온 힘일 것입니다.

그러나 '조선왕조실록'은 국왕 중심의 기록이며 중앙 중심의 기록입니다. 우리가 살고 있는 지역과 민중들의 일상에 대한 내용은 어디에서도 찾아보기 힘듭니다. 따라서 지역에 대한 기록을 누군가가 대신해 주기를 바라는 것은 몽상일 가능성이 큽니다. 지역의 역사와 이야기는 그 지역에서 직접 기록해야 합니다. 특히, 기록 작업은 외부인보다는 그 지역의 사람들이 참여하는 것이 중요합니다. 외부인들은 기록 작업이 끝나면 그곳을 떠나지만, 지역 사람들은 계속 남아 기록을 지속할 수 있기 때문입니다. 지역의 시민들은 스스로를 기록함으로써 지역의 존재 가치를 높이고 공공이 독점하고 있는 기록의 주권을 되찾을 수 있을 것입니다.

우리가 마을 아카이브를 준비하면서 가장 먼저 공부해야 할 부분이 자기 지역의 역사입니다. 지역의 작은 역사들은 지금도 중앙의 기록에서는 소외되고 있지만, 지역의 문화원이나 박물관 등을 통해 꾸준히 수집되고 기록되고 있습니다. 따라서 지역의 시민기록자와 기록공동체들은 지역의 문화원이나 박물관 등을 통해 지역의 역사에 관한 정보를 제공받을 수 있습니다. 더 나아가 지역을 기록하는 활동을 함께 한다면 더 좋은 결과를 기대할 수 있을 것입니다.

5강

다시세운 프로젝트
세운상가 재생활성화 사업

영등포문화재단 대표
강원재

혹시 세운상가 아세요?
조선시대 한양도성 지도를 보면 종묘가 한양의 중심이에요.
남쪽으로 남산까지 이어진 세운상가는
도성의 세로 중심축이고요.
옛날 왕이 행차하던 길이었어요.
일제 때는 도심 한복판에 불이 나면
동서남북으로 번지지 않도록 비워둔 소개 공지였습니다.
해방 후부터 1960년대 중반까지 노점들이 이곳에 난립을 합니다.
그러던 곳이 압축성장의 근대화를 추진하던
박정희 대통령의 눈에 띄어요. 이후에 어떻게 변했을까요?

5강

다시세운 프로젝트

우리나라 최초의 거대 고층 건물

박정희 정권 때, 세운상가 자리에 조국 근대화의 상징적인 건축물을 현대식으로 세우자고 계획을 합니다. '집합건물군' 아이디어가 나왔어요. 집합건물군은 1킬로미터 길이로 건물이 쭉 이어지게 건축하는 것이에요. 전 세계적으로 이런 사례가 없었지요. 오래된 도시의 한복판에는 문화재가 많고 사람들의 살림살이가 복잡해서 그렇게 긴 집합건물군은 세울 수 없거든요. 그 당시에 불도저 시장이라 불리던 김현옥 서울시장과 조국 근대화 프로젝트에 매진하던 박정희 대통령, 그리고 30대 후반의 혈기왕성한 김수근 건축가가 만났습니다.

1900년대에 들어서자 세계의 모더니스트 건축가들은 미래 도시에서는 사람들이 땅을 밟을 일이 없을 거라고 생각했습니다. 건축에도 그것을 반영하려고 했어요. 의식주, 생산 활동, 문화생활이 모두 일정 크기의 건축구조물 안에서 이뤄질 것이라고 예상했습니다. 1960년대 이전에 만들어진 미래 영화를 보면 사람들이 땅을 밟지 않고 모두 건물 사이를 바로 건너다니잖아요. 차도 도로로 다니지 않습니다.

우리나라 최초의 주상복합아파트이자 메가스트럭쳐(megastructure : 거대 건축구조물)인 세운상가가 그런 배경에서 만들어졌던 것입니다. 1층부터 4층까지는 상가이고 5층 이상은 아파트입니다. 그 위상이 어느 정도였냐면 지금의 '타워팰리스' 정도였습니다. 연예인, 정치인, 그리고 재벌가의 자녀들이 이곳에 살았어요. 국회 사무처도 여기에 있었고요. 그때 당시 엘리베이터도 있었어요. 1967년도에 말입니다. 교회, 에어로빅장, 골프연습장도 안에 있었고요. 어린이 놀이터도 건물 안에 있었습니다. 그래서 당시 신문에 이 놀이터를 소개하는 보도가 나왔습니다. 아이들이 땅을 밟지 않고 논다는 내용이었어요. 건물 안에 있는 놀이터 사진도 게재됐습니다. 그러니까 당시 통념으로는 상상이 안 되는 건축물이 건립됐던 것입니다. 박정희 대통령도 이곳에 와서 준공 기념 커팅 의식을 합니다. 이게 말이 되나요? 지금으로 치면 무슨 LG자이 아파트를 지었는데 대통령이 온 식이거든요.

세운상가는 개별 분양으로 집주인이 다 따로따로 있었습니다. 민간 소유의 건물입니다. 그런데 대통령이 와서 커팅 의식을 하던 시대였습니다. 세운상가 준공이 그만큼 역사적인 사건이었던 것은 분명합니다.

세운상가 한 바퀴면 인공위성으로 달나라까지

1970~80년대에 세운상가는 전자상가로서 굉장한 호황을 누렸어요. 당시 구하기 어렵던 일본 전자제품을 살 수 있었어요. 또 베트남 파병 군인들이 들어오면서 미국 전자제품을 잔뜩 들고 들어와 세운상가에서

세운상가 놀이터를 소개하는 보도자료

거래를 했습니다. 지금은 대형 전자제품 매장이 있지만 당시에는 없었습니다. 세운상가는 럭키금성이나 대우 같은 대기업의 덤핑 전자제품을 전국으로 유통하던 곳이었어요.

일반 소비자들은 세운상가를 찾으면 싼 제품을 바로 살 수 있었어요. 그래서 사람들이 엄청나게 몰려들었습니다. 외국 음반의 백판, 즉 복제판입니다. 음반 복제판과 구하기 힘든 일본 게임기 복제품을 구하러 사람들이 몰려왔어요. 어떻게 보면 여기는 태생이 해커들의 도시입니다. 좋은 말로는 그렇고 실은 불법 복제품의 유통 도시였습니다. 전자제품 판매가 늘어날수록 수리할 일이 많아졌습니다. 또 복제 역시 굉장한 기술이어서 해킹 기술도 발전합니다. 일본 닌텐도에서 새로운 게임기가 출시되면 그 다음 날 세운상가에 풀린다고 할 정도였으니까요. 암호화된 프로그램을 하루만에 풀어 복제하려면 얼마나 기술이 있어야 되겠어요.

현대자동차 포니의 첫 번째 모델이 출시될 때, 지금의 현대모비스가 출발한 곳이 여기입니다. 그리고 삼보컴퓨터는 여기서 창업을 했어요. 한글과컴퓨터가 여기서 한글 워드프로세스 1.0을 출시했습니다. 지금은 구할 수 없어서 혹시 여러분 집 다락이나 창고를 뒤지다가 한글1.0을 발견하면 아마 수억 원쯤 할 것입니다. 청소하거나 이사 가면서 다락 뒤질 일 있으시면 하나하나 잘 보세요. 통째로 버리지 말고요. 어쨌든 한글 1.0이 세운상가에서 출시됐습니다. 한글 1.0을 만든 사람은 한글과컴퓨터 창업자인 이찬진과 현재 NC소프트의 김택진 창업자입니다. 한글과컴퓨터는 세운상가에 사무실을 두고 시작을 했고, NC소프트의 김택진 창업자는 여기를 들락거리던 죽돌이였습니다. 어떻게 보면 세운상가를 들락거리면서 기술을 배우던 죽돌이가 지금은 대기업의 창업자가 되어 있는 것입니다.

  그라비티의 '라그나로크'는 굉장히 유명한 게임입니다. 그라비티 역시 세운상가에서 창업을 했습니다. 20~30대에 시작해 30~40년씩 일하신 세운상가 장인들은 자부심이 굉장해요. 이 기업의 매출만 잡아도 우리나라 경제의 많은 부분을 차지하거든요. 어떻게 보면 세운상가가 해낸 거잖아요. 세운상가 출신이 해낸 것이니까요. 세운상가를 한 바퀴 돌면 인공위성을 띄워서 달나라까지 간다는 얘기가 있을 만큼 기술적 자부심이 대단했습니다. 다양한 전자제품을 많이 팔면 수리를 많이 하게 되잖아요. 세운상가 주변으로는 부품상이 완전히 쫙 펼쳐져 있었습니다. 심지어 없는 부품도 만들어 냅니다. 엄청난 기술 생태계가 형성이 됐던 것이지요.

잘 가라, 세운상가?

  성공의 역사만큼 시련의 역사도 굉장합니다. 세운상가는 고난의 행군을 하게 됩니다. 세운상가가 1967년 준공된 이후 70년대에 들어서자 바로 "가자, 강남으로!" 이런 기사, 광고가 막 나왔습니다. 강남 개발이 본격화된 것이지요. 세운상가가 설립될 당시 지금의 타워팰리스 같은 위상이었다고 했잖아요. 강남이 개발되고 좋은 아파트가 건축되자 그곳 소식을 아는 사람들은 강남에 투자를 많이 합니다. 신식 아파트가 지어지고 아이들 공부시키기도 좋다고 소문이 나면서 땅값이 오르고 세운상가에 살던 돈 있는 사람들이 강남으로 대거 이주를 하게 됩니다. 이렇게 세운상가 주거 기능의 쇠락이 시작된 것입니다. 지금도 세운상가에 상가나 혹은 아파트를 서른 채씩 소유하신 분이 있습니다. 하지만 그분은 세운상가에 안 살지요. 강남이나 분당에 살고 여기는 세 받으러 오지요.

도시재생은 이상한 면이 있습니다. 대부분 지주 중심의 주민협의회를 합니다. 그러면 여기 살지도 않는 분하고 앉아서 협의하는 꼴입니다. 웃기죠? 그러니까 이 상가에 굉장히 많은 지분을 가지고 있는 분과 상의하는데, 그분이 여기 살고 있지 않아요. 그 협의의 결과가 어느 방향으로 갈지 뻔합니다. 도시재생 현장 대부분에서 비슷한 고민을 해요. 살지도 않는 집주인하고 자꾸 협의를 해야 하는 것이지요.

1980년대 중후반에 용산 전자상가가 오픈하면서 세운상가의 많은 전자 업종이 용산으로 넘어갑니다. 상권의 일차 쇠락 시기입니다. 이명박 시장 때는 청계천 복원 공사를 하면서 세운상가군을 잇고 있던 청계천 위를 지나는 다리를 끊어버립니다. 세운상가는 3층 높이의 데크를 통해서 1킬로미터 길이로 건물들이 다 이어져 있었는데 말입니다. 그러면서 세운상가군 건물 간 단절이 일어났어요. 세운상가가 청계천을 중심으로 하여 남북으로 나뉘게 됩니다. 종로에서부터 퇴계로까지 왔다 갔다 자유롭게 움직였던 사람들이 이제 쉽게 넘어가지를 못합니다. 보행의 쇠락이 일어난 것입니다.

오세훈 시장 때는 급기야 '잘 가라 세운상가'라는 보도가 나왔습니다. 혹시 기억하시는 분도 있을 텐데요. 그날 9시 뉴스에 나왔어요.

"세운상가가 역사 속으로 사라졌다"라고요. 그런데 사라진 것은 세운상가 건물 중에서 종로변에 있던 현대상가 하나였습니다. 거기는 보리밭을 떡하니 만들었어요. 보리밭은 개인 재산권이 있는 공간입니다. 일반적인 공원이나 광장으로 두면 누구라도 들락거리고 공간을 사용할 수 있었을 것입니다. 그런데 보리밭이기 때문에 들어가지 못합니다. 대단한 아이디어입니다. 어떤 공무원들의 발상이었을 것 같은데, 어쨌든 그런 걸 하고 나서 욕을 엄청 들었습니다. 관리가 안 되어 보리밭이 흉물로 변했거든요. 그런데 이런 방식으로 공공이 점유하는 보리밭이 한동안 재개발의 신호탄처럼 유행을 했습니다.

밖에서 바라본 세운상가

세운상가 주위에는 작은 규모의 1층, 2층의 단층 건물이 빼곡이 들어서 있어요. 부품상가, 공구상가, 금속정밀가공, 아크릴가공, 목재가공 업체가 있습니다. 패브릭 가공에 맞춤형 주물을 제작하는 분도 있고요. 세운상가와 주변 구역에서 유통되는 수많은 제품과 연관 산업이 발전을 해 왔습니다. 물론 각자의 서비스를 외부로 직접 유통해 내기도 하고요.

저는 2015년 7월부터 세운상가 활성화 프로젝트에 함께했습니다. 2018년 9월 20일까지, 만 3년 2개월 정도 경험한 것을 토대로 말씀드리겠습니다. 2015년 세운상가에 갔을 때 저는 깜짝 놀랐어요. 20여 년 전에는 선풍기나 전기장판 사러 세운상가에 가면 사람들이 너무 많았거든요. 10대 후반에서 20대에 이르는 남자들은 이곳에 빨간 책과 비디오 같은 것을 사러 갔다가 〈전원일기〉 녹화비디오를 사 가지고 오는 경우도 많았지요. 아직도 그런 불법이 종종 횡행하는 곳입니다. 도청 장치나 몰래카메라, 위치 추적기를 팔기도 해요. '비아그라'가 간판으로 내걸려 있기도 합니다. 평일 낮인데 사람이 없었어요, 실내도 한산하고. 서울 한복판인데 무슨 섬처럼 이렇게 폐허가 되어가는구나 싶었지요. 이게 첫 번째 방문했을 때 인상입니다.

그런데 알고 보니 이 공간을 새롭게 찾는 분이 많았어요. 특히 예술가. 자료를 찾아보니까 예술가들이 다양한 프로젝트를 하고 있었어요. 그리고 영화 찍는 사람들이 와서 영화도 찍고요. 〈도둑들〉, 〈초능력자〉, 〈신의 한수〉 등등. 최근에 본 영화에도 세운상가가 나왔어요. 〈공작〉에도 세운상가가 배경으로 나오더라고요. 수지나 현아 같은 아이돌이 여기 와서 촬영도 했습니다. 불과 2~3년 전만 하더라도 영화나 미디어에 나온 세운상가는 굉장히 어둡고 범죄가 일어나는 곳이었습니다. 미디어가 동네를 어떻게 소비하는가를 보면 그 동네에 대한 스토리를 알게 되기도 합니다. 그러니까 예술가가 이곳을 다루는 방식과 미디어나 산업이 다루는 방식은 좀 다릅니다. 바라보는 시선이나 다루는 방식이 동네 이미지를 규정합니다.

유럽이나 미국 같은 데서는 부동산업자가 예술가들에게 지원을 많이 합니다. 부동산업자가 개발에 들어가기 전에 예술공간 지원과 창작 지원을 하는 것입니다. 그러면 예술가가 들어가서 그 동네를 멋있게 유명하게 만듭니다. 뭐, 그 다음 순서는 잘 아시는대로입니다. 우리나라는 예술가들이 자발적으로 합니다. 논란거리가 되게 유명하게 그리고 사람들이 찾아오게 잘 만듭니다. 그리고 아무런 대가도 없이 쫓겨납니다. 유럽이나 미국의 작가는 작품 활동비라도 받았지만 우리나라 예술가는 그것도 못 받습니다.

예술가에게 사랑받는 세운상가

세운상가에 작가들이 2014년부터 많이 들어와 활동을 했습니다. 세운상가 간판 가운데 800/40, 300/20, 200/20이라는 이름이 있습니다. 보증금 800만 원에 월세 40만 원이란 의미입니다. 작가들한테 세운상가가 좋은 이유는 우선 임대료가 싸니까 작업실로 쓰기에 좋기 때문입니다. 주변에 창작 재료도 널려 있고요. 자기 공간, 자기 팀의 정체성을 내걸고 팀으로 활동하는 작가들이 세운상가 좋아요, 청계상가 좋아요, 대림상가 좋아요 이런 슬로건의 페스티벌도 엽니다. 설치 작업 하는 작가와 미디어 작업하는 분은 알겠지만 졸업전시회 할 때 세운상가 근처에 꼭 한 번씩 들르게 됩니다. 여기서 재료를 구하고 가공도 하거든요. 아무튼 많은 작가가 이곳을 익숙하게 생각하고 있습니다.

'을지로하와이'팀은 창의적인 내용의 청계추계체육대회 전시 퍼포먼스를 합니다. 서울문화재단은 상상력발전소 프로젝트를 3년간 세운상가를 기반으로 했어요. 세운상가의 중정(건물 안이나 안채와 바깥채 사이의 뜰)이 꽤나 멋있는데, 그곳을 주요 행사장으로 사용했어요. 중정은 영화의 단골 로케이션 장소이기도 합니다. 요즘의 건축에서는 볼 수 없는 구조를 갖고 있지요. 건축 전공하는 친구들은 꼭 한 번씩 이곳을 보러 옵니다. 이런 구조물을 지금 다른 데서는 볼 수가 없으니까요. 전 세계적으로도 보기가 어려워요.

문인 가운데 유하 씨는 《세운상가 키드의 사랑》이라는 시집을 냈어요. 요즘 잘나가는 황정은 소설가는 세운상가에서 실제 일을 했습니다. 이 소설가의 친구는 지금도 세운상가에서 수리업을 합니다. 차세대 수리 리더라 할 수 있지요. 세운상가에 황기사라는 장인이 계시는데 그분 밑에서 기술을 배우고 있습니다. 그리고 황정은 작가도 거기에서 일을

세운상가의 독특한 건축 구조, 중정

했어요. 작가는 세운상가에서 일한 경험을 바탕으로 소설 《백의 그림자》를 내놓습니다. 소설의 시대 배경은 "잘 가라, 세운상가" 하면서 보리밭 만들고, 이럴 때였어요. 소설은 이렇게 말합니다.

이 부근이 슬럼이래요.
누가요?
신문이며, 사람들이…
언제고 밀어버려야 할 구역인데, 누군가의 생계나 생활계라고 말하면 생각할 것이 너무 많아지니까, 슬럼이라고 간단하게 정리해버리는 것이 아닐까?

황정은 작가는 참 통찰력이 있다는 생각이 들었어요. 세운상가에 작은 가게들이 한 2천 개 정도 돼요. 가게 주인과 종업원을 대략 두 명씩 잡아도 6천 명이 먹고 사는 터전입니다. 그들의 가족까지 합치면 약 2만 명 정도의 생계가 달린 곳입니다. 그런 장소를 없애려면 2만 명의 이야기를 다 고려해야 합니다. 그러니 밀어버릴 수는 없어요. 하지만 "여기는 슬럼이야" 이렇게 이야기를 해버리면 쉽습니다. 슬럼은 위험하고 방치된 느낌이잖아요. 그러니 빨리 밀어버리고 새로 지어야 한다는 식으로 사람들의 사고가 돌아가게 됩니다.

같은 의미로 국가균형발전이라는 말도 가려서 사용해야 해요. 균형발전이라고 하면 어디는 발전했는데 다른 데는 발전하지 못했다는 것을 전제로 합니다. 균형을 맞추려면 발전되지 않은 곳의 수준을 끌어올려야 합니다. 그러다 지역 문화를 다 파괴하는 것이거든요. 예를 들어 서울의 강북과 강남을 비교해서 강남북 균형발전이라고 하면 강북을 강남처럼 발전시키겠다는 것입니다. 역사가 별로 없는 강남에 비해 강북은 그 자체로 문화적인 곳입니다. 그곳을 사랑하는 사람들도 많지요. 수원에도 구도심이라고 불리는 곳이 있을 것입니다. 낙후됐다, 슬럼이라고 이야기를 하는 순간, 어떻게 바꿔야 한다는 의미로 사람들에게 전달이 됩니다.

  황정은 작가는 이곳이 누군가의 생활계다, 살아가는 곳이라고 말합니다. 그렇게 진단하면 한 사람, 한 사람의 생활계 문제를 해결해 나갈 방식을 찾게 됩니다. 하지만 전체가 문제라고 이야기하는 순간 그 안에 있는 사람들, 삶이 쓱 사라지게 돼요.

세운상가 재생 프로젝트

  서울시는 2015년 국제설계 현상공모를 해서 당선작을 뽑았습니다. 세운상가의 미래 청사진을 제시했어요. 청계천 위에 끊어졌던 다리를 복원해 보행성을 높이고 상가 활성화를 위해서 주변을 정비하겠다는 내용으로 주민설명회를 가졌습니다. 그런데 좋아할 줄 알았던 주민들이 설명회에서 막 화를 내며 난리를 쳤습니다. 서울시가 다 망쳐 놓고 지금 와서 도대체 뭘 하는 거냐는 항의입니다. 앞서 설명했듯이 서울시가 강남개발을 하면서 주거쇠퇴를, 용산개발을 하면서 산업쇠퇴를 시켰다고 주민들은 생각했습니다. 청계천 복원으로 다리를 끊고 가든 파이브로 상가들을 이전한 것 역시 서울시가 한 일입니다. 끝끝내 "잘 가라, 세운상가"까지 했지요. 일련의 흐름을 보면 서울시가 다 망쳐 놨다는 주민들의 불만이 근거 없는 것은 아닙니다. 관에서 하는 것은 이제 아무것도 못 믿겠다. 이제는 가만 놔둬라. 재생 개발해 봐야 여기서 오래 장사하던 사람들 돈 없다고 쫓겨날 뿐이다. 제대로 바꾸려면 오랫동

Archive Guide

재생 전 세운상가 전경

안 부대끼면서 해야지, 이게 뭐 하는 짓이냐. 이렇게 난리가 났습니다.

세운상가 프로젝트는 세 개의 재생 목적을 가지고 있습니다. 먼저 보행의 재생입니다. 서울의 가로축으로는 도심을 걸어서 다닐 길이 있습니다. 그런데 세로축으로는 걸어서 다닐 수 있는 길이 없거든요. 당시 서울건축가 승효상 선생이 북한산에서부터 남산까지 걸어서 다닐 수 있게 제안한 플랜의 중심축에 세운상가가 있었습니다. 그리고 여기는 산업지역이었으니까 상권과 제조산업 생태계 재생이 두 번째 목적입니다. 세 번째는 주민의 힘, 공동체를 복원하여 그 힘으로 함께 한다는 공동체 재생입니다. 세운상가 재생 프로젝트는 이러한 세 가지 목적이 있었습니다. 그런데 설명회 자리 분위기를 보니 '공동체 재생'이 정말 어렵겠다, 싶었어요.

저는 신영복 선생님의 '여럿이 함께', '여럿이 함께 가면 길은 뒤에 생긴다'는 말씀을 참 좋아해요. 그런데 '여럿이 함께 가면 험한 길도 즐겁다'는 말은 별로 공감이 안 가요. 제가 공동체 재생이나 주민들과 협치, 협업하면서 느낀 것은 여럿이 함께 가면 험한 길일 때만 즐겁습니다. 아메바가 그런다잖아요. 환경이 안 좋아지면 뭉쳤다가 상황이 좋아지면 다 뿔뿔이 흩어진대요. 사람도 비슷한 거 같아요. 전쟁이나 어두운 밤길은 같이 가면 좋아요. 그런데 순례자의 길은 혼자 걷는 것이 좋습니다. 저는 혼자 놀고 혼자 책 읽는 것을 좋아합니다. 그런데 험한 길도 즐겁다니요! 우리 사는 세상이 온통 험하니까 그렇게 이야기를 하셨나 봅니다. 어쨌든 여럿이 함께하는 일이에요, 거버넌스는. 그리고 서로 다른 의견을 가진 분이 모여 함께 하는 일입니다. 도시재생에서 이것이 제일 어렵습니다. 지주의 의견과 세입자의 의견은 완전히 다르거든요. 지주는 본인 소유의 부동산 가치가 어떻게 하면 올라갈까에 관심이 있어요. 임차 상인의 관심은 싼 임대료에 장사가 잘되는 것입니다. 그런데 유통하는 분과 제조하는 분 의견 또한 달라요. 특히 온라인이나 전화를 통해 도매나 배달 유통하시는 분은 상가 임대료가 올라가면 절대 안 돼요. 도매 배달 유통하는 분은 교통 편한 세운상가에 비교적 싼 임대료로 이용할 수 있는 창고가 많이 필요해요. 그러다 보니 유통하는 분들이 본의 아니게 상가를 많이 망쳐놓고 있어요. 상가 곳곳에 불이 꺼져 있는데, 그곳은 창고로 쓰고 있는 곳이에요. 이런 곳에는 손님의 발길이 끊어집니다. 창고에 넣지 못하는 물건은 밖에 내놓습니다. 바로 배달을 해야 하니까요. 고객 통행선을 지키지 않는 것입니다. 그러니까 상가가 엉망이 돼요. 건물 소유주, 유통 상인, 제조 상인의 이해관계가 다 다릅니다.

이분들이 한자리에 앉아서 대화를 하는 것이 세운상가 거버넌스였어요. 같이 만나기만 하면 싸우니까 처음에는 이런 생각이 들었어요. 도대체 주민이 누굴까? 요즘 지역 기반 공공프로젝트는 주민하고 만나야 하잖아요? 지역에 자기 집을 소유하고 사는 곳은 다른 사람도 그 지역의 주민일까요? 여기 살지만 집값이 오르면 빨리 처분하고 떠날 사람이 주민일까요? 도매 배달 유통하는 분처럼 여기를 도구로 사용하는 사람도 주민이라고 할 수 있나요? 주민이라면 기본적으로 자기가 살고 있는 곳에 책임감을 가져야 하는 것 아닐까요? 청소도 하고 다른 사람들을 맞아 환대도 하고 말이에요.

상생 협약서

거버넌스 활동은 다양한 입주 단체와 회의를 많이 해야 합니다. 입주 문화 단체, 사회적 기업, 그리고 입주 장인은 정례 모임을 가져요. 둥지 내몰림을 걱정하는 상인들하고 상생 협약 준비 모임 같은 것도 열지요. 물론 상생 협약은 법적 구속력이 없지만, 행정기관이나 소유주에게 압박이 되고, 임차인이 경계를 늦추지 않도록 해 줍니다.

실제 이런 적도 있어요. 세운상가에 상가 약 서른 채를 소유하신 분이 일괄적으로 월세를 5만 원씩 올렸습니다. 20만 원 하던 걸 5만 원 올렸으니 20%가 오른 거잖아요. 그런데 당시 임대차보호법에는 9% 이내로만 올릴 수 있었습니다. 물론 상인 대부분이 몇 십년 씩 계약서 갱신없이 지내서 임대차보호법에 해당도 되지 않았지만요. 어쨌든 그 지주 입장에서는 80만 원 하던 이곳 월세가 요즘 20만 원까지 떨어졌는데 재생 활성화 바람이 있으니 5만 원 올린 것입니다. 그게 뭐 잘못됐냐는 것이지요. 이럴 때 상생 협약서가 그분을 설득하는 데 도움이 됐습니다. 임대차 보호법 내 상승률을 지키겠다고 약속을 했다, 협약한 것을 안 지키면 앞으로 공공이 어떻게 지주를 믿고 사업을 하겠느냐 하는 말로 소유주 단체 대표와 같이 설득을 했습니다. 상생 협약이 법적 효력은 없어도 이런 설득을 할 때는 의미가 있습니다. 그래서 상생 협약 필요 없다는 식으로 언론에 이야기가 나오면 속상합니다. 노력을 안 하기 때문에 생기는 문제를 너무 쉽게 제도의 문제로 돌려놓는 것 같거든요.

많은 사람들이 동의하는 협약을 만들고, 거기에 동의한 사람들 가운데 누군가 약속을 어겼을 때 법에 호소하기 전에 "왜 안 지키냐"라고 문제제기를 할 수 있는 명분이 되는 것이지요.

초상화 인터뷰

저는 세운상가 일을 하기 전에는 도시재생 쪽 일을 하겠다고 생각해 본 적이 없습니다. 이 일을 소개해 준 분은 제게 쉬운 일이라고 했습니다. 주민들 만나 인터뷰하고 의견을 수렴해서 계획에 반영하면 된다고 했습니다. 그렇다면 그동안 해온 문화 기획 일과 별로 다르지 않을 것 같아서 하게 되었어요. 주민이면서, 주민이 아닌 분들의 부정적인 반응을 보고는 아차! 싶었죠. 어떻게 할까 하다가 전략을 세웠습니다. 이 프로젝트가 제대로 가기 위해 참여적이고 신뢰감 있는, 개방적인 분을 많이 섭외하자, 꼭 필요한 사람인데 세운상가에 없는 분은 초대를 하자, 그리고 세운상가 주민 중에서 주체 혹은 리더로 설 만한 분이 활동할 장을 마련하여 지원하자. 이렇게 세 가지 전략을 가지고 사람들을 만나러 갔습니다. 잘 안 만나주더군요. 서울시에서 왔다고 하면 필요 없다고, 서울시하고는 이제 대화도 안 한다고 합니다. 어떻게 해요. 방법을 찾아야 했죠. 그래서 인터뷰한다는 말 대신 초상화를 그려주겠다고 말을 걸었습니다. 초상화를 그리려면 한 30~40분 마주 앉아야 하잖아요. 그때 대화를 합니다. 그래서 인터뷰어와 초상화 작가가 2인 1조로 진행하기 시작했습니다. 처음에는 편지를 보냈어요. 초상화를 그려 드리려는데 혹시 관심 있으신 분 있으면 연락을 달라고요. 처음에는 말도 못 붙이고, 무서우니까.(웃음)

몇 분에게 연락이 왔어요. 그분들께 그림을 그려 드리고 액자로 만들어 가게에 진열했습니다. 그랬더니 옆에 있던 상가에서 일하는 분들도 해 달라고 하기 시작했어요. 그래서 초상화 그리면서 인터뷰를 하고 그려진 초상화는 액자로 만들어서 전달했어요. 더 중요한 것은 인터뷰하

그림을 그리는 동안 마주 앉아 이야기하는 초상화 인터뷰

는 동안에 이분들이 말씀하신 내용, 그러니까 재생사업에 대한 의견을 설계 디자인, 활성화 계획, 그리고 거점공간 프로그램 사업으로 분류해서 문의했어요. 상가 활성화 계획 관련해서는 엔지니어링 회사 쪽에, 설계 디자인은 건축사에, 그리고 거점공간 프로그램은 상가 활성화 용역사에 물어봤지요. 그중에서 지금 하려고 계획 중인 것, 반영하지 못 하는 것에 대해서 그 이유를 알아봤어요. 앞으로 검토할 것까지 세 가지 정도의 피드백을 받아요. 이 내용을 편지에 담아 초상화 액자를 드리면서 함께 전했습니다. 그랬더니 신뢰가 생겨났습니다.

저와 같이 일하는 '○○은대학'의 직원들은 전문 인터뷰어들이 아니에요. 청년 문화 기획자들이지요. '○○은대학'이 하는 일은 지역에 가서 지역 주민들 중에서 청년을 가르칠 수 있는 분을 발견하여 선생님으로 모시는 것입니다. 그래서 그분들한테 배우는 학교가 '○○은대학'이에요. 청년 문화 기획자들이지요. 준비한 질문지에도 없는 이야기를 인터뷰하는 것입니다. 옛날에 뭐 하셨는지, 언제 세운상가에 오신 건지, 그간 수입이 어떻게 변했는지 등 별별 이야기를 인터뷰에 담아 옵니다. 처음 3개월에 270명을 인터뷰했어요. 그러면서 발견된 것이 있어요. 어떤 분이 "나 79년에 세운상가에 왔다, 애플 컴퓨터가 우리나라에 처음 들어왔을 때 복제품을 만들면서 기술을 배웠다." 하십니다. 그러니까 짝퉁 애플을 만들었다는 것입니다. 애플컴퓨터의 부속 하나하나를 복제했다는 이야기잖아요. 아마 이 시기에 나온 애플 컴퓨터를 고칠 수 있는 사람은 이분밖에 없을 거예요. 부속이 없어도 대체부품을 복제해서 쓸 줄 아십니다.

또 초등학교 졸업하고 세운상가에 와서 라디오 공장 일을 하면서 기술을 배워서 지금은 오락기까지 수리한다는 분도 만났습니다. 진공관,

TR 등 모든 오디오 시스템을 두루두루 다 거치고, 어떤 장소에 가서 소리를 들으면 그게 어떤 오디오 시스템을 통해서 나오는지 맞힐 수 있다는 분도 만났습니다.

 이런 뻥 같은 이야기를 막 하시면 인터뷰도 잘 못하는 인터뷰어들은 그걸 맞장구치며 다 받아 적어 옵니다. 재생이나 상가 활성화에는 별로 관계가 없어 보이는 이야기잖아요? 상가를 활성화하는 방법과 상가 주민들의 지금 고충을 들어야 하는데 옛날 소싯적 이야기를 듣고 온 거예요. 그런데 재밌는 건 이런 분이 진짜 많더라는 거예요. 스스로 장인 혹은 쟁이라고 이야기하는 분이 많았어요. 더 나아가 미국에서 태양열 특허를 받았다는 분, 수소에너지 제품을 개발한다는 분도 있었어요. 로봇 조직 기술과 피부 기술 분야의 최고라는 분도 세운상가 곳곳에 계십니다.

 당시 세운상가와 관련된 포럼이나 재생을 위한 회의를 할 때면 마케팅, 경영 쪽 교수님들도 많이 오셨습니다. 그분들은 세운상가의 이후 상가 활성화 방향을 전자제품 전문 유통 상가로 보는 분이 많았어요. 밖에서 보기에 유통이 많으니까요. 그런데 우리가 찾아다니며 인터뷰한 분들은 달라요. 이분들은 기술적 자부심이 대단하세요. 이런 대단한 장인이 많이 계시다고 회의에서 발표를 했습니다. 그래서 세운상가를 도심 제조산업의 혁신처로 발전시키자는 방향으로 바꾸게 됩니다. 초상화 인터뷰가 결국 상가 활성화의 전략적 방향을 바꾸는 계기를 마련한 것이지요.

무엇이든 뚝딱, 수리수리얍 수리워크숍

우리는 세운상가에서 청년학교를 시작했습니다. '세운상가는대학' 공공디자인학부라는 이름으로요. 청년들과 세운상가에서 협업 프로젝트를 기획하는 것입니다. 처음에는 같이 모여서 세운상가에 대해 공부합니다. 다음에 세운상가를 한 바퀴 돌면서 세운상가 분위기를 보고. 아이디어를 팀별로 개발하여 실행으로 옮기는 프로젝트입니다. 거기에서 나온 아이디어가 '청음회'입니다. 세 분의 오디오 시스템 장인과 세 개의 방에 그분들이 가장 추천하는 최적화된 오디오 시스템을 각각 셋팅하면 우리는 갤러리들을 초대해서 각 방을 돌면서 청음을 하는 것입니다.

수리워크숍 '수리수리얍' 아이디어도 여기에서 나왔습니다. 수리워크숍은 고장났지만 버리지 못할 사연이 있는, 다른 데서는 못 고치는 전자제품을 사연과 함께 온라인 홈페이지에 올려주면 우리가 그 제품을 세운상가 장인과 연결해서 고쳐주는 프로그램입니다. 홍보를 했더니 정말 접수가 됐습니다. 1호 접수자가 기억에 남아요. 이분은 20년 전 영국에서 사용하던 소니 단파 라디오를 고쳐 달라고 사연을 접수하셨어요. 무선통신 동호회를 하는 분인데, 한동안 잘 쓰다가 고장이 났대요. 소니 A/S센터에 갔더니 부품이 단종이 돼서 못 고친다 했답니다. 일본에 갔다 줘야 고칠 수 있는지 확인이 되는데, 일본에도 부품이 없으면 못 고친다는 말에 낙담하던 차였습니다. 그런데 이 라디오를 장인 분께 갖다 드렸더니 정말 뚝딱 하고 고쳐 버리셨어요. AS센터에서도 못 고친 제품인데 말이에요. '이거 진짜 되네.' 이런 생각이 들었어요.

두 번째 방문하신 분은 40대 의사 선생님이에요. 아버지 유품을 가지고 왔어요. 아버지하고 자기하고 연결된 고리 같은 오디오가 고장난 것입니다. 버리지 못하고 있다가 수리워크숍 홍보를 보고 접수를 하신 것이지요. 역시 장인 분께 갖다드렸더니 아니나 다를까 또 뚝딱뚝딱 고쳐버렸습니다. 수리워크숍에는 이런 식으로 백 개 이상의 사연 있는 제품이 접수되었고, 절반 이상이 고쳐졌습니다. 그 사연이 모두 감동적이었어요. 그 사연들은 수리수리 협동조합-지금은 수리워크숍이 협동조합으로 발전했어요- 홈페이지에 쌓이고 있습니다.

수리수리 협동조합이 만들어진 과정도 재미있어요. 먼저 수리워크숍이 장인들에게 이 일이 너무 재밌는 일이었습니다. 왜냐면 그 전에는 고객과 실랑이를 많이 해야 했어요. 가격을 깎아 달라든지, 왜 수리기간이 이리 많이 걸리냐는 말을 상대해야 했지요. 그런데 수리워크숍을 해 보니까 그런 일이 사라졌습니다. 30대 후반의 여성이 마이마이 카세트를 가지고 왔어요. 20대 초반에 자기가 첫 월급 타서 큰마음 먹고 산 것이래요. 그래서 고장이 났더라도 못 버리고 있었던 것이지요. 이것을 수리해 달라고 왔는데 장인께서 보시니 이런 건 근처 중고가게에 가면 3만 원에 살 수 있다, 하지만 내가 고치면 5만 원 정도 든다고 했어요. 그래도 고칠 거냐고 물었는데 이 여성이 해달라 하는 것이지요. 일반적인 경제관념과는 다르잖아요. 3만 원이면 괜찮은 제품을 살 수 있는데 그걸 5만 원이나 주고 고치겠다니!

어쨌든 이걸 고쳤더니, 마이마이 앞면 액정이 켜지면서, "○○야~. 오늘도 힘내자" 하는 메시지가 뜹니다. 그분이 그 시절에 하루하루 스스로를 격려하려고 넣어둔 메시지가 뜨는 거에요. 그래서 장인에게 막 고맙다고 인사를 전하게 됩니다. 장인께서 생각하기엔 이상한 일이 일어난 거예요. 3만 원 주고 살 수 있는 것을, 5만 원 주고 고쳐 가면서 나한테 고마워하다니! 그 전에 경험해 보지 못했던 일이 생긴 것이지요. 수리수리 협동조합은 이렇게 자연스럽게 탄생했습니다. 기술자의 작업실에 가 보면 그 안에 온갖 세상을 다 꾸며 놨어요. 그 세상 밖으로 나올 이유가 별로 없어요. 이분들이 다른 장인들과 협동조합을 만드는 것은 세운상가가 생기고 처음이라고 말씀하세요. 수리수리 협동조합 홈페이지에는 사연이 계속 올라오고 있어요. 얼마 전에 EBS 방송에 나왔는데, 남해 어디 섬에서 텔레비전을 고쳐 달라고 사연이 들어왔어요. 흑백 텔레비전, 등대지기였던 아버지가 등대 안에서 보았다는 사연을 가지고 있는 흑백 텔레비전이에요. 그 텔레비전을 고쳐 주기도 했어요. 요즘은 가끔 홈페이지가 다운되기도 해요. 너무 잘돼서요. 수리 접수 맡기면 3개월은 기다려야 한다는 메시지가 뜨기도 합니다. 원래 기획은 고장난 제품을 고치려고 의뢰하는 사람과 고치는 장인의 이야기를 정리하려고 했어요. 지금은 반쪽짜리 아카이브가 됐지요. '제품'과 '의뢰자' 이야기만 아카이브 되고 있는 상태에요.

다시세운 세운상가

앞으로 세운상가 재생 활성화를 위해 필요한 협력기관이 입주할 예정입니다. SBA신직업연구소, 서울사회적경제지원센터의 소셜리빙랩이 들어옵니다. 청년 소셜벤처를 지원하는 사회적경제조직인 '씨즈'가 들어와서 자리잡을 수 있도록 공공공간을 지원하지요. 그리고 서울시립대학교가 세운상가 지하 보일러실을 개조해서 시티캠퍼스를 입주합니다. 세운상가 관리 회사와 협약을 하고, 공간 리모델링은 공공이 해서 공간의 사용은 시립대가 하도록 한 것이지요. 또 작가와 장인이 콜라보 프로젝트를 협업으로 할 수 있게 계속 중재하고 있습니다. 기업과 작가,

또는 장인이 콜라보 할 수 있도록 프로젝트를 조율하기도 하고요. 그리고 3층 보행 데크 길 위에 새롭게 들어선 컨테이너형 공간에는 세운전자박물관과 같은 공공시설을 두기도 합니다. 기술 분야의 청년벤처를 초대해 창업 활동을 할 수 있는 공간을 지원합니다.

전자박물관은 좀 작은데 아담하고 알차요. 세운상가 주변 업종을 분석한 산업지도를 만들어서 홈페이지에 게재하기도 하고요. 그리고 주민공모 사업으로 주민들 스스로 세운상가를 바꾸고 싶은 부분을 바꿔갈 수 있도록 예산 지원을 어느 정도 합니다. 세운상가 재생사업은 공공의 영역을 대상으로 합니다. 공공의 영역은 서울시 소유인 세운상가 3층 데크, 그리고 이와 접해 있는 세운상가 건물 외관 영역을 의미합니다. 세운상가는 민간 소유 부동산이지요. 그래서 민간 건물을 서울시가 직접 건드리거나 지원할 근거는 없어요. 그렇기 때문에 주민공모사업을 하는 겁니다. 주민들이 뜻을 모아 이렇게 바꾸고 싶다는 계획을 제안하면 서울시가 지원하겠다는 것입니다. 그렇게 한쪽으로는 건물 자체를 주민들 스스로 고쳐갈 수 있도록 했습니다.

세운상가에는 작가들도 꽤 많아요. 여기 입주해 있는 작가도 주민이잖아요. 제가 처음 들어간 2015년에는 15팀 정도였는데 꾸준히 늘어 30~40팀이 됐어요. 그리고 3년이 지난 지금은 헤아리지 못할 만큼 많은 작가들이 들락날락하는 곳이 되었어요. 그래서 작가들의 연합 행사인 '비둘기 오디오&비디오 페스티벌'도 지원하고요. 입주 사회적기업이 텃밭장터, 농산물장터를 열기도 합니다.

'세운상가는대학'의 첫 번째 프로젝트가 공공디자인학부였다면 두 번째는 관광학부였습니다. 청년들과 세운상가를 재미있게 여행하는 길을 발견하는 거예요. 5개의 스토리가 있는 길을 개발하고, 청년들 스스로 가이드가 돼서 참가자를 초대해 투어를 도와주는 것이 목적이었습니다. 지금 세운상가 홈페이지에는 '투어신청'이라는 메뉴가 있어요. 전문 해설사가 계신데, 이분이 청년들이 개발한 길을 쭉 보고 그 길을 중심으로 자신의 스토리를 덧붙여서 해설을 하고 다니십니다. 상가 투어 프로그램에 이어 서울문화재단이 주최하는 '상상력 발전소', '메이커스 페스티벌' 외에 각종 포럼까지 다양한 행사가 이어집니다.

공동체 소통과 소개 잡지인 《안녕하세운》을 발간해요. 소통과 공유를 위해 홈페이지와 SNS 운영은 기본이고, 상가 내부에 전단지를 돌리고 포스팅합니다. 아카이빙 책자도 발간하고요. 세운상가 주민 인터뷰북을 계속 내고 있습니다. 우리가 초기에 270명 인터뷰했는데 지금은 400명 정도 됩니다. 그 중에 몇몇 분은 더 집중 인터뷰를 해서 아카이빙 북을 내고 있습니다.

세운상가 인터뷰를 하면서 상가 주민들이 주로 20대 혹은 그 이전에 세운상가에 오셨다는 것을 알게 됐습니다. 여기서 배운 기술을 평생 먹고 사는 노동으로 삼으신 것입니다. 그래서 배움에 대한 마음이 다릅니다. "혹시 선생님, 이걸 청년이나 청소년한테 가르쳐 주면 안 돼요?"라고 여쭤봤어요. 그랬더니 "이런 기술을 누가 배워? 내 때만 하고 끝내야지." 이렇게 이야기를 하셨어요. 그래도 "혹시 배우려는 친구들 있으면 기술학교를 열어볼까요?"라고 했더니 "배운다는 사람이 있으면야 하지" 하십니다. 우리는 바로 '손끝기술학교'라는 이름으로 학생을 모집하고 12주차에 걸쳐서 운영을 했습니다. 청소년들은 장인분과 12주에 걸쳐 앰프도 만들고 3D프린터도 만드는 경험을 한 것입니다. 결과

발표회를 할 때 각자가 만든 앰프로 청음회를 했습니다. 손끝기술학교를 하면서 청소년들이 정말 재미있어 하는 거예요, 이런 일을. 그 이후에 로봇고등학교 청소년들도 와서 배웠는데 이 친구들이 여기 와서 납땜 같은 걸 해보면서 막 자지러져요. 학교에서 이런 걸 다뤄본 적이 없으니까요. 기본 원리를 몸으로 익힙니다. 회로도 그리는 것이나 칩 연결 등을 직접 경험하는 교실이니까요. 당연히 장인의 자존감 또한 굉장히 높아졌습니다.

기술자라고 하면 예전에는 땜쟁이, 공돌이라 부르고 비하하는 분위기였다는 말씀을 많이 하시거든요. 이런 기술은 우리 때 끝날 거라는 이야기를 했는데, 당신들이 하는 일에 굉장히 감동하고 좋아하는 어린 친구들이 생겨나니까 사기가 살고 생동감이 느껴집니다. 이런 커뮤니티 활동이 이어지는 동안에도 공사는 공사대로 진행이 됩니다. 옥상도 주민들이 공공공간으로 내놓으면서 완성이 됐고요.

2017년 9월 19일. 세운상가 재생 1단계 구간이 준공되었어요. 지금은 2단계가 진행되고 있는데 2단계는 우리 '○○은대학' 5소장님 체제로 진행이 되고 있어요. 수리수리 협동조합 홈페이지 들어가 보시면 감동적인 수리 사연이 아카이빙되고 있습니다. 우리가 인터뷰를 계속했다고 했잖아요. 인터뷰를 하면서 장인 인터뷰북을 냈어요. 그리고 그분들 중에 열여섯 분을 추천받아 서울시장 명의의 장인 인증을 전달하게 됩니다. '세운마이스터'라는 홈페이지가 있어요. 거기 가면 이분들의 인터뷰 영상이 있습니다.

장인들께서 인증식에서 선언문을 발표해요. 기술에 대한 사회적 책임, 후학에 대한 기술 전수, 기술의 적정 가격 서비스, 기술의 완성도에 대한 부단한 도전이 그 내용입니다. 장인들께서 직접 내용을 쓰고 서명하고 낭독하셨습니다.

3층 보행데크에 들어선 메이커스큐브에는 전자 의수 만드는 팀. 로봇 만드는 팀. 그리고 3D 프린트와 스마트 디바이스 만드는 팀. 드론 만드는 팀이 입주해 활동하고 있어요. 세운 메이커들입니다. 앞서 문화기술 분야 청년벤처 모집 공고를 했는데, 저는 진짜 별로 안 올 줄 알았어요. 과연 벤처창업자들에게 이곳이 메리트(상품의 가격을 결정하는 품위, 사용 가치, 경제 효과를 통틀어 이르는 말)가 있을까 싶었어요. 그런데 굉장히 많이 왔어요. 접수도 많이 하고. 그들에게 세운상가의 장점이 뭐냐 물었더니 부품 구하기가 매우 좋대요. 그리고 뭔가 기술적으로 어려움에 막혔을 때 도움을 받을 수 있는 장인들이 정말 많아서 좋답니다. 투자를 받으려면 강남에 있어야 할텐데, 시제품을 제대로 만드는 것이 중요해서 세운상가로 왔다고 합니다.

생각해보면 장인, 청년메이커, 그리고 예술가. 이렇게 세 축이 세운상가의 기술 생태계를 운영하고 있습니다. 거기에 부품상과 공구상이 뒷받침하고 있어요. 이들이 서로 협업할 수 있는 프로젝트를 많이 준비합니다. 그중에는 교육 분야 협업 프로젝트도 있는데, 꽤나 잘 운영이 됩니다. 지금은 서울 특성화고등학교와 연결되어 있고요. 조희연 교육감께서도 세운상가에 와서 이곳이야말로 창의교육, 기술교육의 메카라며 직업교육과 현장학습을 이곳으로 확대하라는 방침을 세워주셨습니다. 실제로 서울시의 초,중,고 학교마다 돌아가면서 단체로 세운상가를 찾아와 곳곳에서 기술을 배우고 있어요.

지금 세운상가의 주민력은 공공 협력에서 민간 주도로 넘어가는 단계까지 와 있고, 그게 공동체주도재생회사 형태로 나타나고 있습니다. 그리고 그동안 따로따로 만났던 여러 단위 조직이 2017년 9월 19일 이후에 비로소 한자리에 모여 발대식을 가졌습니다. 다시세운시민협의회라는 이름으로요. 공동체주도재생회사로 발전하는 데 있어서 주식회사 메이드인세운, MICE업을 주로 하는 세운관광마케팅, 교육 서비스업을 하는 다시세운캠퍼스협동조합, 공공자산 관리업을 하는 다시세운자산개발협동조합, 이런 형태로 하나하나 발전시켜 나갈 계획입니다. 문재인 대통령이나 조희연 교육감이 와서 메이커 교육이나 도심 제조산업 활성화를 강조하기도 했습니다. 그리고 얼마 전에 방영된 드라마에도 세운상가 메이커스큐브 입주팀에서 만든 로봇이 등장하기도 했어요.

지금까지 긍정적인 이야기만 했는데 실은 고민도 많고 문제도 많아요. 무엇보다도 세운상가 주변 구역이 문제인데요. 차츰 개발에 들어갈 계획이 세워져 있습니다. 만약 이 계획대로 진행된다면 지금의 기술 생태계는 깨져요. 부품상과 공구상, 정밀가공, 주물 등이 주위에 위치해 있는데, 이 구역이 개발되면 전체적인 생태계가 무너지거든요. 그때는 이분들이 이곳에 어떻게 재정착하게 할지 고민이에요. 누군가는 속도가 아니라 방향이라고 했지만, 결국 이곳에 계신 분들 스스로 준비할 수 있는, 그리고 재정착할 수 있는 환경을 만들 수 있는 정도의 속도가 중요하지 않을까요.

6강

구술사란 무엇인가

한국학중앙연구원
윤충로

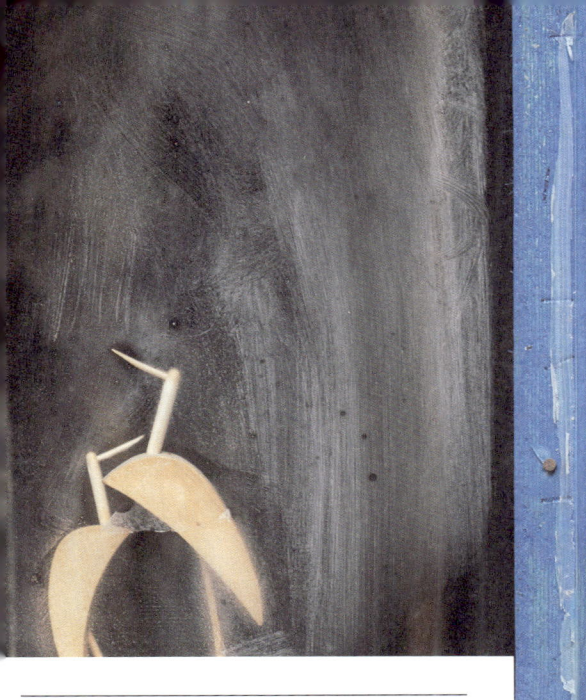

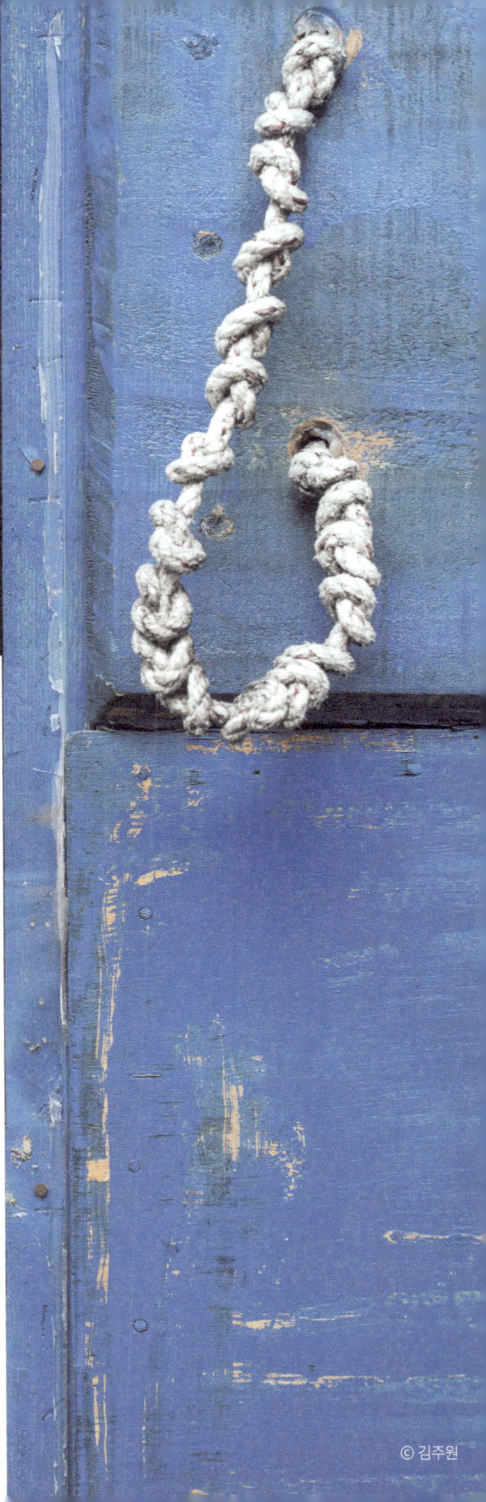

© 김주원

1993년 즈음 창고에 넣어 둔 오디오를 살리려고
얼마 전에 세운상가에 들고 갔어요.
골동품점처럼 보이는 가게의 주인은
1969년부터 세운상가에서 일했다고 합니다.
옛날식 스피커, 턴테이블, 고풍스러운 진공관 앰프가
가게 안에 쭉 깔려 있었어요.
아이들을 데리고 다시 그곳에 갔어요. 아이들도 보라고요.
조그만 스피커에서도 좋은 음질의 소리를 듣는 아이들은
큰 스피커, 그것도 전선을 여러 개 연결해야 되는
이런 스피커를 본 적이 없거든요.

6강

구술사란 무엇인가

'큰 역사' 뒤에 개인의 역사

　오늘 이야기할 것은 바로 오래된 오디오에 얽힌 옛 기억을 아이들에게 어떻게 들려줄 수 있을까, 하는 그런 것이에요. 사람들이 자기의 경험과 기억을 통해서 누군가한테 말하고 싶은 것을 우리가 어떻게 전할 것인가. 이 강의가 구술사 강의인데요, 혹시 구술사라는 말 들어보신 분 계세요? 이번 강의는 구술사가 어떤 건지 구술사의 개념을 중심으로 말씀드리겠습니다.

　요즘 구술적 문헌이 각광받고 있습니다. 사람들의 개인적인 이야기를 기록해 출판을 하기도 하고 웹사이트에 올리기도 합니다. 그런 예가 많습니다. 그중에 유명한 것이 노벨문학상을 받은 스베틀라나 알렉시예비치의 작품 《전쟁은 여자의 얼굴을 하지 않았다》입니다. 이 책은 구소련 시기에 쓰였습니다. 작가는 사람들을 만나서 인터뷰를 하고 목소리를 기록했습니다. 이 책은 2차 세계 대전에 대한 기록입니다. 사람들은 2차 세계 대전을 어떻게 경험했을까요? 우리가 알고 있는 역사는 주로 '큰 역사'와 '큰 이야기'입니다. 예를 들어 외교적으로 어떤 사건이 일어났기 때문에 전쟁이 일어났다, 혹은 1차 세계 대전의 결과로 정치·경제학적 측면에서 독일에 대한 압박이 있었고 그 때문에 전쟁이 일어났다, 이런 큰 이야기로 2차 세계 대전을 배우게 됩니다. 그렇지만 이 작가의 관심은 사람들의 목소리를 통해서 기억되는 전쟁 이야기를 기록하는 것이었습니다.

2차 세계 대전은 영국, 프랑스, 미국 등 연합군과 독일, 이탈리아, 일본 주축국 간의 전쟁으로 알려져 있습니다. 소련은 2차 세계 대전을 소련과 독일의 전쟁이라고 이야기합니다. 스탈린과 히틀러의 전쟁이라고도 합니다(리처드 오버리, 류한수 옮김, 《스탈린과 히틀러의 전쟁》, 지식의풍경, 2003). 왜냐하면 2차 세계 대전 당시에 소련인이 겪은 피해 때문입니다. 1991년 고르바초프(Mihail Gorbachev)는 2차 세계 대전 당시 소련인의 희생을 2천만 정도로 추산합니다. 정확히는 세질 못합니다. 해방 당시 우리 조선 인구를 3천만 명이라고 보면 인구의 2/3가 전쟁터에서 사라져 버린 겁니다. 〈스탈린그라드〉라든가, 〈에너미 엣 더 게이트〉처럼 소련의 전투를 소재로 한 많은 영화들이 만들어집니다. 저격수들의 싸움이 나오는데 재밌습니다. 독일 저격수와 러시아 저격수가 싸우는 이야기인데, 여기서는 싸움이 아니라 싸움의 배경을 이야기하고 싶습니다. 싸움의 배경은 처참합니다. 총도 없이 전선으로 내몰리는 병사들을 보면 소련인에게 2차 세계 대전이 어떤 것이었는지 다시 한 번 생각하게 됩니다.

영웅 신화가 아닌 다채롭고 풍부한 기억

《전쟁은 여자의 얼굴을 하지 않았다》는 여성들이 왜 전쟁에 나갔는지, 그들이 이야기하는 전쟁은 어떤 것인지 말합니다. 이것은 국가가 말하는 전쟁과는 다릅니다. 대부분의 국가들은 영웅주의 사관에 입각해서 전쟁을 이야기합니다. 예를 들어 용감한 군인들, 국가를 위해 목숨 바친 사람들, 이런 부분에 초점을 맞춥니다. 그런데 그 영웅주의 담론은 전쟁의 많은 이야기를 덮습니다. 여기서 사람들의 이야기가 사라집니다. 국가는 애국주의, 충성 등을 강조하는데 전쟁터에서 정말 전투를 치르고 돌아온 사람들과 인터뷰를 해보면 대부분의 사람들은 그런 말을 하지 않습니다. 국가? 전쟁터에서 국가가 어디 있어요? 국가는 생각이 안 날 겁니다. 살아남아야 되고, 집에 돌아가야 하기 때문에 그야말로 살아남기 위한 전투를 치릅니다. 〈알 포인트〉라는 한국 영화가 있습니다. 베트남전쟁을 소재로 한 공포 영화입니다. 거기에 보면 한 병사가 돈을 벌어서 엄마한테 소를 사 드리려고 베트남에 왔다고 말합니다. 반공도, 자유민주주의 수호도 아닙니다. 어머니께 드릴 소 한 마리가 소중한 것이지요.

전쟁에 대해 우리가 추상적으로 생각했던 것은 사람들의 구체적인 이야기 속으로 들어가면 힘을 잃습니다. 국가의 공식 기록은 아주 견고해 보입니다. 그건 우리가 깨고 들어가려 해도 잘 깨지지 않습니다. 그런데 실제로 그 견고한 기록을 깬다면, 일종의 퍼포먼스를 통해 깰 수 있다면, 그 아래는 영웅 신화로 구성되지 않는 사람들의 다채롭고 풍부한 기억이 담길 것이라 생각합니다.

《전쟁은 여자의 얼굴을 하지 않았다》에서 이야기하는 내용이 바로 그런 것입니다. 실제로 전투를 치렀던 많은 사람들과 그 상황을 겪은 개개인의 이야기를 전합니다. 전장에 들어가기 전에는 국가를 위해서, 지금 침탈당하고 있는 조국을 수호하기 위해서 여성들이 전장으로 가야 한다고 합니다. 그런데 막상 들어가 본 전투 현장은 너무나 달랐던 것이지요. 생각해 보세요. 전장에서 여성의 몸으로 먹고, 입고, 배설하는 모든 활동이 예상과는 너무 달랐을 겁니다. 사람들은 머릿속에서 영웅의 전투 풍경을 그리지만 실제로는 전투보다 전장에서 견뎌야 하는 시간이 더 많습니다. 먹어야 되고, 배설해야 되고, 자야 되고, 그야말로 기본적이고 생리적인 것이 사람들을 괴롭힙니다. 사람들은 그런 기억과 경험을 이 작가에게 이야기합니다. 1983년, 이 책은 집필이 끝났지만 2년 동안 출판되지 못했습니다. 왜? 국가를 중심으로 한 기억이 아니기 때문입니다. 그리고 영웅답지 않은 이런 기억을 어떻게 밖으로 내보낼 수 있는가? 말이 안 된다, 우리의 전쟁 영웅들이 그랬을 리 없다며 막아 버립니다. 이후 이 책은 1985년에서야 벨라루스와 러시아에서 출간될 수 있었습니다.

구술사의 특징

《전쟁은 여자의 얼굴을 하지 않았다》의 몇 구절을 말씀드리겠습니다. 저는 이게 구술사의 특징을 잘 보여주고 있다고 생각합니다. 보통 이야기를 하는 사람이 구술자이고, 질문하는 사람이 면담자입니다.

> 대화에 참여하는 사람은 적어도 세 사람이다. 지금 내 앞에서 이야기하는 사람, 지금 내 앞에서 이야기하고 있지만 사실은 그때 그 시절로 돌아가 있는 사람, 그리고 나.

대화에 참여하는 사람은 세 사람이다. 이게 실제 사람 수를 말하는 게 아닙니다. 지금 내 앞에서 이야기하고 있는 사람인 구술자 한 사람, 과거로 돌아가 기억을 불러오느라 그 기억 속에 있는 사람이 또 한 사람, 물론 이것도 구술자입니다. 그리고 나. 이 세 사람이 인터뷰 현장에 있는 겁니다.

> 역사는 거리에 있다. 군중 속에. 나는 우리 한 사람 한 사람이 역사의 조각들을 가지고 있다고 믿는다. 어떤 한 사람은 반 페이지만큼의 역사를, 또 어떤 사람은 두세 페이지만큼의 역사를.

역사의 현장에 적극적으로 함께했던 사람은 말할 것도 없고, 아웃사이더로 혹은 완전히 방관자로 있었던 사람이라도 역사 현장을 스쳐서라도 지나가게 되어 있어요. 저는 사람들을 만날 때마다 이 이야기가 정말 맞다는 생각을 많이 합니다. 예를 들어서 박근혜 전 대통령 탄핵 촛불집회를 할 때 그 현장에 열정적으로 참여하는 사람이 있었습니다. 또 그것과 상관없이 자기 일상을 살아가는 사람도 있었습니다. 그런데 일상을 살아가는 사람도 TV에 나오는 관련 뉴스까지 피해갈 수는 없습니다. 인터넷 검색 포털에 올라와 있는 뉴스 기사 제목까지 모두 안 보기는 어려워요. 어떻게든 사람들은 자신이 살았던 시간과 엮이게 되어 있습니다. 우리가 사람들의 이야기를 듣는 것은 그들 기억 속에 간직된 역사의 한 페이지, 두 페이지를 나의 것으로 가져오는 행위입니다. 그것을 기록으로 남기고 사람들과 공유해야 그 시대의 기록, 그 세대의 기록을 만들 수 있습니다.

베트남전쟁에 참전했던 분을 인터뷰한 적이 있습니다. 부모님에 대한 기억과 학창시절 이야기를 하시면서 고등학교 때 경험한 4.19 혁명을 떠올리셨어요. 그때 부산에 있었는데 시위에 나가셨답니다. 이분은 거기에서 평생 잊지 못할 기억을 갖게 됩니다. 경찰이 발포를 했는데 자기 바로 앞에서 여학생이 가슴에 총을 맞았대요. 총소리가 났고 어느 순간 앞에 있던 여학생의 가슴이 빨갛게 젖어 갔다고 해요. 바로 자기 앞에서 총에 맞은 한 사람이 죽어 가는 상황인 것이지요. 그런데 자기는 여학생에게 아무것도 해줄 수 없었다고 합니다. 너무 무서우니까. 지금 당장 총알이 막 날아오고, 사람도 쓰러지고 하니까 그 여학생을 업고 뛰거나 이럴 수 없었다는 거예요. 그래서 그냥 도망갈 수밖에 없었다고 당시 상황을 말씀하셨어요. 그분은 정치적 활동을 하거나 시민 운동에 참여하진 않았습니다. 직업군인으로 살았고 그러다가 월남전 참전하고 돌아와 자기 사업을 하셨어요. 그런데 그분 기억 한편에 있는 4.19는 핏빛으로 기억됩니다. 이처럼 사람들이 기억하는 한 장 한 장의 기억을 모으면 그 시대가 어땠는지 알 수 있지 않을까요? 그리고 많은 사람들이 같은 사건을 다른 장소에서 자기 시선으로 바라봤던 것을 듣고 이해하면 그 사건이 어떤 모습으로 벌어졌는지 좀 더 입체적으로 이해하고 다가갈 수 있을 것입니다.

> 우리는 현재로부터 과거를 바라본다.
> 현재를 벗어나서는 아무것도 볼 수 없다.

사람들은 옛날을 말할 때 그대로 말하지 않습니다. 누군가를 만나 자신의 과거를 이야기할 때 실제로 아주 많은 부분을 편집해 이야기합니다. 현재 나의 상태에 따라서 편집됩니다. 현재 상태가 변하면 그에 따라 이야기도 바뀝니다. 사람들의 기억은 USB 같은 저장 매체에 있는 것처럼 딱 눌러서 언제나 똑같이 나오는 게 아닙니다. 만약에 어떤 분이 저를 만나 자신의 과거 이야기를 할 경우, 혹은 다른 사람하고 만나서 이야기를 할 경우, 때와 장소, 만난 사람과 분위기에 따라서 이야기가 달라질 수 있습니다. 때로는 조금, 때로는 많이. 그것은 화자가 거짓말쟁이라서 그런 게 아닙니다. 말이라는 건 그런 거예요. 그렇다고 해서 그 사람이 진정성이 없는 것은 아닙니다. 사람들의 기억과 말은 그때그때 분위기에 따라 조금씩 달라질 수 있어요. 어떻게 보면 바로 그 점이 구술사의 중요한 매력이기도 합니다.

　사람들은 내가 현재 처한 입장과 상황에서 이야기합니다. 만약에 내가 지금 편한 생활을 하고, 한창 잘나가요. 그런데 어릴 때는 어려웠어요. 뭐라고 이야기하겠습니까? "난 그런 어려움을 극복하고 이 자리에 왔어"라고 이야기를 할 것입니다. 만약 이 사람이 '된 사람'이면 좀 더 성찰적으로 얘기할 수 있습니다. "내가 예전엔 어려웠어. 그래서 실수 많이 했어. 잘못도 많이 했고." 자기를 자랑하는 게 아니라 부끄러운 모습을 반추하고 반성하며 겸허해지는 것이 성찰적 인간이거든요. 성찰을 통해서 과거보다 나은 자신으로 옮겨갈 수 있습니다.

　그런데 만약 내가 지금 상황이 안 좋고, 옛날에도 안 좋았다면 어떨까요? "옛날엔 그래도 지금보다 조금 나았어"라고 할 수 있겠지요. 지금의 자기가 보잘 것 없다면 과거를 포장해서라도 좀 더 좋게 보이고 싶은 생각이 작용할 수 있습니다. '현재'가 그래서 굉장히 중요합니다. 현재 입장에서 과거를 바라보게 됩니다. 시간이 가고, 세월이 흐르면 개인적인 담론은 물론 사회적인 담론도 바뀝니다.

시간, 그 또한 우리의 고향이다

자기의 기억, 아니면 자기 삶 속에서 회귀하고 정초하는 그런 시간대, 그런 때를 '시간의 고향'이라고 얘기를 합니다. 시간의 고향은 독일 작가 제발트(Winfried Georg Sebald)의 이야기입니다. 이건 사람들이 자신의 기억, 혹은 스스로를 규정짓는 어떤 시간대를 말합니다. 역사가인 홉스봄(Eric Hobsbawm)은 '기억의 여명'이라는 표현을 합니다. 좀 다른 개념이긴 한데요. 기억에도 그런 시기가 있다는 거예요. 아주 어릴 때의 나의 어렴풋한 기억, 내가 만들어지는 어떤 시기를 기억의 여명이라고 해요. 여러분들한테도 그런 시간이 있을 겁니다.

여러분 드라마 응팔 아시지요? 드라마 〈응답하라 1988〉에 나오는 쌍문동은 실제로 존재하지만 이제는 존재하지 않는 곳이잖아요. 제가 쌍문동 근처에 살아서 그 동네를 알아요. 중요한 것은 그 공간이 아닙니다. 그 아이들 기억 속의 쌍문동이 그들에게 '시간의 고향'이라고 할 수 있습니다. 그들 삶에서 스스로의 가치를 부여하는 원초적 공간, 돌아가고 싶은 시간, 나의 무언가가 만들어졌다고 생각되는 시간. 그 시간에 대해서 우리는 어떻게 기억하고 이야기할까? 개인의 관점에서 이렇게 얘기하지만 이를 좀 더 확장시키면 어떨까요. 만약 이것을 우리 한국 현대사에 적용한다면, 지금의 한국을 형성한 중요한 시기, 사람들이 자주 회귀하는 시기를 묻는다면 언제라고 답할까요? 물론 다 다를 것입니다. 그 가운데 연령이 40~50대 이상인 많은 사람들이 1960년대를 이야기할 것입니다. 왜 사람들은 1960년대를 한국이 그야말로 발전한 시기라고 말할까요? 변화의 속도를 체감하기 시작했다고 해야 할까요. 많은 사람들이 그 시기를 그렇게 기억하고 이야기합니다. 그래서 사람들이 박정희 시절을 향수하는 것일지도 모릅니다.

미국 구술사 발전의 사례

구술사의 개념에 대해 몇 가지 말씀드릴게요. 구술사는 '이제까지는 이용되지 않았지만, 보존할 가치가 있는 구술을 기록해서 생기는 1차 자료(Louis Starr)'입니다. 미국에서 구술사가 발전하면서 초기에 수집하고 보존하려고 했던 것은 어떤 기록이었을까요? 누구의 목소리였을까요? 미국에서는 1920~30년대에 구술 자료 수집이 크게 진전됩니다. 왜 그랬을까요? 그 이유가 뭘까요? 바로 경제대공황 때문입니다. 미국에서 실업을 타개하기 위한 한 방책으로 '연방 작가 프로젝트(Federal Writers Project)'를 만들어서 구술 자료 생산에 많은 사람을 투입합니다. 처음에 많이 수집한 것은 인디언과 노예의 이야기였습니다. 노예였던 사람들의 생애사 자료가 수집됐어요. 노예 이야기 중 유명한 것이 알렉스 헤일리(Alex Halely)의 《뿌리》라는 작품입니다. 예전에 한국에서도 드라마를 방영한 적이 있어요. 그 작품의 모티브가 외할머니에게서 들은 가족사 이야기입니다.

미국은 구술을 굉장히 많이 활용하고, 구술 자료의 생산도 활발합니다. 예를 들어 2001년 발생한 911테러가 있습니다. 911테러로 붕괴된 세계무역센터를 그라운드 제로(Ground Zero)라고 부릅니다. 대재앙의 현장이지요. 엄청난 사건이었잖아요. 사건 이후 인터뷰를 진행했습니다. 생존자와 주변에서 목격했던 사람, 자원봉사자, 유가족, 소방대원, 경찰 등 관련된 여러 사람의 목소리를 기록했습니다. 역사적 현장을 기억하는 사람들의 이야기가 그렇게 기록으로 남습니다. 미국 사람들은 인터뷰에 인색하지 않고, 그게 굉장히 자연스러운 과정입니다. 그래서 대학 같은 곳에서 공고를 내고, 구술을 요청하면 많은 사람들이 와서 참여합니다. 한국은 이런 일에 인색해요. 말을 잘 안 하려고 합니다. 한국은 뭐랄까? 닫혀 있는 모습입니다. 말이라는 게 다양한 폭을 가지고 있습니다. 뭐랄까요? 음역대가 다르다고 해야 할까요? 어떤 말은 쉽게 쉽게 던지는데 어떤 말은 마지막까지 못하는 경우가 있습니다. 사실 한국의 역사와 관련된 어떤 이야기는 지금도 꺼내지 못하는 것들이 굉장히 많이 있습니다. 이건 뒤에 설명 드릴게요.

피지배층의 목소리를 기록하는 영국,
맥락을 중시하는 이탈리아

영국에서는 구술사라고 하면 피지배 계층, 피지배 계급의 목소리를 기록하는 것을 주로 말합니다. 영국은 그런 연구가 많은 편입니다. 한 예로 폴 윌리스(Paul Willis)의 《학교와 계급 재생산》이라는 책이 있습니다. 12명의 아이를 인터뷰해 '왜 노동자의 자식은 노동자가 되는 것을 자연스럽게 받아들이느냐'를 담고 있습니다. 폴 윌리스는 그 아이들의 학교생활을 깊이 있게 살펴봅니다. 노동자 계급의 아이들은 스스로 '싸나이'라고 부르고 반학교 문화를 만들며 소위 '범생이'를 자기들과 구별합니다. 그렇게 생활하다 보면 자연스럽게 그 아이들은 다시 노동자 계급이 됩니다. 그 아이들에게 그런 삶은 이상하지 않아요. 부모의 삶이 아이들에게 자연스럽게 내려가는 거예요. 폴 윌리스는 현장에 들어가서 인터뷰하고 그것을 지켜보면서 책을 쓴 것입니다.

영국도 그렇지만 나라마다 구술사에 접근하는 방식에 차이가 있습니다. 미국은 역사적 기록, 구술의 기록으로써 가치를 강조합니다. 그래서 미국은 기록학, 구술 자료 아카이브가 발달합니다. 이탈리아 같은 경우는 그렇지 않습니다. 이탈리아는 기록 자체에 그렇게 방점을 찍지 않습니다. 이탈리아의 학자들이 관심을 가졌던 것은 사람들 이야기의 맥락과 서사구조, 방식 등입니다. 예를 들어 어떤 사람이 오늘은 이렇게 말했는데 다음 날은 다르게 이야기했어요. 그러면 이거 거짓말이야, 하고 버려야 할까요? 아닙니다. 어? 재밌네. 이 사람 왜 이렇게 얘기하지? 왜 지난번에는 그렇게 말하고 오늘은 이렇게 이야기했을까? 그 이유가 뭘까? 이탈리아의 학자들은 그 이야기의 맥락을 따라가려고 합니다. 그 이야기를 그렇게 하는 배경이 무엇일까 생각해요. 화자의 내러티브가 가지는 특성에 대해 관심을 갖습니다.

주민들의 이야기가 마을의 역사

구술의 정의 가운데 '구술자 또는 화자가 연구자 또는 해석자 앞에서 자신의 과거 경험을 기억을 통해 현재로 불러오는 작업으로 얻은 자료'라는 것이 있습니다. 이것은 구술 현장의 특성을 잘 보여줍니다. 구술사가 무엇이라고 정의하여 말할 줄은 몰라도 구술사에 조금이라도 관심이 있는 사람이 이 말을 들으면 "그래, 그거야"라고 이야기할 거예요. 구술사를 역사의 관점에서 보면 '과거의 경험을 기억을 통해서 현재로 불러와서 구술자와 역사가가 대화를 통해 쓴 역사'라는 정의도 가능합니다. 제가 했던 작업을 하나 말씀드릴게요. 여기가 수원이니까 매향리, 예전에 미군 폭격 훈련장이 있었던 매향리의 마을사를 썼습니다. 여러분 생각해 보세요. 마을은요, 마을 단위로 내려가면 역사적 기록이 거의 남아 있지 않습니다. 면, 리 단위도 아니고 밑의 자연부락 단위로 가면 동네 지명을 마을 사람들만 알지, 밖에서는 그런 곳에 그런 이름이 있는지조차 모르는 경우가 태반입니다. 리 단위면 그래도 큰 편일 수 있는데 그래도 기록이 거의 없어요. 이게 아주 특이한 지역이 아니면 리 단위의 기록이라는 건 존재하지 않습니다. 화성의 기록, 당연히 있습니다. 그런데 화성 내에 있는 리까지 내려가면 이와 관련된 기록은 많지 않아요. 역사로 쓸 수 있는 기록은 없다고 보시면 됩니다. 그런데 그 역사를 써야 한다면 어떻게 할까요?

매향리는 특이한 지역이기 때문에 현대사로 오면 미군과 투쟁한 기록들이 많습니다. 하지만 평범한 마을의 경우에는 공적인 기록이나 매체 기록이 드물어요. 그럼 그런 마을들은 어떻게 역사를 쓸까요? 매향리 조사를 하면서 매향리만이 아니라 주변 여러 마을을 조사했습니다. 그 마을 중 석천리라는 마을이 있어요. 조사를 시작하면서 연구진이 가장 먼저 생각한 것은 이 마을을 개척했던 사람, 이 마을에 처음 들어온 사람을 찾자는 것이었습니다.

석천리 마을은 한국전쟁 때 월남한 사람들이 만들었어요. 1950년대 말쯤 만들어진 마을입니다. 당연히 기록이 거의 없지요. 처음 마을에 정착한 그분들의 이야기, 그분들의 기록을 갖고 와야 합니다. 공식 기록이 없기 때문에 주민들의 이야기를 통해서 기록을 만드는 것입니다. 이렇게 이야기하면 아, 그게 구술사야? 그럼, 재밌겠는데? 그런 활동이라면 의미가 있겠다고 생각하시는 분들이 매우 많습니다. 실제로 우리가 알고 싶지만 기록이 별로 없는 것들이 많습니다. 그런데 그게 동시대 사람의 일이라면 어떻습니까? 사람들의 기억을 통해서 이것을 불러올 수 있습니다.

구전, 구술 증언, 구술생애사

구술 자료에는 여러 종류가 있습니다. 옛날에 글이 없을 때 사람들은 구전을 통해서 그들의 기억과 역사를 전했습니다. 서아프리카의 음유시인 그리오(Griot)는 구전으로 기록을 전하는 사람이었어요. 대대로 자기들의 역사를 기억에 담아 노래로 불렀습니다. 구전은 기록이 없는 사람들이 자기 기록을 남기는 방식입니다. 그 다음은 '구술 증언'입니다. 제가 앞서 말씀드린 4.19에 대한 이야기 같은 것이 구술 증언입니다. 그럼 지금 한번 생각해 보세요. 5.18의 경우, 지금 여기에 연배가 있으신 분들에게 5.18에 대해서 "그때 어땠어요?"라고 여쭤볼 수 있잖아요. 직접적 피해를 입었거나 트라우마가 있는 경우가 아닌, 밖에서 5.18을 본 사람이라면 최소한 50살은 넘어야 합니다.

1980년에 저는 중학교 1학년이었습니다. 기억이 납니다. 그 분위기가 어땠는지. 5.18은 전혀 몰랐지만, 그 사회 상황이 어땠는지에 대한 기억이 있어요. 뒤숭숭했고, 뭐 큰일이 난 것 같았습니다. 물론 이미지는 정확한 게 아니에요. 사람의 기억은 과거의 기억과 이후의 기억이 중첩되기 때문에 내가 그때 그걸 본 건지, 이후에 알게 된 것을 중첩해서 기억하는지 혼란스럽습니다. 어쨌든 그렇게 떠오르는 분위기라든가 그런 것이 기억의 한편에 자리하고 있습니다.

제가 면담자로 인터뷰를 할 때 1940년 전후에 태어난 분을 만나면, 해방될 때의 기억을 이야기해 주시는 분이 있어요. 1940년 이전 생들은 해방될 때 어땠다고 말씀하세요. 1940년 초반 태생이신 분들도 한국전쟁은 다 기억하시거든요. 전쟁에 대한 기억, 굉장히 중요한 사건이었기 때문에 그 시기에 대한 기억이 남아서 나옵니다. 구술 증언을 통해 우리는 특정 사건을 좀 더 자세하게 이해할 수 있습니다.

이번엔 구술생애사에 대해 이야기해 볼까요? 제가 친구 아버지를 통해 구술생애사를 들은 적이 있습니다. 본격적인 구술 면담이라기보다는 가서 판만 열어줬어요. 가족이 가족의 이야기를 듣는 것은 특히 어렵습니다. 왜냐하면 부모님들은 엄마, 아빠라는 정형화된 존재로 있기 때문입니다. 엄마는 이런 사람, 아빠는 이런 사람이라고 이미 굳어져 있어요. 엄마 혹은 아빠가 어떻게 살았는지, 그가 가진 꿈은 무엇이고, 지금의 희망 혹은 욕망이 무엇인지, 오히려 가족은 그런 것에 관심을 갖지 않습니다. 부모님도 청소년기가 있었고, 꿈이 있었습니다. 당연한 거 아니겠어요? 연애도 했을 거고요. 그때 기억은 어때? 결혼하고 나서 제일 좋았던 때는 언제야? 힘든 순간은 언제야? 이런 질문을 던지면 대답할 기억이 다 있잖아요. 그런데 그 기억이 부모라는 틀에 박제되어 있습니다. 거기에 생명을 불어 넣으려면 이야기를 들어주어야 합니다.

이야기를 통해서 사람들은 과거로 돌아가고, 과거에서 자기를 다시 불러오고, 지금 내가 여기 있는데 이 존재가 어떤 건가에 대해서 다시 스스로 반추하는 기회를 가질 수 있게 됩니다. 이런 기회를 함께 만들어 간다는 점에서 구술사는 굉장히 매력적입니다.

구술생애사는 한 사람이 태어나서 지금까지 살아온 이야기 전체를 듣는 것입니다. 그래서 대부분 기본 다섯 시간 이상은 들으라고 합니다. 제가 인터뷰하는 분들은 대부분 다 60세 이상이세요. 제일 연배가 높은 분이 90세였어요. 그런데 참 정정하고 기억력도 좋으십니다. 나이가 많다고 해서 모두 기억력이 떨어지는 것은 아닙니다. 이야기는 화자가 자기 삶을 구성하는 방식을 볼 기회가 됩니다. 다섯 시간도 사실 그렇게 긴 것은 아닙니다. 제가 가장 긴 시간 인터뷰를 했을 때는 열다섯 시간 정도 했던 것 같아요. 전문가가 아닌 그냥 보통 사람들이 열다섯 시간을 이야기하기 쉽지 않습니다. 전문가 인터뷰는 주제가 있고 굉장히 세부적입니다.

예를 들어서 장관 출신 구술자의 생애사 인터뷰를 한다면 그의 생애뿐만 아니라 그가 장관 업무를 맡으며 수행했던 특정 시기의 정책들까지 면담 내용에 포함됩니다. 만약 경부고속도로면 경부고속도로는 어떻게 기획했지요? 기획 과정에서 중요 사항들이 뭐였습니까? 반대가 있었는데 그것은 어떻게 넘어갔지요? 하나하나 굉장히 자세하게 들어갈 수 있습니다. 그것만 갖고도 두세 시간이 돼요. 그런 분은 열다섯 시간보다 더 길어질 수도 있지요. 그런데 보통 사람들이 자기 삶을 이야기할 때 자신의 삶 이야기로 열다섯 시간을 채우기는 쉽지 않습니다.

구술자들은 종종 "고생이란 건요, 말로 못해요." 이런 말씀을 하십니다. 그렇잖아요. 내가 고생한 걸 어떻게 말로 다 해요? 전달이 안 돼요, 그거는. "아팠단 말이에요.", "많이 아팠어요.", "아팠어." 더 이상 어떻게 표현하기가 힘듭니다. 아팠어를 수십 개 붙여도 이야기하는 시간은 1분이 안 가요. 그렇잖아요? 그런데 그 아픔은, 개인의 그 아픔은 그 한 순간의 아픔이었다 하더라도 평생 간단 말이에요. 그 아픔이라는 게, 말로 될 수 있는 게 아닙니다. 그 차이가 있습니다. 말로 시간을 채울 수 있는 것이 있는 반면에 말로썬 도저히 채울 수 없는 것이 있습니다. 말로는 채울 수 없는 여백이 있고, 여백은 여백대로 놔둬야 됩니다. 그렇잖아요. 그 아픔을 어떻게 다 말로 설명합니까? 말로 안 되는 것이에요. 삶이란 게 그렇습니다. 예를 들어서 원폭 피해를 받으신 분에 대한 자료를 보면 그분들이 원폭 당시 피해를 묘사하는 데 30분도 안 걸립니다. 히로시마와 나가사키에 있었던 분들의 당시 원폭, 피폭의 기억은 무척 어린시절의 기억입니다. 그런데 그것 때문에 그분은 평생을 정말 힘들게 사셨다고 합니다. 2세대는 어떻습니까? 아이를 낳았는데 그 아이에게도 고통이 대물림됩니다. 그 고통을 어떻게 이야기할까요?

사회적 고통, 트라우마와 같은 주제 인터뷰를 할 때 면담자들이 실수하는 경우가 있습니다. 피해자들이 고통을 이야기할 줄 알고 그걸 들으러 갑니다. "힘드셨어요?"라고 물으러, 힘든 걸 들으러 갑니다. 실제로 그런 분들은 힘든 이야기를 안 하는 경우가 많습니다. 물론 저의 특정한 경험일 수 있지만, 매향리 분들이 그랬습니다. 저는 구술 면담을 통해 미군 폭격 훈련장의 소음 피해 등 50여 년의 고통을 들을 줄 알았어요. 그런데 오히려 그 이야기는 많은 시간을 차지하지 않았습니다. 왜? 그들에게 고통은 언제나 거기 있는 상수였기 때문입니다. 그들의 삶에 그 고통은 그냥 있는 것이라서, 내가(면담자) 보고 싶은 고통이 아니라 삶의 다른 고통을 이야기합니다. 기대했던 것과 다른 이야기가 배치됩니다. 기대에 미치지 못할 때 면담자들은 의아해 할 수 있어요. 그렇지만 그건 면담자의 욕심이지요. 이야기를 듣다 보면 배우는 게 굉장히 많습니다. 내가 자료를 통해 알고 있는 특정 집단의 이미지를 통해 그들을 바라봤는데 만나봤더니 전혀 다른, 그야말로 '그 사람'의 얼굴이 보입니다.

구술 자료의 주관성과 개인성

구술 자료는 주관적이고 개인적이기 때문에 역사적 자료로는 적합하지 않다고 배척당했습니다. 구술사는 아직도 소위 말하는 주류 역사학에서는 주변부에 있습니다. 그 이유는 구술 자료의 주관성과 개인성 때문입니다. 그게 객관적이야? 누구나 다 그렇게 얘기해? 한 사람이 얘기한 거잖아? 딴 사람이 얘기하면 다르게 얘기할 거 아니야? 그걸 어떻게 역사적 자료로 쓰지? 이런 이의제기를 할 수 있습니다. 그런데 생각해보면 한 개인은요, 이 사람 혼자 살아온 게 아닙니다. 개인은 사회 속의 일원으로 살아왔습니다. 개인의 독특성은 사회적인 보편성을 바탕에 깔고 있는 거예요. 한 사람은 개인의 특수성이 있지만, 그 사회의 특성을 함께 가지고 있습니다. 예를 들어서 학생이 같은 학생을 감금하고, 집단 폭행하는 것과 같은 폭력적인 사건이 벌어졌을 때, 사람들이 경악합니다. "어떻게 그런 일이 벌어지지?" 어떻게 애들이 저럴 수 있냐고 얘기를 하지만, 다른 한편에서는 그게 우리 사회다, 우리 사회의 단면이 그 사건에 투영되어 있다고 말하기도 합니다. 이런 생각도 합니다. 아이들의 개별적 일탈처럼 보이지만 이게 한국 사회의 어떤 문제점을 압축적으로 보여주고 있다고 봅니다.

이탈리아의 폴텔리는 "구술 자료는 단순히 사람들이 했던 것만이 아니라, 그들이 하길 원했던 것, 그들이 하고 있다고 믿었던 것, 그리고 그들이 했다고 지금 생각하는 것도 말해준다"고 했습니다. 이건 구술사가 보여줄 수 있는 또 다른 세계입니다. 사실뿐만 아니라 사람들이 원했던 것, 믿는 것을 드러내 준다는 것이지요. "개인의 삶은 바로 그 개인이 있는 특수한 역사적 상황 속에서 이루어지고 있기 때문에 개인의 삶은 단순히 개인적인 것이 아니라, 정치적이며 또한 역사적인 것이 된다"라는 말이 있습니다.

광주 트라우마센터의 강용주 선생님은 고3 때 1980년 광주항쟁에 참여해 27일까지 도청에서 총을 들고 계엄군과 맞섰습니다. 1982년 전남대 의대에 입학해 학생운동에 참여했고, 1985년 구미유학생간첩단 사건으로 무기징역을 선고받았습니다. 준법서약서를 거부해서 세계 최연소 비전향 장기수로 복역하다 14년 만인 1999년 석방됐어요. 그런데 강용주 선생님은 투사가 되고자 그 길을 갔던 것이 아니라고 말합니다. 그는 광주항쟁을 경험하면서 역사의 소용돌이 속으로 들어가게 됩니다. 역사적인 경험과 현장 속에서 그가 피할 수 없는 어떤 흐름 속에서 그렇게 그 길을 가게 된 것이지요. 강용주 선생님 개인적인 삶의 경로를 통해 그 시대의 흐름을 읽어낼 수 있습니다. 그분의 구술 자료를 분석한 글을 보면 그의 개인적인 삶이 시대와 만나는 과정을 잘 이해할 수 있습니다.

구술 자료의 서술성(narrativity)

다음으로는 서술성(narrativity)입니다. 내러티브, 이야기예요. 요즘은 이야기의 시대라고 합니다. 이야기를 잘하는 사람이 각광받습니다. 그걸 '구라'라고도 할 수 있어요. 한국에는 '황구라'가 있습니다. 누구일까요? 한국에서 제일 잘나간다는 '구라' 중에 한 명, 황석영 작가입니다. 그의 자서전 《수인》이 있습니다. 2권으로 나왔어요. 그 책을 보면 어떻게 삶을 그렇게 파란만장하게 살았는지 모릅니다. 1970년대 민주화운동, 1980년 광주항쟁을 거쳐 천안문 사건을 겪습니다. 독일 통일 때는 그 자리에 있었고요. 북한에 가서 김일성도 만나고, 역사의 굵직한 줄기에 다 끼어 있는 것처럼 보입니다. 계속 그런 이야기의 연속이에요. 보시면 되게 재밌을 거예요. 그런데 다른 사람이 그러한 경험을 이야기했다면 그렇게 재미있을까요? 그런 이야기는 어떻게 만들어질까요? 왜 어떤 사람은 이야기꾼인데 어떤 사람은 이야기가 별로 재미없을까요? 이야기 구조 때문입니다. 어떤 방식으로 이야기하고, 어떤 방식으로 스토리를 구축하는가, 특정 주제에 배분하는 이야기 시간, 말씨 이런 것들이 모두 서술성입니다.

구술 자료의 서술성은 특정 사회의 문화를 반영합니다. 성별에 따라서도 다릅니다. 인터뷰를 하면 여성의 이야기 방식과 남성의 이야기 방식이 다르다는 것을 알 수 있습니다. 남성은 대부분 이력서 스타일로 이야기합니다. 초등학교, 중학교 어디 나왔고, 군대 갔다 오고, 취업해서 몇 년까지 있었고, 언제 퇴직해서 지금에 이르렀다는 식입니다. 여성은 다릅니다. 시간을 따라가기도 하지만 여성은 이야기가 그루핑(grouping)되는 경우가 많아요. 옛날에 처음 선봤던 이야기, 결혼한 이야기, 결혼해서 살림 사는 이야기가 나옵니다.

"중국집에서 지금 남편을 만났는데, 처음 봤을 때 마음에 안 들었어. 그런데 그 사람하고 결혼했어. 방법이 없잖아?"

"여기 이 동네는 물이 안 좋아서 고생했어."

"새댁이라 치마를 입고 일을 하는데 처음 가는 바다 일에 치마를 입어서 고생했지."

이런 식의 말입니다. 첫 아이를 낳았을 때, 아이를 키울 때 등 이야기는 시간을 따라서 이력서처럼 가는 게 아니라 자기 경험을 통해서 그루핑됩니다. 젠더의 차이, 살아온 경험, 사회적 경험이 다르기 때문에 이야기하는 방식도 달라지는 겁니다.

구술사, 구술자와 면담자의 공동작업

구술사의 가장 중요한 특징 중 하나는 구술자와 면담자의 공동작업이라는 것입니다. 구술 면담에서 면담자가 매우 중요합니다. 면담자가 잘 물어보지 못하면 할 이야기도 하지 않습니다. 구술자가 그냥 이야기하면 된다고 생각할 수도 있습니다. 질문지를 놓고 구술자가 그대로 대답하면 된다고 생각하지만 그건 진정한 의미의 구술 면담이라고 볼 수 없습니다. 면담자가 구술자의 이야기를 듣고, 이야기를 끌어냅니다. 이때 구술자는 면담자와 이야기하는 속에서 잊었던 기억, 생각하지 않았던 것을 떠올려 이야기를 만들어 갑니다. 그렇기 때문에 구술사는 둘의 작업입니다. 면담자는 구술자가 어떤 이야기를 했을 때 계속 고민하면서 구술자의 이야기를 들어야 합니다. 무슨 질문을 할까? 어린 시절 이야기를 했는데, 이 사람에게 정말 인상 깊게 남은 기억은 뭘까? 상처는? 좋은 기억은 뭐지? 구술자의 이야기를 잘 듣는 면담자가 좋은 질문을 할 수 있고, 구술자의 진솔한 구술을 들을 수 있습니다. 마지막으로 구술사를 이해하기 위해 구술사와 기억의 관계에 대해 간략히 말씀드리겠습니다.

구술자들이 처한 사회적 지위, 위치의 차이에 따라
같은 사건도 다르게 기억하고 이야기한다.

경험한 것이 모두 기억에 남는 것은 아니다.
특히 불쾌한 경험이나 고통은 잊히기도 한다.

앞에 것은 이해하기 어렵지 않을 거예요. 말 그대로 자신의 사회적 지위나 위치, 바라보는 입장, 시각의 차이에 따라 같은 사안도 달리 기억될 수 있습니다. 두 번째 글귀를 보면, 사람들은 자신이 경험한 모든 것을 기억하는 것이 아닙니다. 트라우마, PTSD(외상 후 스트레스 장애)라는 용어를 들어보셨을 겁니다. 사람들은 고통스러운 기억을 잊어서 자신을 보호하기도 합니다. 그리고 구술을 진행하는 과정에서 봉인된 기억이 되살아나기도 합니다. 이건 고통이지요. 그렇지만 기억의 환기를 통해 과거를 극복하기도 합니다. 그래서 구술사는 치유의 과정이라고도 합니다.

세 번의 전쟁과 사람들의 이야기

이제까지 구술사가 어떤 것인지에 대한 기본적인 내용을 말씀드렸습니다. 이 강의는 크게 두 부분으로 구성되는데요. 후반부에는 구술사를 가지고 어떻게 역사적 작업을 했는지에 대해 말씀드리겠습니다. 전쟁 이야기를 하려고 합니다. 전쟁에 대한 사람들의 기억은 어떨까요? 제가 친구 아버지의 생애사를 들은 적이 있다고 말씀드렸지요? 그분은 연천에 사셨습니다. 연천은 삼팔선 이북입니다. 서울에서 북으로 올라가다 보면 한탄강으로 넘어가기 전에 옛날 삼팔선 표시가 있어요. 예전에는 거기가 북한 지역이었습니다. 친구 아버지는 거기에 사셨어요, 북쪽에. 원래는 북한 주민이셨습니다. 북쪽에 살았을 때 기억을 말씀해 주셨어요. 한국전쟁이 났을 때 철로 변으로 탱크가 이동했는데 사람들이 그걸 못 보게 하려고 위에 하얀 천을 씌웠다는 이야기를 하셨어요. 전쟁 기억의 단편입니다. 1937년생, 그 연배에게 전쟁은 살아 있는 기억입니다.

전쟁을 이야기하자면 한국은 참 슬픈 나라입니다. 1931년 만주 침략부터 시작해서 1945년에 끝나는 아시아 태평양전쟁이 15년간 이어집니다. 식민지 전쟁 동원은 태평양전쟁 말기에 극에 달합니다. 일제 공출로 놋그릇이나 수저까지 다 빼앗겼습니다. 당시를 구술한 내용에 실제로 그런 이야기가 나옵니다. 다 빼앗아 가서 아무것도 안 남았다는 이야기. 물자만 그런 것이 아니라 사람들도 끌려갔지 않습니까? 그것에 대한 기억도 있습니다. 해방이 된 기쁨도 잠시, 조금 지나니까 어떤 일이 벌어집니까? 한국전쟁 3년을 또 치릅니다. 어떻습니까? 식민지 시기 전쟁 15년, 한국전쟁 3년, 합이 18년입니다. 거기에다 사람들이 잘 생각하지 않는 베트남전쟁도 있습니다.

베트남전쟁을 우리가 몇 년 동안 참전했는지 혹시 아십니까? 사람들이 잘 몰라요. 베트남전쟁에 참전했다는 것은 알지만 그 기간은 잘 모르는 경우가 많습니다. 1964년에 들어가서 1973년에 나옵니다. 한 8년 6개월 정도 참전했어요. 생각해 보세요. 박정희 대통령 통치 기간이 18년입니다. 1961년 쿠데타부터 시작해서 1979년 10.26사건으로 끝나니까요. 그중에 8년 6개월이면 통치 기간의 절반은 전쟁을 했다는 겁니다. 사람들은 여기에 별 의미를 두지 않습니다. 경제가 발전했다고 하는 통치 기간의 절반이 전쟁 시기였다는 것의 의미를 모릅니다. 미국이 철수한 베트남 땅에 한국군이 더 오래 남았어요. 그것을 사람들은 경제 발전으로 설명합니다. 과연 그렇게 보는 것이 맞을까요? 이 부분에 대해서 여러 가지 논란이 있을 수 있는데, 그래서 전쟁을 이야기해야 합니다.

전체 전쟁 기간을 합하면 어떻습니까? 20세기 한국은 27년여 동안 전쟁을 했습니다. 20세기의 1/4 이상입니다. 전쟁에 참여한 것이 간접적이건 직접적이건, 원했건 원하지 않았건 그 속에 있었습니다. 그 세월을 어떻게 잊겠어요? 전쟁을 경험했던 사람들은 전쟁을 절대 잊지 못합니다. 제가 인터뷰했던 어떤 분은 이런 말씀을 하세요.

"아유, 피란살이, 지긋지긋한 피란살이, 내가 그걸 또 하라 그러면 한강물에 빠져 죽고 만다. 절대로 안 한다."

이 말씀을 한 분은 월남하신 분이거든요. 어떤 분은 미군과의 인연을 말씀하십니다. 서울역 뒤에 미군보급창이 있었습니다. 그분도 월남하신 분인데요. 처음에 거기에 가니까 사람들이 막 구름떼같이 몰려 있더래요. 영어로 헬로우, 오케이 소리 지르면서 앞으로 뛰어나갔대요. 알고 있는 단어가 몇 개 있겠어요? 그런데 미군이 영어 단어를 소리치고 뛰어오는 그 소년을 받아 줍니다. 그 사람의 삶은 그 일을 계기로 완전히 바뀌었습니다. 그 사람은 평생 미 군속으로 미군기지 관련된 일을 하셨습니다. 전쟁을 전후한 시기에 미군과 맺은 인연이 이분들의 평생 삶을 지배합니다. 전쟁의 파괴적인 측면 말고 일상의 삶도 전쟁 상황과 긴밀하게 연결되어 있습니다.

전쟁 후 오랜 침묵의 세월

한국에서 구술사가 발전해 갔던 초기 국면에서 주로 천착한 주제가 전쟁에 대한 이야기였습니다. 한국에서는 전쟁에 관해서 이야기를 못한 게 너무나 많습니다. 민간인 학살과 같은 것은 특히 더하지요. 한국전쟁 당시 민간인 학살에 관련해서는 노무현 정권과 김대중 정권 시기에 그래도 그 내용이 좀 풀려요. 예를 들어 보도연맹 사건 같은 경우입니다. 군경에 의해서 20만 명 정도 학살된 것으로 알려져 있습니다. 좌익으로 분류됐던 사람들을 끌고 가서 학살했습니다. 이들이 반란을 일으킬지 모른다는 가정하에, 20만 명 정도를 학살합니다. 2001년 4월 27일에 방영된 MBC 다큐멘터리 <이제는 말할 수 있다>의 보도연맹 편을 보면 당시 학살이 어떠했는지 잘 알 수 있습니다.

전쟁 후 오랜 침묵의 세월이 계속되었습니다. 아무도 말을 못했습니다. 전두환, 노태우 권위주의 정권 시기까지는 거의 아무도 말할 수 없었습니다. 연구자들도 90년대에 들어서야 이러한 주제에 대해 연구를 진행합니다. 오랜 시간 사람들은 이러한 사실을 부인했습니다. 그런데 모른다는 게 말이 될까요? 그 시대를 살았던 사람들이 몰랐겠습니까? 그걸 어떻게 평가하느냐는 사람마다 다릅니다. 극우 세력들이나, 반공주의자들 같은 경우는 그러한 사건의 불가피성을 얘기할 수 있습니다. 그렇게 안 죽였으면 남한이 붕괴됐을 것이라고 말하는 게 소위 말하는 우파의 주장이고, 그렇지 않은 사람들은 아무리 그렇다 하더라도 무고한 사람들을 어떻게 그렇게 죽이는가, 말이 안 되는 거 아니냐 식의 주장을 합니다. 둘 간의 견해 차이, 이념적 대립을 남남 갈등이라고 합니다.

그런데 이를 좌우의 대립이라기보다 피해와 가해의 역사로 보면, 피해자들은 제대로 사과받지 못했습니다. 지금까지도 국가는 사과하지 않았습니다. 제주 4·3사건에 대해서는 노무현 대통령이 가서 사과했습니다. 그럼 다른 사건들은 어떻게 해야 합니까? 그 사실을 어느 정도 연배 이상이 되면 모르지 않습니다. 그런 사건이 있었다는 걸 다 알고 있습니다. 그런데 말하지 않습니다. 왜? 다칩니다. 생각해 보세요. 국가의 주도하에 그 많은 사람이 죽는 걸 눈앞에서 봤는데 그걸 어떻게 말하겠습니까?

구술작업은 성찰의 과정

비극의 역사에 대한 공식 기록은 찾기 어렵습니다. 그래서 그런 기록을 수집하기 시작했고 이야기를 듣고자 했습니다. 그게 비판적 언론, 초기 구술사 연구자들이 했던 일입니다. 피해자들의 이야기를 듣고 기록하고, 그 내용을 연구 결과물로 내놓기 시작했습니다. 앞서 말씀드렸듯이 구술사라는 건 피지배 계급의 이야기, 지금까지 말하지 못했던 사람들의 이야기를 담으려고 합니다. 학살의 기억도 그런 것입니다. 물론 좌익 쪽, 인민군한테 학살당한 사람도 있습니다. 좌익의 학살 같은 경우는 인민군이 퇴각하면서 일어난 사건입니다. 국가, 우익에 의한 좌익의 학살, 이것이 또 우익에 대한 좌익의 학살로 이어집니다. 한국전쟁 때 좌우가 서로를 죽였기 때문에 아직 그 상처의 치유가 어렵습니다.

다른 예로 대중적으로 잘 알려지지는 않았지만, 미군의 월미도 포격 사건이 있습니다. 인천 상륙 작전은 한국전쟁의 전세를 역전시키는 데 중요한 전환점이었지만 당시 월미도민들에게는 큰 피해를 주었습니다. 이러한 사실은 거의 알려지지 않았습니다. 요즘은 워낙 인터넷이 발달돼 있으니 검색해 보시면 월미도 피해자들의 이야기를 보실 수 있습니다. 전쟁의 기억과 전쟁의 피해가 아직도 여전히 지속되고 있습니다. 침묵, 트라우마, 고통 등 여러 가지가 우리의 일상을 함께 구성하고 있습니다. 한국 사회가 어떻게 보면 굉장히 폭력적이기도 하고, 빨리 달아올랐다 빨리 식기도 하고, 빨리빨리 속도를 추구하는 여러 특징이 있잖아요. 이걸 어떻게 설명할 수 있을까요? "우린 그냥 그래"라고 이야기할 수는 없습니다. 중요한 우리의 모습, 역사에 대해 끊임없이 질문하는 것이 필요합니다. 그게 역사를 이해하는 중요한 하나의 방식입니다. 개인도 마찬가지입니다. 원래 그래가 아니라 '내가 왜 그렇지? 내 성격이 왜 이럴까?' 생각해야 합니다. 내가 급한 성격이라면 '나는 언제부터 이렇게 급해졌을까?' 하며 기억을 계속 따라가면서 다시 한 번 생각해 보는 작업이 필요합니다. 이게 개인적 성찰 과정이고, 구술 작업은 개인의 성찰 과정에 큰 도움이 됩니다.

전쟁 역사에 없는 삶의 이야기

위안부 할머니의 생애사

1926년생이신 김화선 할머니는 열여섯 살에 위안부로 연행돼서 싱가포르에 갔대요. 열여섯 살이면 한참 어린 나이잖아요. 이런 걸 보면서 드는 생각은 '과연 이 당시에 부자가 위안부로 갔을까'입니다. 누가 갔냐는 겁니다. 지주 혹은 양반집 딸들이 갔겠어요? 아니겠지요. 돈 없고, 힘없는 집들. 입이라도 하나 덜어야 하는 집에서 내용을 모르고 갔을 것입니다. 그렇게 갔던 많은 분이 해방되고도 귀국하지 못합니다. 왜? 이 사람들은 '버린 몸'이라는 생각을 하는 것입니다. 그리고 돌아갈 방법도 막막했을 거고요. 김화선 할머니는 1947년에 들어옵니다. 들어오신 후 또다시 전쟁이 나서 피란하시고. 그 이후 생애사의 많은 부분이 비어 있습니다. 그야말로 살기 바쁜 삶입니다. 이분이 이런 말씀을 하셨습니다. 결혼도 못 하신 거예요.

> "나야 남편이 있어 누가 있어. 열여섯 살 적부터 혼자인데… 남자를 상대해야 시집을 가지. 내가 남자를 상대 못하는데 바보가 됐는데 시집을 가, 누구한테… 그러니까 애도 없고 친척도 없고 나 하나라니께, 하늘 아래. 그러니까 누구보다도 특별히 봐주는 게 있(어야 한)다고. 이렇게 거지로 살아도, 나 이

상 불쌍한 사람 없지… 자궁이 든든해서 거 가서도 애 배는 사람이 있어요. 그냥 난 자궁 든든할 새도 없고, 엉망진창이 다 되었잖아. 어머니가, 어머니 아버지가 밤날 울었대. 우리 애기가 어디 갔겠느냐고, 만날 울었대. 울다가 돌아가셨지. 그걸 어떡해, 이제 어떡해, 어떡해야 고치겠어, 나쁜 놈들"

2000년도에 한국정신대문제대책협의회에서 펴낸 《강제로 끌려간 조선인 군위안부들 4 : 기억으로 다시 쓰는 역사》의 43쪽 내용입니다. 이거 보세요. 김화선 할머니가 1941년에 열여섯 살이었고요. 이분 이야기가 책으로 나온 게 2000년입니다. 그러면 구술 당시 연세가 어떻게 되겠어요. 그런데 그 연세에도 말씀하신 것 보세요. 자기가 고통스럽지만, 엄마아빠, 그때 헤어진 엄마와 아빠에 대한 기억이 더 가슴 아픈 거예요. 그런 기억이 마지막까지 그분을 붙잡고 있는 겁니다.

"사람들이 자꾸 이렇게 눈을 이상하게 떠가지고 못 있겠어. 마음이 졸여가지고. 흉봐요. 하도 흉봐서 위안부였단 얘기는 여태까지 안 해."

위안부였다는 게 피해의 경험이 아니라 창피한 경험이라고 생각해요. 유대인들의 경우도 유사한 점이 있어요. 2차 세계 대전이 끝나고 유대인들은 한동안 자기들이 그렇게 학살당했다는 이야기를 못 합니다. 피해자가 자기의 정체성을 갖지 못해요. 왜 우리는 저항을 못 했을까? 하는 생각이 짐이 되면서 유대인들은 자기들이 그렇게 죽은 것에 대해서 공공연하게 얘기하지 않았습니다. 오히려 그것을 이야기했던 주체는 연합군입니다. 왜냐면 전후 처리를 하면서 나치를 단죄하기 위해서였습니다. 그 후 유대인들은 침묵에서 벗어납니다. 과거의 경험이 더 이상 부끄러운 게 아니고, 나치는 절대 악이며 우리의 피해는 인류 보편사로 남아야 한다고 생각합니다. 앞으로 다시는 이러한 역사가 되풀이되지 않도록 기록해야 한다고 합니다. 그런데 그런 피해를 당했던 민족이 지금 팔레스타인 지역에서 그쪽 지역민들을 압박하고 린치하고, 죽이고, 그러고 있어요. 그런 일들을 보면 역사라는 게 참 아이러니합니다.

'작은 사람들'의 이야기

"꼭 여 안개 속에서 살아남은 것 같이…."

일제강점기 강제 동원됐던 분의 기억입니다. 일제강점하강제동원피해진상규명위원회에서 2008에 펴낸 《내 몸에 새겨진 8월》 가운데서 이희열 구술자가 얘기하셨던 내용입니다. 사람들의 언어는 참 마술 같습니다. 구술자들의 구술은 학자들이 예상하는 정도를 넘어섭니다. 그래서 그들의 살아 있는 언어 속에서 제목으로 따오는 것이 많습니다. 저도 제 글의 소제목에 그런 제목을 종종 씁니다. 제목이 굉장히 중요합니다. 내용은 가슴 아프지만 제목이 되게 멋있어요. 그러면 이게 무슨 내용일까요? 1945년 8월의 이야기입니다. 원폭 피해자들 이야기 제목인 거예요. 순간 아! 하고 딱 다가옵니다.

한국전쟁의 사례를 들어 '작은 사람들'의 이야기에 귀 기울여야 한다는 점을 이야기하려 합니다. 작은 사람들 이야기는 거대 담론인 정치사, 경제사, 외교사 등과 대비되는 개념입니다. 사람들의 '작은 역사'라고 할 수 있지요. 간단히 말하면 개개인의 사람들이 기억하는 전쟁에 대한 이야기입니다. 보수적인 시각에서 한국전쟁을 이야기할 때 보통 소련이 사주하고, 북한이 남침했다거나 모택동, 스탈린, 김일성이 공모했다고 합니다. 그럼 사람들이 경험한 전쟁은 어떨까요? 소 끌고 수레에 앉아 피란 오던 사람들의 이야기도 전쟁 이야기입니다. 그런데 사람들은 그런 건 역사가 아니라고 생각합니다. 하지만 진짜 중요한 것은 그런 이야기 아니겠습니까? 사람들이 이야기하는 전쟁은 공식적인 역사 속 전쟁과 매우 다를 수 있습니다.

　제가 구술 면담했던 사례를 하나 말씀드리겠습니다. 사례 속 구술자는 37년생입니다. 고등학교까지 나오셨어요. 그 당시에 고등학교 졸업이면 괜찮은 학력입니다. 강문고등학교, 지금의 용문고등학교를 졸업하셨습니다. 그분이 한국전쟁은 '신분 전쟁'이었다고 하셨습니다. 자기 경험을 말씀하신 거예요. 그분이 어릴 때 우리나라는 해방을 맞았지만 그 마을에서는 청년이 60대 노인한테 '자네'라고 부를 정도로 신분제가 엄격하게 남아 있었다고 합니다. 전쟁이 나니까 인민군이 내려와서 자기 집성촌의 하층민들에게 완장을 채웠대요. 과거에서 이어진 분노, 이게 폭발하면서 많은 사람이 상했다고 합니다. 그분은 이런 식으로 생각하세요. 그 사람들은 빨갱이가 아니다, 잘못했어도 그 사람들이 빨갱이라서 그런 게 아니다, 옛날부터 쌓였던 원한이나 신분에 대한 불만 때문에 그렇게 된 것이다, 사실 그 사람들이 공산주의를 아나? 그래서 그분은 한국전쟁은 '신분전쟁'이었다고 말합니다.

　현장에 있었던 사람들의 전쟁은 다릅니다. 학자들은 미국과 소련의 대립이나 냉전으로 인한 열전 등에 대해 말하지만 실제 사람들이 사는 공간에서는 그게 중요하지 않습니다. 사람들에게는 그들의 이야기, 그들의 문제가 있습니다. 큰 이야기도 중요하겠지만 전쟁 이야기를 하려면 이제 사람들이 경험한 전쟁 이야기도 해야 합니다. 우리가 못 한 이야기가 바로 밑에 있다, 그러니 밑에 있는 이야기를 하자는 거지요.

노근리 이야기

노근리국제평화재단 이사장 정구도 씨의 아버지가 그 사건의 직접적인 피해자였습니다. 노근리 사건 당시 아들을 잃었습니다. 그러니까 정구도 씨는 형을 잃었어요. 정구도 씨의 아버지 정은용 씨는 그 사건을 알리려고 오랫동안 애썼습니다. 그렇지만 아무도 거기에 귀를 기울이지 않았습니다. 이분이 하다 하다 안되니까 소설로 쓰셨어요. 1994년 다리 출판사에서 나온 《그대 우리의 아픔을 아는가》가 그 내용을 담은 책입니다. 실제 일어난 일을 마치 소설처럼 쓴 겁니다. 어느 날 아들인 정구도 씨가 원고를 보고 아버지와 같이 이를 세상에 알리기 위해 운동을 시작합니다.

노근리 사건이 한국 사회에 널리 알려진 건 1999년 AP통신에 의해서입니다. AP통신이 그걸 터뜨리니까 조선일보, 중앙일보 등 한국 언론이 난리가 났습니다. 그런데 이미 몇 년 전에 월간 《말》, 한겨레에서 이 사건을 다룬 적이 있습니다. 그때는 조선일보, 동아일보, 중앙일보 아무도 안 받았습니다. 확대가 안 되고 묻혔습니다. 그런데 AP통신이 터뜨리고 나니까 그때부터 난리가 났어요. 이후 평화공원도 만들어졌습니다. 당시 클린턴 대통령이 미국 역사상 처음으로 이 사건에 대해 사과했습니다. 그리고 당시 돈을 400만 달러를 내놨습니다. 현 시세로 44억 정도 되나요? 그러면서 했던 이야기가 이걸로 한국전쟁 당시의 한국인 피해 보상은 끝난 것으로 하자였습니다. 다시 말하자면 노근리에 대한 보상이 아니라 한국전쟁 당시에 미군이 했을지도 모르는 모든 피해를 이걸로 대신하자는 것이었습니다.

노근리에 있는 분들은 그 돈을 받지 않았습니다. 노근리 피해자들이 나누어 가질 수도 있었습니다. 살기도 어렵고 힘들기 때문에 나눠 갖고 싶었을 거예요. 그렇지만 받지 않았습니다. 이것을 받아 버리면 나머지 사람들 어떻게 합니까. 미군이 저지른 또 다른 학살에 대해 미국에 항의하려고 했을 때, 이 돈 때문에 할 수 없게 되면 어떻게 하느냐는 것이지요. 사람들은 보상을 받았을 것으로 생각하지만 전혀 그렇지 않습니다. 미국은 클린턴 당시 그 한마디 이후, 또다시 침묵했습니다.

한국전쟁의 참화를 피한 마을들도 있습니다. 동족상잔의 비극 속에서 어떤 마을은 그런 참화를 피해 갑니다. 어떻게 그랬을까요? 그런 마을을 보면 첫 단추를 잘 끼웠어요. 학살이 벌어지는 상황에서 유지들이 그걸 막고 최소화합니다. 그런 다음 세상이 바뀝니다. 좌익이 마을을 장악하고 완장 차고 있는 사람이 학살을 막아줍니다. 이런 식으로 피해가 거의 없이 전쟁을 넘긴 마을이 있습니다. 참, 이게 마을마다 다릅니다. 어떤 마을은 학살이 벌어지고 어떤 마을은 벌어지지 않고. 그 복잡함을 어떻게 이야기할 수 있을까요?

다시 쓰는 베트남전쟁 이야기

베트남전쟁과 관련해서는 요즘 나온 영화 〈국제시장〉을 다 보셨을 것입니다. 주인공이 처음에 흥남부두 철수 때 내려와 억척스럽게 살아갑니다. 그의 삶은 한국의 해외 취업 초기 역사이기도 합니다. 처음에 어딜 갑니까? 독일에 광부로 가요. 거기서 간호사로 있던 부인을 만나 결혼합니다. 독일에 광부를 보내기 시작한 시기는 1963년 즈음입니다. 1966년 1월에 많은 노동자가 독일로 갑니다. 광부를 뽑았는데 당시에 건너간 사람 가운데 대졸자도 많았다고 합니다. 월급 때문에 어떻게든 가고 싶어 했어요. 조정래 작가의 소설 《한강》을 보면 그 분위기가 잘 나옵니다. 국제시장 주인공은 독일에서 귀국한 후, 이번에는 베트남에 갑니다. 베트남전쟁에 기술자로 가요. 전장도 마다하지 않고 가족을 위해 돈을 벌러 가는 거예요. 그야말로 한국 근대화 시기 아버지 이야기입니다. 어떻게 보면 근대화의 시기를 온몸으로 산 아버지에 대한 찬가라고 볼 수 있는 영화입니다. 영화 주제가 좋거나 나쁘다는 이야기를 하려는 게 아니에요. 이제 노년에 접어든 한국의 한 세대를 바라보는 하나의 시선이 이렇습니다. 또 다른 영화 〈알 포인트〉를 소개합니다. 이건 공포 영화입니다. '우린 적이 아닌 귀신과 싸웠다. 1972년 베트남.' 안내 멘트가 이렇게 나오거든요. 이 영화는 공포 영화지만 그냥 공포 영화는 아닙니다. 무척 다양한 해석이 가능한 영화입니다.

제가 이 두 영화를 말씀드리는 이유는, 현재 한국이 베트남전쟁을 기억하는 서로 다른 방식이기 때문입니다. 하나는 베트남전쟁이 개인과 국가가 발전할 수 있는 기회였다고 봅니다. 또 하나는 들어가지 말았어야 하는 잘못된 전쟁에 들어갔다고 판단합니다. 우리가 피해를 당했을 뿐만 아니라 베트남 민간인까지 학살했던 추악한 전쟁으로 봅니다. 이 두 가지 시선이 한국에 공존하고 있습니다. 인터뷰를 해 봐도 비슷합니다. 베트남전쟁에 참전한 한국 군인들은 참전을 정당화합니다. 그렇지만 베트남인들, 특히 한국군에게 피해를 당한 베트남인들에게 한국군은 끔찍한 기억이겠지요. 같은 베트남전쟁이지만 구술자가 처한 위치에 따라서 사람들은 전혀 다른 방식의 자기 이야기를 가지고 있습니다.

베트남전쟁 참전자의 생애 이야기

　제가 구술 면담했던 선생님의 생애를 정리해 봤습니다. 이분은 1943년생이신데 원래 농사를 지으셨습니다. 그러다 운전을 배워서 군에 갔는데 하필이면 군에 간 그 시기가 월남 파병(전투병 파병)이 시작될 때였습니다. 그래서 맹호부대에 운전병으로 파병이 됩니다. 당시 주월 사령관 채명신 장군은 현지제대 제도를 도입해서 베트남 현지에서 제대하는 장병들을 특채했어요. 1966년 한진상사에 108명을 취업시킨 때가 있었습니다. 구술자는 그때 한진상사에 취업했습니다. 당시 한진상사 월급이 350불 정도 되었습니다. 그 당시 환율은 한 280원 정도입니다. 그럼 얼마입니까? 한 10만 원 정도 되지요. 그 시절 5인 가족 한 달 평균 생계비가 1만 7천 원 정도였습니다. 그럼 10만 원이라는 돈은 얼마나 큰돈입니까? 생각해 보세요. 한국 기업이 350불이었고, 제일 많이 준 미국 기업은 1000불까지 줬어요, 1000불. 그러니까 사람들이 베트남에 가지 않을 수 있습니까? 눈에 불을 켜고 갔습니다. 그런데 가고 싶다고 다 갈 수 있는 곳은 또 아니잖아요. 그래서 파월 기술자들에 대한 이야기가 영화로도 만들어졌던 것입니다.

　한진상사에 취업했다가 귀국한 이후, 시간이 지나면서 또 삶이 어려워집니다. 농사를 지으면서 사업을 했는데 사업이 실패하면서 또 어려워졌어요. 그때 다시 중동 바람이 붑니다. 월남 갔다 온 경험이 그를 다시 중동으로 이끕니다. 중동에 다녀와서 빚졌던 것을 다 갚고, 서울로 올라와서 장사를 시작합니다. 사회활동도 많이 하셨습니다. 농촌새마을지도자를 7년 하셨고, 서울에 올라와 오랫동안 도시새마을운동을 하셨습니다. 그리고 참전군인회 지부장을 맡아 활발하게 활동하셨습니다.

'시간의 고향'을 잃은 사람들

　이분은 농촌을 떠나고 싶지 않았기 때문에 모든 돈을 들여 자기 고향에 땅을 샀습니다. 웃으면서 하시는 말씀이 "내가 그때 말죽거리 땅을 샀으면 재벌이 됐을 거다" 하십니다. 말죽거리는 지금 양재동 부근입니다. 그때 땅값이 정말 헐값이었는데 자기는 어쨌든 그곳 땅을 사고 싶었대요. 그런데 아버지가 "농사짓는 놈이 무슨 그러냐. 여기 고향 마을 땅을 사야지." 하셔서 못 샀다고 합니다. 한진상사에 같이 다녔던 분 중에 진짜 말죽거리에 땅을 산 사람이 있었는데, 지금 그분은 만날 수 없대요, 너무 부자가 돼서. 제가 그분도 똑같이 인터뷰했으면 했지만 뵐 수가 없었습니다. 어쨌든 한국은 '부동산'이 늘 결론이 됩니다. 모든 이야기가 부동산으로 끝납니다. 부동산 가진 사람은 잘나갔고, 다른 사업 한 사람은 다 망했다는 식의 부동산 신화가 거기서도 똑같이 적용됩니다. 그런데 그분이 땅을 샀던 이유는 자기가 '농부'였기 때문이었습니다. 농촌 사람의 정체성을 갖고 계신 분입니다.

　서울에 올라와서도 틈만 나면 고향 마을로 돌아가 농사일을 하셨습니다. 농사를 짓다가 다시 서울로 올라와 일하고, 계속 왔다 갔다 하셨습니다. 그런데 어느 순간 고향에 가면 아는 사람들이 없고, 고향 분위기가 완전히 바뀌었다고 합니다. 구술 면담을 진행했던 시기가 2010년이고, 1980년부터 서울에 살았으니 한 30년 넘게 살았는데 그래도 서울은 언제나 낯설다고 합니다. 전 이분의 말씀을 들으면서 이게 한국인의 정서가 아닐까 하는 생각이 들었습니다. 고향 마을이 더는 자기 마을이 아닙니다. 자기가 정착하고 싶었던 마음의 고향이지만, 그 고향은 사실 더 이상 존재하지 않습니다. 그런데 서울도 내 고향이 아니지요. 30년 넘게 살았지만, 나의 고향이 아닙니다. 이 사람은 뿌리가 뽑힌 거예요.

뽑힌 뿌리가 이 사람을 언제나 경계인으로 살 수밖에 없게 만들었습니다. 여기에 속하지도 않고, 저기에 속하지도 않아요. 농촌에 속하지도 않고, 서울에 속하지도 않습니다. 이런 삶을 계속 살아가야 합니다. 그런데 이걸 받아들이고 싶지 않아요. 어딘가에 속하고 싶은데 자기가 속할 고향은 사라져 버렸습니다.

이게 그분만의 이야기일까요? 아마 농촌을 떠나서 서울로 상경했던 사람들 대부분이 공감하는 이야기일 것입니다. 서울에서 성공한 사람 이야기도 많지만 그 성공이 가진 토대의 박약함이 있습니다. 자기 뿌리가 없으니까요. 그 뿌리라는 게 가문을 얘기하는 게 아닙니다. 아까 제가 말씀드렸던 자기 '시간의 고향'이라는 게 닫혀 버려서 고향에 돌아갈 수 없는 것입니다. 그는 과연 어떻게 자기 삶을 기억하고 평가해야 할까요? 이런 문제가 계속 남습니다. 전쟁과 분단, 소위 '조국 근대화'를 거치면서 많은 한국인이 자기 고향을 잃었습니다. 그것은 간단하지 않은 일입니다.

사람들이 왜 이렇게 힘들어 할까? 왜 고통스러워 할까? 왜 그렇게 모든 일에 서두르고, 결과를 빨리 보려고 하고, 진득하지 못할까? 과연 우리가 옛날에도 그랬을까? 이것은 저의 고민이기도 합니다. 제가 공부를 하면서 계속 고민하는 주제 가운데 하나입니다. 우리 삶은 지금 왜 이렇지? 제가 아니라도 누군가 관심을 갖고 연구한다면 조금이라도 문제가 풀리지 않을까요? 그 원인에 대한 해답이 나름대로 나와야 하지 않을까, 하는 생각을 합니다. 저는 그 해답이 이론이나 여러 책 보다는 사람들의 이야기 속에 있을 것이라고 생각합니다.

사회에도 영혼이 있는 게 아닐까

이 구절을 보면서 굉장히 가슴이 먹먹한 느낌을 받았습니다. 이것은 세월호 이야기로 《금요일엔 돌아오렴》의 서문의 내용입니다.

> 온 마을이 상가였다. 안산은 250여 명의 아이들이 순식간에 사라진 슬픈 도시가 되었다. 가슴에 통증이 계속 몰려왔다. 이 순간 인간에게만 영혼이 있는 것이 아니라 사회에도 영혼이 있는 게 아닐까 하는 생각이 들었다.

사회도 사람들이 만들어 가는 것이기 때문에 사회 분위기라는 게 있습니다. 모든 사람이 슬퍼하면 그 사회도 슬퍼하는 것입니다. 그래서 '사회에도 영혼이 있는 게 아닐까'란 구절을 보면서 어떻게 보면 이 사회가 영혼이 있기 때문에 유지가 되고, 그래서 사람들이 그나마 지탱하고 살아가는 게 아니겠나, 하는 생각이 들었습니다. 고통은 구역을 따지지 않습니다. 여기서 아픈 것은 저기서도 아픕니다. 가족을 잃은 슬픔은 저기 아프리카에 계신 분이나 한국에 있는 분이나 미국에 있는 분이나 다 똑같습니다. 그 고통의 깊이가 절대로 다르지 않습니다.

나뿐만 아니라 다른 사람을 생각할 때, 너와 내가 다르지 않다는 것을 인정할 때, 특히 아픔이 누구에게나 공평하다는 걸 인정할 때 사람들 사이의 분쟁과 갈등이 상당히 줄어들지 않을까 생각합니다. 그 속에서 개개인의 이야기에 귀를 기울여 주면, 사람들 사이에서 관계가 회복됩니다. 그렇게 고통을 서로 나눌 수 있다면 사회가 지금보다 얼마나 나아질까요, 사람들 사이의 소통은 중요합니다. 구술은 소통의 유용한 도구예요. 더 나아가 구술 작업은 우리 자신의 내적 변화, 나뿐만 아니라 타인을 변화시킬 수 있는 동력이 되기도 합니다.

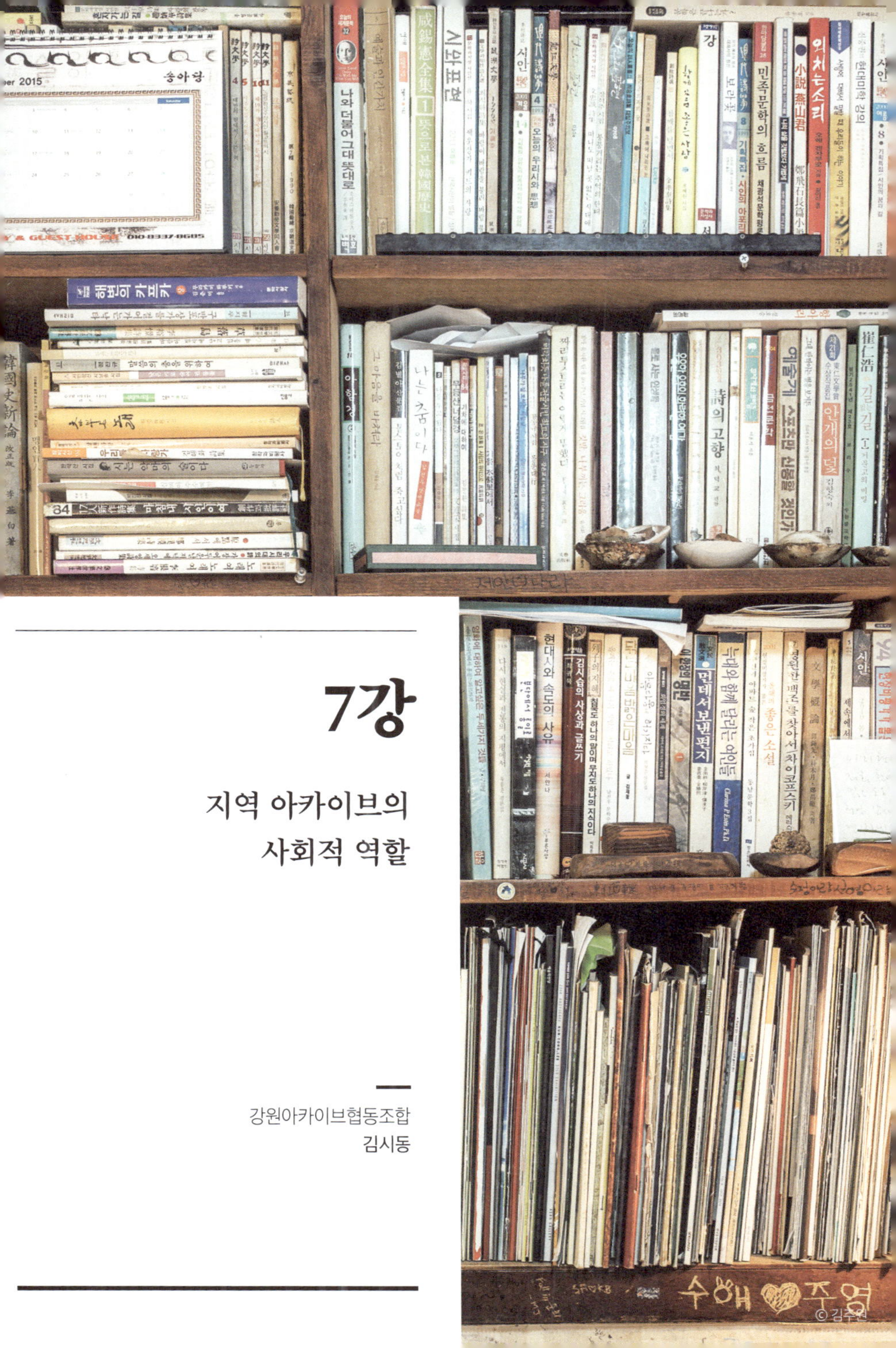

7강

지역 아카이브의 사회적 역할

강원아카이브협동조합
김시동

© 김주원

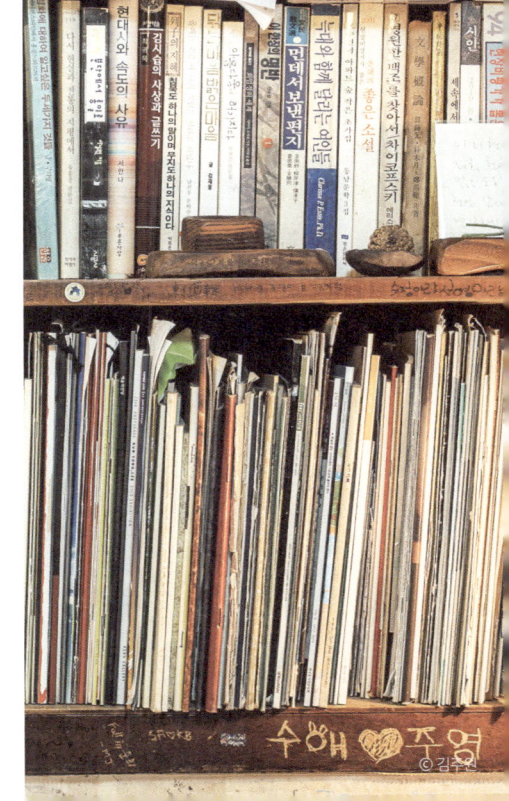

강원도 원주시에서 지역민과 함께
도시기록프로젝트를 진행하고 있습니다. 올해로 10년째입니다.
어디에도 없는 지역의 기록자원이 시민의 참여로 축적됩니다.
이 지역 데이터가 결국 지역의 자원이 되는 것입니다.
강원아카이브협동조합에서 지역기록화 사업
10주년 기념으로 기록문화축제를 개최했습니다.
'10년의 기록, 시간의 미래'라는 주제로
다양한 기록문화를 정리하고자 준비한 행사입니다.
도시기록 10년 아카이브, 지역 읽기, 영상기록 등
시민들과 함께한 지역기록 10년을 소개하겠습니다.

7강

지역 아카이브의 사회적 역할

민간의 기록을 왜 수집해야 할까

원주24도시기록프로젝트에 참여하는 시민들은 현재 10여 명 정도입니다. 처음 시작할 때에는 30여 명이었는데 이렇게 줄었습니다. 지역의 기록을 시민의 힘만으로 추진하기에는 한계가 왔습니다. 그러면 어떻게 해야 할까요? 좀 더 체계를 세우고 전문적인 영역으로 발전할 방법은 없을까요? 10년을 넘어 새로운 10년을 시작해야 하는 지금, 고민이 많습니다.

지난 시간을 돌아보며 새롭게 준비하는 과정에서 자치단체를 찾아가 이 고민을 해결하려고 노력했습니다. 하지만 자치단체에서는 민간의 기록을 왜 수집해야 하는지 되묻습니다. 기록에 대한 개념이나 민간 기록의 중요성에 대한 인식이 없기 때문에 그냥 의견 제시 단계에서 끝납니다. 처음에는 대단한 사업을 가지고 올 것으로 기대했나 봅니다. 그러다 특별한 것이 없다고 여기고는 논의를 중단했습니다. 몇 달을 고민해서 만든 제안서도 필요 없게 됐습니다. 겉으로 보기에 그럴 듯한 결과물을 얻기 힘든 분야니까요. 자치단체는 그곳에서 생산하거나 보관하는 공적 기록만 역사이고 기록이라고 생각합니다.

저희는 지역에서 살아온 개인의 기록을 중심에 둡니다. 개인이 가지고 있을 때는 혼자만의 기억이지만 그것이 수집되어 기록으로 지역과 동기화되면 사회적인 기록자원이 됩니다. 지역과 시민을 위한 공공, 사회적 자산 역할을 충분히 할 수 있습니다. 예를 들어 사진이 한 장 있습니다. 개인은 그 사진을 본인 입장에서 바라보지만, 연구자는 다양한 정보를 찾을 수 있습니다. 배경에는 어떤 건물과 길이 있고, 입은 옷차림은 어떤지를 종합해서 그 시대의 풍습과 문화를 확인합니다. 개인의 기록을 통해서 지역의 시대적 역사를 판단할 수 있습니다. 하지만 안타깝게도 사람들 사이에 이런 인식이 아직 부족합니다. 한편으로는 지역기록의 필요성을 이해시키고 설득할 기획자가 부족한 현실에 대한 아쉬움도 많습니다.

우리나라에서 한 지역을 중심으로 10여 년 이상 기록화 작업을 한 경우는 찾아보기 어렵습니다. 어디에도 없는 지역의 기록자원이 시민 스스로의 참여로 축적됩니다. 이 기록 데이터가 결국 지역의 자원이 되는 것입니다. 기록을 정보와 역사가 담긴 문화자원으로 본다면 말입니다. 요즘 여러 지역에서 진행된 기록 작업이 이벤트나 단발성 사업으로 끝나는 것을 봤습니다. 사업을 위한 사업으로 추진되는 꼴입니다. 사업이 끝나면 그 성과물 또한 함께 마감이 됩니다. 작업된 기록을 어떻게 공유할지, 모여진 기록자원을 지역 콘텐츠로 어떻게 재생산할지 고민하지 않습니다.

요즘은 도시재생사업이나 공동체 활성화 사업, 권역별 개발사업 등 다양한 분야에서 기록 작업을 많이 합니다. 관광 분야에서는 스토리텔링과 문화·관광 자원을 발굴하기 위해서 추진하기도 합니다. 소프트웨어 사업 가운데 주민역량강화 카테고리에서 하는 기록 작업도 있습니다. 이렇게 다 따로따로 진행합니다. 사업을 통해 생산된 기록을 어떻게 한곳으로 모을지에 대한 고민이 없습니다. 그래서 대부분 담당자가 맡은 한 가지 업무로 끝나 버립니다. 지역 사업으로 생산된 가치 있는 기록이 전혀 작동되지 못하는 상황입니다. 지역공동체의 민간기록을 수집하여 관리하고 공유하는 통합적인 시스템이 없기 때문입니다. 지역 공공기관, 민간영역의 아카이브 단체와 함께 연대해서 작업을 체계적으로 정리하고 활용 방안을 만드는 것이 중요합니다. 그런 의미에서 그동안 강원아카이브협동조합이 작업한 것을 예로 들면서 말씀드리겠습니다.

참여형 시민 아카이브

2009년부터 2018년까지 10년 동안, 시민 중심으로 구성된 기록문화공동체 원주24도시기록프로젝트의 지역기록 작업을 진행했습니다. 시민과 함께하는 작업을 통해 지역 사회에 기록의 가치를 확산시키고 기록 문화의 새로운 영역을 형성하고 있습니다. 주 사업은 지역기록화 작업, 마을지 출판, 전시, 교육사업 등입니다. 시민 참여 프로그램으로 기록문화시민학교, 지역읽기 포토트래킹, 매월 개최하는 도시기록 워크숍 등이 있습니다.

10년이라는 시간을 겪으면서 함께한 시민기록가들이 많이 지쳤고 기획자인 저도 비슷한 상황입니다. 저를 제외한 다른 시민들은 각자 직업이 따로 있는 상태에서 지역기록 작업에 참여하기 때문입니다. 저는 지역 아카이브 기획자면서 사회적 사진가입니다. 사진을 예술로만 바라보는 것이 아니라 기록으로 대합니다. 기록의 본질적 가치에 다가서는 사진 활동을 하고 있습니다. 지역 사회와 함께 소통하는 기록 작업은 무엇일까, 어떤 것이 바람직한 기록일까, 이런 고민을 많이 하다 보니까 사회적 사진가라는 새로운 영역을 만들게 되었습니다.

지역의 미래유산을 발굴하는 기록화 작업을 어떻게 하면 지역 사회와 함께 해결하고 공론화시킬 수 있을 것인가. 현재 강원아카이브는 이 점을 고민하고 있습니다. 지역기록은 결국 공동체의 지역성을 발굴하는 작업입니다. 따라서 지역민이 자긍심을 갖고 살아갈 수 있게 만들어야 합니다. 앞으로 어떤 방식으로 이것을 만들어 가야 할 것인가, 계속되는 고민의 과정입니다. 지역의 현장과 직접 관계되는 기록활동에는 전문가의 참여가 적습니다. 그렇기 때문에 시민기록가를 양성하거나 마을활동가를 발굴해서 참여형 시민 아카이브를 만들어야 의미가 있고 바람직합니다. 지역문화를 시민 중심으로 발전시키는 데 있어서 시민의 적극적인 참여는 무척 중요한 일이거든요.

아카이빙은 기록을 수집하는 활동과 기록을 생산하는 활동으로 나눌 수 있습니다. 이때 기록은 문화이고 콘텐츠의 기반이라는 인식이 있어야 합니다. 지금의 문화, 예술은 현재를 기준으로 화려하고 예술성 있는 활동에 주목합니다. 또 공적 가치로 인정된 것만을 문화적 유산으로 인식하기도 합니다. 기록이 삶의 과정이고 문화가 삶의 방식이라고 한다면 기록문화에 대한 인식의 변화가 요구됩니다.

지역기록 작업은 최종적으로 책이나 전시 형태의 성과물을 만듭니다. 아날로그 기록물로 남겨진 성과물을 시민과 지역 사회가 공유합니다. 기록화 작업을 통해 생산된 지역 데이터 자원을 활용하는 첫 번째 방법이 출판입니다. 마을기록이나 기록사진을 이용해서 출판물을 만들고 전시를 합니다. 이 자료가 PDF 파일로 완성되면 전자책으로도 출판이 가능합니다. 전자책은 관심 있는 누구나 인터넷을 통해 찾아보고 구입할 수 있습니다. 기록물을 제대로 정리해 놓으면 웹사이트 제작이나 SNS 홍보콘텐츠로 손쉽게 활용할 수 있습니다. 지역과 관련된 사업을 기획하는 데 있어서도 기초 자료로 사용됩니다. 마을의 이야기가 잘 기록되어 있으면 사업의 중요한 기반이 될 수 있고 준비 기간도 단축할 수 있습니다.

현재 강원도에서도 도시재생사업을 본격적으로 추진하고 있습니다. 그 가운데 원주시는 일차적으로 마을공동체의 지역성을 발굴하기 위한 기록 작업을 추진하고 있습니다. 본격적인 도시재생사업을 위한 기초 단계라고 할 수 있습니다. 마을기록을 위해 주민들을 참여시켜 기록 작업을 해보려고 합니다. 그곳에서 살아가는 마을 사람들이 공동체 기록 작업에 함께하면 그 기록의 의미는 더욱 커집니다. 직접 참여해서 촬영하고, 기록을 발굴하는 활동을 통해 주민의 문화적 네트워크가 형성되기도 합니다. 이렇게 지역의 문화적 자원이 생산되고 공동체의 가치가 만들어질 수 있습니다. 마을기록 작업을 하면서 이 점이 항상 아쉬웠습니다. 10년 이상 지역의 기록화 작업을 하면서 주민들과 함께하는 기록 활동을 하려고 애썼지만 원하는 방향으로 나아가기가 힘들었습니다. 공적 영역의 단체나 공공에서 추진하는 사업이 아니고 소규모 민간단체에서 추진하는 작업이기 때문에 마을과 관계를 형성하는 것부터 어려웠기 때문입니다. 그동안 공공과의 협력이 부족했던 것 같습니다.

기록의 민주화, 기록의 자치화

지역 중심의 시대, 사람 중심의 사회에서 기록은 중요합니다. 그렇다면 공동체의 기록을 어떻게 할까요? 민간의 기록을 어떤 식으로 수집할까요? 기록의 민주화, 기록의 자치화라는 거대한 이상을 지향하면서 이런 질문이 계속 나왔고, 실제로 기록 문화에 대한 변화의 흐름도 생겨나고 있습니다.

먼저 수원시가 다른 지역보다 앞장서서 지역 기록의 필요성을 인지하고 실천으로 보여주고 있습니다. 화성시도 사회적공동체지원센터 중심으로 마을아카이빙을 적극적으로 진행하고 있습니다. 또 전남 담양군과 순천시 등에서도 많은 관심을 갖고 사업을 추진하고 있는 것 같습니다. 오전에는 화성시에서 주민아카이빙 교육을 진행했습니다. 그곳에 전남 순천시 마을공동체지원센터 담당자가 견학을 왔습니다. 교육의 내용을 한참 듣고 이야기도 많이 나누고 갔습니다. 다음 달에는 순천 시민협력센터에도 다녀올 예정입니다. 공공기관의 적극적 관심과 인식의 전환을 보여주는 사례로 볼 수 있습니다.

우리 사회는 그동안 성장 중심, 개발 주도적인 변화 속에서 민간영역의 기록에는 큰 관심을 두지 않았습니다. 공공의 영역에서 생산되는 공적 기록만을 가치 있는 기록으로 인정했습니다. 공적 기관의 기록, 결국 '갑의 기록'이라고 할 수 있지요. 힘 있는 자들 중심으로 기록을 남길 수밖에 없는 역사를 살아온 것입니다. 공적 기록의 대안으로 제시할 수 있는 대항기록을 생산해내야 하는데 예전에는 그런 기록을 모두 거부

원주시 지정면 판대리 출렁다리. 원도희, 이기영 부부 결혼식(1973년)

했습니다. 유네스코 기록문화유산으로 세계적인 가치를 인정받고 있는 조선왕조실록도 한편에서는 그것은 사관이 기록한 왕조의 기록이라고 합니다. 백성의 기록은 없습니다.

  지방자치시대에 기록의 민주화를 위한 민간의 지역기록유산을 생산하는 작업이 필요합니다. 조금씩 확산되고는 있지만 자치단체와 공공의 인식 전환과 기록화사업이 더 적극적으로 추진될 필요가 있습니다.

  지금은 철거되고 없는 원주시 지정면 판대리 판관터에 있던 삼산천 출렁다리와 마을의 이야기를 예로 들겠습니다. 이곳 판관터 마을에서 살고 있는 원도희, 이기영 부부에게는 1973년에 이 다리를 배경으로 친구들과 찍은 사진이 있습니다. 결혼식을 한 뒤 중앙선 철길을 걸어와서 출렁다리를 건너 시댁에 가는 장면입니다. 당시에 마을로 들어오려면 이 출렁다리를 건너야만 들어갈 수 있었답니다. 출렁다리가 없을 때는 외나무다리를 건너다녔는데 장마 때만 되면 모두 떠내려가 오도 가도 못했다고 합니다. 이곳에서 태어나 평생을 살고 있는 원도희 어르신과 인터뷰를 많이 했습니다. 아버님께서는 어려운 상황에서도 대학을 다닌 분이었는데, 살아온 삶의 기억을 엮어 시집도 내셨습니다. 간직하던 사진도 많이 보여주며, 그 시절의 이야기를 해 주셨어요. 원도희 씨의 부친께서는 자식들을 가르치기 위한 열정으로 마을에 땅을 희사(喜捨)해서 판대국민학교를 건립했습니다. 개인의 기억이 사회적 기록으로 공유될 때 지역의 역사로 남는 기록 사례입니다.

  기록을 하려고 마을 현장에 찾아가는 횟수는 평균 15~20여 번입니다. 마을회관을 중심으로 자주 왕래하면서 음료수나 찍은 사진을 드리면서 이야기를 나누면 어르신들은 더한 것을 돌려주십니다. 사진을 매개로 시작한 기록화 작업이 이제는 마을의 삶과 문화를 담아내는 쪽으로 확장되고 있습니다. 마을에 들어가는 것은 지역을 읽고 배우는 과정이라고 생각합니다. 사실 기록학을 전공한 전문가라면 대부분 안정된 공공기관에 취업하거나 연구자로 일하는 경우가 많습니다. 그래서 현장에서 기록을 수집하는 활동이 더 어렵게 여겨집니다. 쉽지 않은 작업이지요. 발품을 팔아야 만날 수 있고, 시간이 상상할 수 없을 정도로 많이 듭니다.

저의 경우, 지역기록 작업을 하는 데 있어서, 다큐멘터리 사진을 했던 경험이 아카이빙 활동으로 방향을 잡는 데 큰 도움이 되었습니다. 특히 강원도의 가치를 기록하는 사진을 찍고 남기는 것을 사명으로 여기면서 20년 이상을 작업하고 있습니다. 때문에 강원도 이외의 다른 지역은 거의 찍지 않았습니다. 사실 큰 관심도 없고요.

사진 대부분이 강원도의 삶과 문화를 기록한 사람 중심의 작업입니다. 횡성댐수몰지역 기록이나 한국의 소, 강릉단오, 횡성회다지소리, 강원의 근대건축 등 강원도만의 특성을 발굴하는 다큐멘터리 작업을 통해 많은 기록이 축적되었습니다. 아카이브 사진집 출판과 전시 발표도 계속하면서 기록의 사회적 자산화를 위해 시민들과 함께할 수 있는 작업을 기획하게 된 것입니다.

지역을 기록하는 사진, 원주24도시기록프로젝트

원주24도시기록프로젝트의 지역기록화사업은 2009년 지역의 아마추어 사진 동호인과 시민들이 모여서 시작했습니다. 여섯 개의 사진 단체와 시민참가자들이 참여하여 시민의 시선으로 우리 지역을 기록하고

횡성댐 수몰 지역 기록_화성초등학교 마지막 운동회(1996년)

전시를 열자고 뜻을 모았습니다. 30여 명의 시민 참가자가 원주의 24시간을 촬영했습니다. 원데이샷(One day shot) 프로젝트라 이름 붙일 수 있습니다. 하루를 시간대별로 나누어서 시민이 참여하여 작업했습니다. 어떤 동호회는 아침 6시부터 12시까지, 또 다른 동호회는 12시부터 오후 6시까지 이런 방식입니다. 그런데 밤중에도 찍어야 되잖아요? 젊은 친구들로 구성된 동호회가 밤부터 새벽까지 기록을 했습니다. 이렇게 촬영된 사진으로 원주의 하루, 24시간을 볼 수 있도록 전시장 벽에 시간대가 구분되게 돌아가면서 붙였습니다. 지역에서 처음으로 기록한 원주의 24시간이 나왔습니다.

액자도 안 하고 사진을 벽에 붙이는 방식을 이용했습니다. 사진 좀 찍는다는 지역의 사진작가로부터 싫은 소리를 듣기도 했습니다. "사진을 그냥 벽에다가 막 붙여 놓고서 전시를 해?" 하며 당시에는 이해를 못 하는 분들도 있었습니다. 2009년도만 해도 이런 전시가 너무 성의 없이 보인 것입니다. 사진을 예술로 대하는 사고, 사진은 작품이라는 기존의 일반적인 인식과 표현의 형식을 깨트린 시민 중심의 지역기록 활동이 이렇게 시작됐습니다.

처음 시작할 때, 가능한 한 프로젝트의 체계를 세우려고 노력했어요. 한 달 만에 기획하고, 모집하고, 작업을 시작한 행사였습니다. 하지만 참여하는 동호회를 공동주관 체제로 하고 실행위원회, 촬영 지원팀, 행사 진행팀으로 나누어 동호회 마다 인원을 구성하고 체계를 갖췄습니다. 계획에 완전히 맞추지 못하더라도 사전에 수립한 계획에 따라 책임감을 느낄 수 있도록 운영을 했습니다.

지역에서 처음 시도한 도시기록프로젝트는 어느 정도 효과가 있다고 판단하고 가능성을 발견했습니다. 그 해 12월에 원주24도시기록프로젝트라는 비영리단체로 창립을 했습니다. 운영위원회, 실행위원회, 자문위원회를 구성하고 이때부터 본격적인 활동을 시작했습니다. 2010년부터는 기록화 작업의 성과물을 전시하고 기록 책자도 발간하기 시작했습니다. 참여하는 시민활동가는 후원기금 성격의 월 회비를 냅니다. 이렇게 모인 기금으로 전시나 프로그램을 진행할 때 사업비로 사용합니다. 지역기록문화축제 때는 각자 별도의 참가비를 내기도 했습니다. 시민 중심의 지역기록 활동의 가치를 위해 그만한 책임을 나눠 갖자는 의미입니다. 참여하는 시민들은 기록 작업에 좀 더 주도적으로 참여하고, 그 기록물은 공동의 가치가 되는 것입니다.

2010년부터 2013년까지는 사진을 핵심으로 원주 전 지역을 대상으로 광범위한 기록을 했습니다. 2010년에는 '기억의 증거, 사진을 보다', 2011년에는 '풍경, 도시를 품다', 2012년에는 '도시의 풍경, 시간의 탐색'이라는 주제를 가지고 변화하는 도시의 모습을 사진으로 기록했습니다. 이때만 해도 세부적인 주제를 정하지는 않았어요. 그냥 우리의 도시를 사진으로 잘 찍어주세요, 정도였습니다. 참여하는 시민 작가들도 그때까지는 큰 부담 없이 즐겁게 사진 작업을 했습니다. 결과적으로 보면 체계적이지 않고 겉핥기식으로 스케치하듯이 기록 작업이 이루어지고 있었던 것이죠. 초보적인 활동이었지만 이 또한 지금의 시점에서 본다면 중요한 기록자산으로 남습니다.

지역 아카이빙의 어려움

지역에 살고 계신 어르신들이 소장하고 있는 옛 사진을 수집하고, 그분들을 인터뷰해서 사진에 내용을 넣어야 한다는 생각이 들었습니다. 사진에 정보가 없으면 기록으로 가치가 없습니다. 그래서 시민작가들에게 어디서 찍었는지, 어떤 이야기를 수집했는지 기록하게 했습니다. 어르신들이 마을에서 살아온 이야기를 듣고, 지역을 읽고, 사진 수집까지! 시민작가들은 부담을 느낄 수밖에 없었습니다. 모두가 생업이 있는 자발적으로 참여한 시민들로 강요할 수 없는 상황이지요. 충분히 이해가 갔고, 예상됐던 일이었습니다.

2013년도 지역기록 작업은 봉산동, 태장동, 소초면 이렇게 세 곳이 대상지였습니다. 15명 정도의 시민이 참여했는데 기록 대상 지역은 너무 넓고 준비가 부족하니 완성도가 떨어졌습니다. 수집되고 생산된 기록물도 너무나 부족했습니다. 세 지역을 책 한 권에 넣으니까 어느 마을의 기록도 아닌 것처럼 보였습 니다. 나중에 마을 사람 중 누가 책을 보려고 해도 자기 동네 책이 아니라고 느낄 것 같았습니다. 이렇게 하면 안 되겠구나, 작업의 방향을 바꾸자, 해서 2014년부터는 한 지역을 중심으로 집중적인 기록 작업을 했습니다. 2014년은 신림면, 2015년은 귀래면, 2016년은 부론면, 2017년은 호저면, 2018년은 지정면이었습니다. 올해까지 이렇게 면 단위 지역을 중심으로 작업을 했습니다. 그런데 요즘은 이 범위도 넓다는 생각이 많이 듭니다. 참여 인원이 적은 상황에서 작업하기가 너무 어려웠습니다. 올해 지정면을 대상으로 작업을 하고 있는데 그 가운데 리 단위 세 곳은 기록하지 못했습니다. 더 체계적이고 집중적인 기록을 하려면 마을로 좀 더 깊이 들어가는 작업이 필요하다는 생각이 듭니다. 광범위한 주제를 선정하거나, 대상 지역을 너

원주24도시기록프로젝트, '기억의 증거, 사진을 보다'에 초대된 마을주민들(2010년)

무 넓게 잡고 체계가 없이 시작된 경우에 지역 아카이빙 작업이 실패할 가능성이 높다는 연구 결과도 나와 있더군요.

사진만 열심히 찍으면 되는 동호회 개념으로 시작했는데, 갈수록 어려운 것을 주문했으니 아마 저라도 힘들었을 것입니다. 그런 과정을 거치면서 많은 사람이 들고 나고 하면서 현재 10여 명 정도가 남아 기록 작업에 참여하고 있습니다. 그래도 그들은 끝까지 남아 떠나지 않더라고요. 여러 가지 사정으로 직접 현장 활동을 못해도 함께해 주는 분들도 있습니다. 이분들은 다른 방식으로 공유하고 도움을 주기도 합니다. 함께해 주는 것만으로도 큰 힘이 되었습니다.

1년간의 기록 작업이 끝나고 성과물 발표를 하게 되면 도움 주신 주민들을 행사장으로 모셔옵니다. 전시된 본인의 사진 앞에 서 또 하나의 기록을 남기기도 합니다. 개막식 테이프 커팅도 함께하고, 건배 제의도 하고, 인사 말씀도 청해 듣곤 합니다. 행사의 주인공은 그분들이지요. 우리가 기록한 기억의 주체잖아요. 우리가 마을과 주민을 기록했지만 원래 그분들이 가지고 있던 기억입니다. 그래서 꼭 행사에는 마을 주민들을 모시고, 정중하게 대우해 드리죠. 어떤 지역은 면장님이나 이장님께서 마을 분들을 단체로 모셔오기도 합니다. 개막식 때 못 오더라도 중간중간 와서 어르신과 가족분이 함께 구경하기도 합니다. 이분들이 마을공동체의 기억을 주제로 진행하는 행사의 주인이시죠. 하지만 이렇게 진행한 지역기록 작업은 공동체 활동가나 마을전문가가 아닌 시민들이 참여해서 만들기 때문에 마을에 좀 더 깊이 들어가지 못한다는 어쩔 수 없는 아쉬움과 한계가 있습니다.

지역의 이야기와 기록을 수집해서 시민의 자산으로 활용하는 사회적 아카이브의 기반을 구축하고 싶습니다. 시민의 기억을 수집, 기록하여 지역 공동의 자산으로 만들고 사회적 가치로 실현되게 하는 지역 아카이브를 만드는 것입니다. 지역 사회와 마을공동체가 필요로 할 때 자료를 공급하고 마을사업에 활용할 자료를 보관하는 중간 매개체 역할, 기록자원의 플랫폼 역할이 우리 조합의 목표라고 할 수 있습니다.

2010년부터 원주교육문화관과 공동으로 지역기록 작업의 성과물 전시와 워크숍을 진행하고 있습니다. 원주교육문화관을 사용하려고 협의하는 과정에서 기록의 가치를 공감해 주는 특별한 분을 만나는 행운이 있었습니다. 지역에 대한 관심과 문화적 의식이 남다른 분이셨어요. 사진을 본다는 것은 이미지를 읽는 거잖아요? 지역의 기억을 사진에서 읽어 내는 것이고요. 시민의 지역기록 활동을 통해 마을의 이야기를 발견하고 정보를 해석하는 작업을 지원하는 것은 공공에서 해야 할 역할이라는 문헌정보과장님의 말씀이 지금도 기억납니다. 지역사회를 대하는 인식과 이해의 수준이 앞서 있었습니다. 그때부터 교육문화관에 활동단체로 등록하고 워크숍 공간과 전시장을 무료로 사용할 수 있었습니다. 아마 그 상황을 극복하지 못했다면 지금까지의 도시기록작업도 지속되기가 쉽지 않았을 것입니다.

지역기록화 작업을 원주교육문화관과 공동으로 주최하면서 2010년부터 회원들과 공부하는 모임을 시작하게 되었습니다. 저희가 지금까지 잘하고 있고 자랑하고 싶은 것 중 하나입니다. 매월 세 번째 목요일 저녁 7시부터 9시까지 원주교육문화관에서 워크숍을 개최합니다. 참석 인원이 2명 이상이면 어김없이 진행됩니다. 작업의 진행 상황을 공유하고 때로는 다른 지역 활동가나 다큐멘터리 작가를 초청해서 이야기를 들습니다. 이런 지속적인 프로그램을 추진한 덕분에 몇 명이라도 끝까지 살아 남아 성장의 열매를 맺지 않았나 하는 생각이 듭니다.

원주 10대 이슈 전시 프로젝트

구술기록도 중요하고 필요한 작업이지만 요즘은 사진이나 영상기록이 증거 가치로 더욱 중요한 역할을 합니다. 그래서 저는 사진이 지금 시대, 기록의 핵심이라고 생각합니다. 사진 한 장 속에 담겨 있는 다양한 정보를 파악하는 것은 원고지 한 장에 써 놓은 글을 읽는 것과 큰 차이가 없습니다. 물론 상황마다 다르다는 것을 전제로 하지만 많은 글을 읽지 않아도 사진 한 장만으로 내용을 파악할 수 있습니다. 사진이 보여주는 이미지가 결국은 기호이고 텍스트적인 언어잖아요. 사진 속에 있는 사람이 어떤 생각을 하는지, 사진의 배경은 어떤 의미인지 이해할 수 있습니다.

기록화 작업을 하려면 사진도 잘 찍어야 합니다. 스마트폰도 훌륭한 기록의 수단입니다. 하지만 사진의 기본적인 개념도 알고 디지털 카메라를 잘 다룰 수 있으면 더 나은 작업을 할 수 있습니다. 그렇지 않을 경우에는 두 명이 가야지요. 한 명은 인터뷰하고 한 명은 사진이나 영상 기록을 하면 효과적인 협업이 될 것입니다.

2009년 처음 시작한 도시기록프로젝트는 원주지역을 중심으로 사진을 찍고, 기록으로 남기고, 전시하는 초보적인 작업이었습니다. 이후 도시기록프로젝트의 지속적인 기록작업과 함께 사라지는 것들을 사진으로 남기려 하고 있습니다. 지금 이 순간, 현재의 모습을 못 찍고, 다음 기회에 다시 찍으려고 하면 그 사이에 사라져 남아 있지 않은 경우가 많습니다. 구술을 통해 글로 기술할 수도 있겠지만, 사라지고 잊히는 한 순간을 찍어내는 것은 그만큼 중요합니다. 그렇게 기록한 것이 기대 이상으로 지역의 중요한 자원이 되고 있습니다. 축적된 지역의 가치 자원을 이제는 어떻게 정리하고 분류해서 관리할 것인가 답을 찾아야 할 때입니다. 쌓여 있는 기록, 불완전한 기록물, 나만 알고 있는 기록정보는 어떻게 보존해야 할까요?

지역기록 작업을 하면서 시민들의 관심을 모으고, 지역 사회에 영향을 끼치기 위해 원주 10대 이슈를 선정해서 전시하는 아카이빙프로젝트를 기획했습니다. 다른 지역에서는 시도하지 않은 프로젝트라서 꼭 한번 해보라고 추천하고 싶습니다. '원주를 참견하다2012', '사진으로 기억하는 원주2013'이라는 제목으로 원주 10대 이슈 아카이브 기획전을 개최했습니다. 1년 동안 일어난 원주의 사건 사고와 이슈를 선정해서 연말에 전시했는데 역량이 된다면 다시 진행할 계획입니다.

2년 동안 작업하고 전시했는데 나중에는 시민작가들의 참여가 쉽지 않아 결국 제가 찍은 대부분의 기록으로 채웠습니다. 저는 사진을 매개로 한 사회적 기록을 추구하는 사람이라서 항상 지역의 이슈에 주목하고 있습니다. 그래서 뉴스가 있는 현장에 언제든지 달려갈 준비가 되어 있습니다. 하지만 시민작가들은 각자 생업이 있으니 쉽지 않습니다. 시민들과 함께 한다는 것이 어느 정도 성과도 있지만 완전하지 않다는 점도 있습니다.

사진 기록과 공개를 통해 지역에 사회적 관심을 불러 일으키는 메시지를 줄 수 있습니다. 더욱 중요한 것은 민주주의의 기본인 시민 스스로의 권리를 찾는 시민의 알 권리를 공유한다는 것입니다. 대부분의 시민들은 우리 지역에서 어떤 일이 있었는지 모르고 지나가는 경우가 많습니다. 해마다 지역 공공기관, 단체들과 공공의 영역에서 다양한 행사가 개최되고 시민사회 영역에서도 의미 있는 지역뉴스가 많이 생산됩니다. 그러나 시간이 지나면 기억하지 못하고 잊게 됩니다. 지나온 시간 만큼 기억이 오래가지 않을지도 모릅니다. 지역 사회 1년의 변화를 시민의 힘으로 기록한다는 것은 공적 기관 중심의 기록과는 또 다른 사회적 변화를 남기는 일이라 생각합니다. 지역의 열 가지 빅이슈를 선정하고 주제에 맞는 사진을 골라내거나 재촬영을 합니다. 선정된 이슈에 대한 내용을 정리하고 전시 작업을 구체화합니다. 장기적인 계획으로는 지역의 시민사회단체와 함께 연대하여 10대 이슈 선정위원회나 공동 추진체를 구성하는 과정도 생각하고 있습니다. 시민의 관점에서 바라보고 전시하는 뉴스를 통해 지역 사회에 영향을 줄 수도 있습니다. 또 자치 단체의 정책에 반영될 수 있게 사회적 기록의 가치를 만들어낼 수 있다고 봅니다. 이런 작업을 다른 지역도 해보면 좋겠습니다. 중요한 것은 '누가 할 것인가?'입니다. 누가 리더 역할을 하느냐가 가장 중요합니다. 수원에는 다큐사진가나 기획자들이 많아서 충분한 환경만 조성되면 좋은 지역 기록이 가능할 것이라 생각합니다.

현실적으로 사진을 찍는다고 모두 아카이빙 작업을 할 수 있는 것은 아닙니다. 사진작가는 정말 많지만 그분들이 찍는 사진은 대부분 예술적 다큐멘터리이거나 작품처럼 보입니다. 도시를 바라보는 시선도 외형적인 도시의 모습, 아름다운 마을의 모습을 담고자 하는 감정이 더 많이 개입될 수 있습니다. 사진작가 중에는 개인적으로 다큐멘터리 작업을 하는 작가도 있습니다. 일반적으로 다큐멘터리 작가는 주관성이 아주 강하잖아요. 자신의 생각과 시선으로 바라보는 사회현상을 기록해서 작품을 만들어 발표하면서 지역 사회에 발언하고 싶은 메시지를 던지는 작업일 수 있습니다. 하지만 이런 활동은 지역의 공동체 가치와 역사성을 우선으로 하는 기록을 중심에 둔 사회적 사진과는 차이가 있습니다. 우리가 추구하는 작업은 지역 사회와 소통하는 사진, 기록으로써 문화적 가치를 발굴하는 사진입니다. 대상을 얼마나 객관적 시선으로 바라보고, 공정하고 공평하게 기록할 것이냐. 이것에 대해 많이 고민하는 활동입니다.

강원아카이브협동조합의 지역기록문화축제

2013년에는 도시기록프로젝트를 기반으로 사회적경제 조직인 강원아카이브협동조합을 창립합니다. 지역을 기록하는 일은 사회적, 공익적 성격이 강한 사업이라서 사회적경제 조직으로 변화를 모색하게 되었습니다. 2012년 연말에 협동조합기본법이 제정되었습니다. 원주는 는 협동조합의 정신과 상징성을 가진 협동조합의 도시입니다. 사회적경제 조직이 활성화되고 많은 조직들이 생겨나면서 자연스럽게 관심을 갖고 시민기록의 사회적 가치 실현이라는 점에 주목하게 되었습니다. 그 과정에서 도시기록프로젝트 회원들이 조합의 주주로 참여하게 되었습니다. 그들이 지금의 강원아카이브협동조합을 창립하고 성장하게 했습니다.

저는 조합의 대표를 맡고, 비영리단체의 기획위원으로 활동하고 있습니다. 사실, 이 두 단체는 같은 맥락에 있습니다. 도시기록프로젝트는 비영리 전문예술단체로 지역기록화사업을 시민 중심으로 만들어 갑니다. 강원아카이브협동조합은 지역 아카이브와 관련된 사업 기획과 여러 가지 수익성 프로젝트를 추진합니다. 지역의 기록문화 자원을 체계적으로 수집하여 공유하고 사회적 자산화를 통해 서비스 기반을 구축하는 것이 협동조합 설립의 목표입니다.

올해로 도시기록프로젝트의 지역기록화사업이 10년이 되었습니다. 2013년부터는 조합이 주체가 되어 도시기록프로젝트를 중심으로 지역기록문화축제를 시작했습니다. '시민이 중심 되는 지역문화, 시민이 기록하는 지역 가치'라는 주제로 지역기록문화축제를 현재까지 6회째 개최했습니다. 아마 국내 유일한 기록문화축제일 것 같습니다. 기록이라는 생소한 기억문화를 활용해 지역의 문화축제로 기획하고 개최한 사례는 없는 것으로 보입니다.

올해 지역기록문화축제는 지정면 마을기록 작업 성과물을 전시합니다. 출판, 영상, 세미나, 지역 읽기, 지역 커뮤니티 특별전, 도시기록 10년 아카이브 기획전, 시민사진전 등 다양한 프로그램으로 열흘 동안 개최됩니다. 기획부터 개최까지 모든 과정이 도시기록프로젝트와 강원아카이브의 주관으로 진행됩니다. 공적 기관, 단체의 지원 없이 시민의 참여로 시민이 중심이 되어 만들어 가고 있는 것이지요. 도시기록 10주년 지역기록문화축제는 뒤에서 다시 말씀드리겠습니다.

지역기록의 현장

지역기록 작업을 할 때 필요한 준비와 진행 과정에 대해 설명하겠습니다. 마을에 들어가 작업을 할 때는 우선 공적 기관이나 지역의 사회단체에 협조를 요청합니다. 면사무소와 사전에 협의해서 이장협의회나 기관 단체장을 만납니다. 월례회에 참석하여 설명회를 해야 공신력과 객관성을 확보할 수 있습니다. 이러한 사전 작업이 반드시 선행되어야 마을에 다가가기 쉽습니다. 큰 도움이 되지 않더라도 그들에게 마을기록 작업에 대한 인지가 꼭 있어야 합니다. 사전 설명회를 통해 기록 작업이 진행된다는 것을 말이지요. 그래야만 작업 진행 중에 어디서든 설명을 하고 협조를 구할 수 있습니다.

  기록 작업에 필요한 명찰이나 명함을 만들고 후원 기관, 단체를 기재하는 등 사전 준비도 꼭 필요합니다. 면사무소의 협조를 통해 이장님이나 노인회장님의 연락처를 확보하고 본인이 담당한 마을의 이장님께 연락해서 인사도 드리고, 마을의 현황을 묻기도 합니다. 이장님들께 인사하고 나면 마을의 노인회장님, 부녀회장님을 좀 편하게 만날 수 있습니다.

  현장에 들어갈 때 가장 중요한 것은 마을의 리더를 파악해서 잘 설득하고 이해시키는 것입니다. 리더의 영향력이 마을에서 이뤄지는 작업의 분위기를 좌우하기 때문입니다. 이장님을 비롯한 노인회장님이나 부녀회장님, 반장님과 관계를 형성하는 것이 꼭 필요합니다. 저희가 하는 마을기록 작업에 대한 이야기를 기록하고 책도 보여 드리며 협조를 구합니다. 마을회관에 몇 번씩 왔다 갔다 하면서 이야기를 나누다 보면 "며칠에 와 봐, 다음 주에 오든가" 하십니다. 이런 노력을 통해 주민과의 교감을 완성해 가는 것입니다.

  약속한 날 마을회관에 가면 어르신들이 보자기에 싸서 보관하던 옛 사진이나 앨범을 갖다 놓고 계십니다. "저번에 온다 그래 놓고 안 왔대?" 그러면서 사진을 보여주세요. 이런 작업과정에서 마을 어르신들 단체사진이나 장수사진을 찍어 드립니다. 단체로 찍은 사진은 액자로 만들어 마을회관에 걸어 드리고, 장수 사진은 큰 비용을 들이지 않고 만들 수 있습니다. 마을기록 작업 중에 찍은 사진들을 다음 방문 때 인화해서 기념으로 전해 드리면 친근감을 유지하는 관계로 만들어지기도 합니다.

　이렇게 기록의 과정을 마치고 성과물을 발표할 준비가 되면 책과 초대장, 행사 포스터를 들고 마을로 찾아갑니다. 인터뷰를 해주고 자료를 제공해 주신 마을 어르신들을 뵙고, 면사무소, 마을회관을 직접 방문해서 준비한 것을 전달합니다. 그 지역을 담당한 기록 작가가 어르신께 시간 되면 꼭 오시라고 초대장을 전해드립니다. 그리고 면사무소 게시판이나 마을회관, 버스정류장 등에 포스터도 붙여 최대한 홍보를 합니다. 이 모든 일이 시민의 자발적인 참여로 이루어지는 것입니다. 10년의 경험을 통해 이렇게 됐습니다. 우리가 기록했으니까 우리가 해야 한다고 대부분 공감하는 마음으로 참여하고 있습니다.

정리된 기록을 어떻게 보여줄까

　1년 동안의 기록 작업을 통해 모인 소중한 지역 자료들을 어떻게 정리해서 시민과 공유할지 늘 고민입니다. 도시기록 10주년 행사를 개최하는 올해는 뭔가 의미 있는 기록을 준비하려고 고민도 했습니다. 원주 시민의 전통적인 혼례 풍경과 근대식 결혼사진을 모아서 전시하면 어떨까? 폐교된 학교의 옛 기록은 어떨까? 원주에서 살아온 시민기록을 공모하는 시민참여기록전은 어떨까? 등 다양한 의견이 나왔습니다. 그 동안의 작업 과정에서 생산된 기록이 많아서 충분히 가능한 기획이었지요. 기록자원이 축적되면 그것을 지역문화콘텐츠로 활용하는 다양한 작업도 가능합니다. 생각을 더 확장하면 지역에서 할 수 있는 기록문화와 관련된 여러 사업의 추진도 가능합니다. 하지만 기록은 현재 보다는 미래를 위한 작업으로 당장에 성과로 돌아오지 않기 때문에 시간에 대한 믿음이 필요한, 쉽지 않은 길입니다.

지역과 마을의 기록자원을 수집하는 것은 지금 우리 세대가 대단한 혜택을 보려고 하는 것이 아닙니다. 기록화 작업은 다음 세대를 위한 미래 유산으로 남기는 과정입니다. 그렇다면 지금 우리가 하고 있는 작업은 과정의 결과를 사업의 성과로 완성하는 것이라 할 수 있습니다. 10년, 20년 후에는 이 기록물이 역사적 가치를 발휘하거나 필요성이 인정될 것입니다. 현재에는 이러한 기록을 대단하게 인식하거나 가치를 당장에 부여하기는 어려운 상황입니다. 이러한 상황을 극복하기 위해서, 폭 좁고 턱 높은 기록문화의 현실을 확장하기 위한 적극적인 노력이 필요합니다.

작년에 원주 호저면 마을기록 과정에서 시민작가가 발굴한 1950년대 군복을 입고 찍은 이인규 부부의 사진이 있습니다. 군에 입대한지 3일 만에 결혼식을 올리고 찍은 사진이라고 합니다. 흑백으로 찍은 사진을 컬러로 인화한 상태였습니다. 얼마 전 대구사진비엔날레에 다녀왔는데요. 옛날 유리 원판과 사진이 전시되어 있었습니다. 유리에 찍힌 흑백 이미지에 컬러 채색을 해서 인화를 하는 방식이 소개가 되어 있었습니다. 자세히 보니 이 결혼사진도 그런 방식으로 인화한 것 같았습니다. 빛바랜 옛 사진은 사진 기술의 변화를 보여주고, 입고 있는 군복을 통해 시대 상황도 드러냅니다. 이런 자료가 각 분야별 연구자에게 가치 있는 자료가 될 것입니다. 오랜 시간을 견딘 사진이 아주 인상적이어서 대형으로 전시를 했습니다. 어르신의 가족들이 전시회에 모두 오셨습니다. 행사 마지막 날, 전시했던 어르신의 옛 사진을 전해드렸습니다. 가능하면 전시한 사진을 기록에 참여해 주신 마을 분들께 기억의 선물로 모두 전해드리려고 합니다. 별 관심을 갖지 않았던 면 단위의 지역과 마을에는 아직까지 공동체 문화와 시대적 기록자원이 많이 남아 있습니다. 이와 같은 지역기록 활동과 프로그램이 시민들의 참여로 완성됩니다. 이런 과정을 통해 지역을 바라보는 시선이 달라지고 공동체를 이해하는 폭이 넓어집니다.

　지역기록화 작업을 통해 제작된 아카이브 책자는 200페이지 이상의 꽤 두꺼운 분량입니다. 이것은 말 그대로 아카이브를 위한 것입니다. 반면 지금 소개하는 지역문화콘텐츠 책자는 아카이브의 재활용입니다. 아카이브 책자에는 개인사부터 면 지역 전체를 대상으로 광범위한 기록이 정리되어 있지만 지역문화콘텐츠 책자인 '지역문화공부책'은 쉽고 가볍게 만든 홍보매체입니다. 마을을 소개하고 배우는 잡지형콘텐츠라고 이해하시면 됩니다. 방문객들에게 두꺼운 지역 아카이브 책자를 제공하기는 어렵습니다. 그래서 생각한 것이 지역 주민이나 청소년, 방문객이 쉽게 지역을 이해할 수 있는 홍보 책자를 만들자는 것이었어요. 아카이브 콘텐츠를 재활용하는 의미에서 지역의 공적인 것만 정리해서 50페이지 분량의 소책자로 편집했습니다. 지역의 역사, 유래, 학교, 자연지명, 마을유산 등 공적인 것을 중심으로 제작했습니다. 그 지역의 초·중학교 등 청소년이 자신의 마을을 공부할 수 있게 했습니다. 또 지역을 찾는 방문객들에게 지역을 이해하는 데 도움이 될 수 있을 것이라는 생각으로 만들었습니다.

보통 자치단체에서 발행하는 홍보물의 콘텐츠는 지역의 대표적인 내용으로 정리되어 제작하는 것이 일반적입니다. 예를 들면 수원시의 홍보는 지역 전체를 대상으로 한 대표적, 상징적인 콘텐츠로 만들게 됩니다. 주민들이 살아가는 마을공동체의 이야기를 보거나 알 수 있는 홍보책자는 별로 없습니다. 그리고 마을기록 콘텐츠는 턱없이 부족합니다. 저희는 이것에 주목해서 올해까지 3년째 만들고 있습니다. 사실 처음 의도한 것에 비해 지역에서의 활용도는 떨어집니다. 이것은 공공이 지역에 대한 관심과 애정이 부족한 것과 무관하지 않습니다. 내 곁에서 일어나는 변화의 소중함을 모르는 것은 어쩌면 자연스러운 현상일 수 있습니다.

7. 억하는 시민이 지역을 만든다

다음은 2016년부터 진행하고 있는 기록문화시민학교에 대한 내용입니다. 다큐멘터리 작가, 아카이브 기획자, 지역잡지 출판기획자 등을 초대해서 시민 중심의 다양한 아카이브 강의를 진행하고 있습니다. '기억하는 시민이 지역을 만든다', '기억과 기록의 공동체 마을', '사진 시대를 잇고 삶을 읽다' 등 강의별로 주제를 정해서 진행했습니다. 이런 프로그램이 전국적으로 그리 많지 않은 탓인지 다른 지역에서도 강의에 많이 오셨습니다. 지금은 많이 생겨났지만 이때만 해도 민간영역의 기록을 주제로 한 강의프로그램을 찾기가 어려웠다고 합니다. 많은 시민이 참여하는 대중적 강의를 통해 기록문화의 영향을 확산시키는 것도 중요하지만 소규모 인원을 대상으로 하는 교육도 필요합니다. 기록 활동에 적극적인 사람끼리 소규모 그룹을 만들어 집중적으로 교육하고 연대해야 직접적인 참여를 이끌어낼 수 있습니다. 현재까지 기록문화 시민학교는 4기를 진행했습니다.

기수마다 5회 정도의 프로그램을 진행했는데 한 강의에 30명 이상이 참여해 자리가 모자라기도 합니다. 그러나 대부분 개인적 관심으로 참여한 것일 뿐이라서 지식을 얻어 가는 것으로 끝납니다.

그 또한 지역 사회와 시민에게 기록문화를 확산시켰다는 의미는 있습니다. 그렇지만 그것만으로 끝나기는 많이 아쉽습니다. 지역기록 작업에 시민작가로 함께 참여해 달라, 더 적극적이고 실천적인 활동을 하면 시민으로서 얼마나 보람이 있겠는가, 지식을 나눌 기회를 갖자, 저는 기록문화시민학교를 통해 이런 말씀을 많이 드립니다. 혼자 아무리 많은 지식을 갖고 있다고 해도 그것은 살아있는 지식이 아닙니다. 지식과 역량을 여럿이 함께 나누고 행동으로 실천하는 것이야말로 진정한 사회 구성원의 역할이라는 생각을 갖고 있기 때문에 시민들에게 아쉬운 이야기를 많이 합니다.

10년의 세월이 차곡차곡 쌓이다 보니 여러분께 마을기록에 대한 제 의견도 이야기할 수 있게 됐습니다. 그런데 사실 이 작업이 말이지요, 확실한 목표 없이 '사진 찍는 것' 정도로 여기고 대충해 왔다면 이 정도의 성과와 가치를 확보하기 어려웠을 겁니다. 기획자로서 가끔씩 스스로에게 묻습니다. 지금까지 잘 버티어 왔는데 앞으로는 어떻게 할 것인지? 기록의 동력을 어떻게 다시 활성화시킬 것인가?

호저면 고산리에 깊은 산골에 있는 천주교 곤의골 공소(가톨릭 본당보다 작은 교회 단위) 사진이 있습니다. 1890년대 후반 천주교 신도 세

가족이 들어와서 화전(火田)을 일구면서 공소를 만들었습니다. 당시에 건립된 횡성군의 풍수원성당과 비슷한 시기에 지어진 것으로 봐서 오래전부터 이곳에서 천주교 활동이 있었다는 것을 알 수 있습니다. 또 마을 초입에는 동학 2대 교주인 해월 최시형 선생의 피체(被逮, 남에게 붙잡힘)지가 있습니다. 동학운동 당시 최시형 선생은 이곳으로 피신해 있다가 체포되어 서울로 압송된 후 6개월 만에 처형당했다고 합니다. 지금 이곳에는 체포되기 전까지 살았던 생가가 복원되어 있습니다. 마을기록 활동이 아니었으면 무위당 장일순 선생의 생명의 땅, 원주와 해월 최시형 선생의 관계를 몰랐을 것입니다.

앞에서 잠시 말씀드렸는데요, 원주시 지정면 판대리에는 출렁다리가 있었습니다. 1960년대 새마을 사업으로 건설된 다리로 판대리를 건너는 유일한 출렁다리였습니다. 1990년대 초반에 철거되었다고 합니다. 지금의 간현유원지 소금강 출렁다리의 원조가 아닐까 하는 관계성을 추측해 보기도 합니다. 간현 섬강에는 나룻배가 건너다니며 마을을 이어주고 고기잡이배가 떠 있는 풍경이 사진으로 남아 있어요. 이런 기록 수집과 생산 활동을 통해 지역문화와 생활풍습을 이해하고 역사를 배워갈 수 있으니 참여한 시민기록가에게는 의미 있는 지역 읽기 작업입니다. 대부분의 시민들은 우리 지역, 우리 마을이 어떻게 형성되었는지, 무엇이 있는지 관심이 없습니다. 그런데 이런 작업을 한 번 하고 나면 지역이 어떻게 변화되어 왔는지, 무엇이 있는지 배웁니다. 자치단체에서도 모르는 마을의 유산을 읽고 공부하게 됩니다.

더 많은 시민이 관심을 갖고 참여하면 좋을 것 같은데 쉽지 않습니다. 워낙 일상이 바쁘고, 변화의 다양성이 많은 사회라서 그런지 몰라도 구성원을 모으기가 쉽지 않습니다. 앞에서도 말씀드렸지만 10년을 기점으로 어떻게 재도약을 할 것인지, 의미 있게 마무리할 것인지 고민이 됩니다. 그냥 한순간에 끝낼 순 없겠지요. 지속성에 대한 방법과 변화를 모색하고 있습니다.

민간기록 수집과 지속가능한 사회적 아카이브

치열하게 현장의 기록을 수집하고 남기면 다음 세대가 이것을 역사, 문화적 기록유산으로 인정하고 지역의 자산으로 삼을 것이라는 확신으로 쉼 없이 현장에 다니고 있습니다. 줄기차게 달려온 지역 아카이빙 10년, 이제 기록의 사회적 자산화라는 목표를 향해 가고 있습니다. 그래서 사회적 아카이브라는 어려운 단어를 쓸 수밖에 없네요. 이것은 지역공동체를 지탱해 온 시민의 기억유산을 지역자원으로 수집, 활용하자는 의미입니다. 또 공동체 기록을 통해 지역성을 복원하고 지역 활성화의 기초적인 자원을 발굴해내는 것이지요. 저희가 생산한 기록이 지역사의 소중한 자료가 되고, 역사 연구의 원천자원이 될 수 있다고 생각합니다. 결국 근·현대를 살아온 주민들의 삶과 문화가 시민 공동의 자원으로 발굴되고 사회적 자산으로 공유되어야 합니다. 근·현대를 관통하면서 형성된 마을의 다양한 상징물이 많은데도 불구하고 우리는 너무 쉽게 잊고 지나치고 있어요. 이렇게 소중한 지역의 기록자원을 발굴하는 작업에 시민들이 참여해서 만드는 시민 참여형 아카이브를 구축하자는 것이 강원아카이브의 지향점이기도 합니다. 시민 스스로가 지역에 관심을 갖고 좀 더 적극적으로 참여할 수 있는 기록문화 환경을 조성해야 합니다.

12월에는 강원학연구센터에서 강원학대회를 개최합니다. 저희 강원

아카이브도 참여합니다. 새롭게 설립된 강원학연구센터에서도 지역 민간기록에 관심을 갖고 강원학아카이브를 구축하고자 기초적인 준비를 하고 있어요. 연구원들이 도내 지역을 찾아 근·현대 중심의 기록화 작업을 하는 현장 전문가를 만나서 함께 고민하기도 했습니다. 12월 강원학대회에서 '지속가능한 공동체 기록, 지역 아카이브의 사회적 역할'이라는 주제로 발제를 준비하고 있습니다. 지역학 연구는 결국 자료의 문제입니다. 지역 아카이빙은 일차 자료의 수집과 발굴을 맡습니다. 자료의 수집과 기록을 위해 저희같이 민간영역에서 추진하는 기록 작업이 체계적으로 탄탄하게 이루어져야 정리가 잘 되겠지요. 그렇게 기초 작업이 체계를 갖추고 지속력 있게 진행되어야 연구자와 분야별 전문가에게 가치 있는 자료를 제공할 수 있습니다.

지역기록 작업을 하다 보면 많은 자료가 아쉽게 사라지는 것을 볼 수 있습니다. 마을 어르신이 돌아가시거나 이사하면서 옛 자료가 없어지거든요. 어떤 분은 많은 자료를 갖고 있지만 개인적인 자료라고 생각하거나 귀찮아서 내놓지 않습니다. "저기 어디 있을 텐데", "장롱 속 어디 있을 텐데", "뭐, 다락에 어디 있어" 하면서 보여주기를 꺼리는 일도 많습니다.

이런 상황을 극복하기 위해 어떤 방식으로 접근하여 설득하고 관계를 풀어갈지, 이것이 과제로 남습니다. 연구자나 학자가 시도하는 접근하고는 다른 영역입니다. 어찌 보면 자료의 수집보다 사람의 교감이 우선인 작업이기 때문입니다. 현장에서 주민과 대화하고 문제를 고민하고 가치를 공감하는 만만치 않은 과정을 해결하는 중심에 기록활동가들이 서 있습니다. 현장에서 직접 실물을 보면서 어르신의 이야기를 들을 때 많은 생각을 했습니다. 전시장에 어르신이 평생 사용한 호미, 곡괭이 같은 농기구를 가져다 놓으면 어떨까? 어머니께서 30년 이상 썼다는 빗자루를 가져다 '마을유산 1호'로 지정하고 느낌 있게 전시해볼까? 전시 구성과 의미를 잘 풀어놓으면 마을의 문화자산으로 가치를 발휘할 수 있습니다. 욕심 같아서는 마을기록관 같은 작은 공간을 만들고, 소중한 기억의 유산을 기증 받거나 수집해서 지역민의 이야기를 공유하고 확산하고 싶습니다. 그런 마을커뮤니티 공간을 만들면 어떨까, 고민합니다. 하지만 저희가 마을공동체 활동가나 주민, 마을 리더는 아니기 때문에 그렇게 확장시키기에 무리가 있습니다. 중요하게 볼 점은 마을의 유산이 지역의 가치를 품고 있다는 것입니다. 마을을 지탱하는 정신적 상징으로 존재합니다. 국가에서 지정한 공적 기록만이 대단한 역사, 문화유산은 아닙니다. 평생을 살면서 형성된 개인의 삶과 문화가 담긴 마을기록은 지역자원으로 충분히 기능할 수 있습니다. 근·현대를 거치면서 형성된 민간영역의 역사문화 자원이야 말로 시대적 유산으로 재조명되어야 한다고 생각합니다.

문화적 도시재생과 지역기록 사례

요즘은 지역기록 활동이 다양한 분야에서 추진되고 활용됩니다. 도시재생 사업과 관련된 것도 상당히 많아서 저희 조합에서도 지역기록 작업과 마을기록학교 등에 참여하고 있습니다. 사회적 자산, 공동체 기록, 사람과 공간의 문장 등을 사용해 가면서 공동체의 복원과 활성화 기반을 만들기 위한 작업을 합니다. 지금의 도시재생이나 마을공동체 사업 같은 경우에는 공간과 사람, 지역자원을 핵심으로 연결하고 이용

원주 중앙시장과 원도심 기록화사업_ 중앙시장 신원이발관
ⓒ 김시동

하는 문화적 도시재생의 방향으로 추진되고 있습니다.

문화적 도시재생이란 지역의 문화적 정체성을 발굴하고 그것을 기반으로 공동체를 활성화하자는 전략입니다. 사람과 공간의 가치자원을 수집하고 기록해서 그것이 지역재생의 동력이 되게 하는 작업입니다. 기록 작업을 통해 생산된 문화 동력을 활용해 지역민이 그 안에서 행복하게 살아갈 수 있도록 삶의 공간을 만들어 주는 작업이죠. 결국 이렇게 발굴된 지역의 문화적 가치와 공간자원을 어떻게 효과적으로 활용할지가 가장 중요하다는 생각이 듭니다.

예를 들어보겠습니다. 원주 중앙시장 2층에 신원이발관이 있습니다. 중앙시장이 개설된 1960년대부터 이곳에서 영업해 온 70년 역사를 간직한 이발관입니다. 주인 이칠봉 어르신의 작업 공간을 2009년도부터 현재까지 기록했습니다. 올해 초, 그동안 찍은 사진 중에 몇 컷을 액자로 만들어 전해 드리러 갔습니다. 그런데 어르신께서 "잘 나왔네" 하면서 "내일부터는 안 나와" 그러시는 거예요. 파셨대요, 가게를. 연세도 많고 손님도 안 오니 그러실 때가 되긴 했다고 생각하지만, 소식을 듣고는 매우 안타까웠습니다. 그 자리에 중국집이 들어왔습니다.

어르신은 아주 깔끔하십니다. 연세가 많으셔도 사진 찍어 드린다 하면 복장을 잘 갖춰 입고 자세를 잡아 주시죠. 이발소 안에 물건과 유니폼도 얼마나 깨끗하게 정리하는지 배울 점이 많았습니다. 손님을 대하는 어르신의 마음가짐이 드러나는 것이죠. 이 공간은 1960년대 개설한 중앙시장의 역사를 그대로 간직하고 있습니다. 옛날 이발소의 모습이 그대로 남아 있습니다. 그 자체로 생활사박물관인데 공적 영역의 관계자나 시장 관계자는 전혀 관심이 없었습니다. 결국 남은 것은 저희가 기록한 사진과 이야기뿐이었습니다. 그래도 다행인 것은 우리 조합에서 2015년부터 2017년까지 중앙시장과 원도심 아카이빙 작업을 수행해서 '중앙시장 60년, 삶의 기록'이라는 기록지를 발간하고 남겼다는 것이죠.

신원이발관은 어느 날 하루아침에 없어졌습니다. 다 버렸을 겁니다. 머리 감겨줄 때 쓰는 목받침, 사용하던 이발 도구, 비누 거품을 칠하는 솔, 면도칼, 난로 위 주전자부터 금고, 드라이기까지 버려졌을 것입니다. 드라이기는 40년 가까이 사용했답니다. 그렇게 오래도록 써도 고장이 안 난다고 자랑도 하시고요. 그날 이후, 없어진 공간에 새로 들어선 식당에는 별로 갈 마음이 생기지 않더라고요. 장사하는 새 주인이야 그런 생각을 안 하고 들어왔겠지만, 지역 사회에서 조금이라도 관심을 가졌다면 신원이발관은 중앙시장과 함께 한 70년 역사를 보여주는 박물관으로 남아 있었을지도 모릅니다.

사라지는 기억에 대한 미련을 남기는 과정이 기록이라 생각합니다. 1967년에 건축된 아날로그 단관극장인 원주 문화극장이 있습니다. 지금은 철거되고 모델하우스가 들어섰지요. 극장 주인이 다른 사람에게 팔았습니다. 관심을 가지면 보인다고 할까요? 극장이 철거되는 과정도 기록하게 됩니다. 극장을 판 사람이나 사들인 사람은 이런 근대 건축의 의미에 대한 생각이 없었을 것입니다. 더욱 중요한 것은 지역 사회와 자치단체의 관심이 전혀 없었다는 것입니다.

원주 지역에 있던 4개의 아날로그 단관극장 가운데 이제는 아카데미극장이 유일하게 남아 있습니다. 이 또한 언제 사라질지 모를 위급한 상황이라고 봐야 합니다. 원주의 추억을 담고 있는 아카데미극장을 살

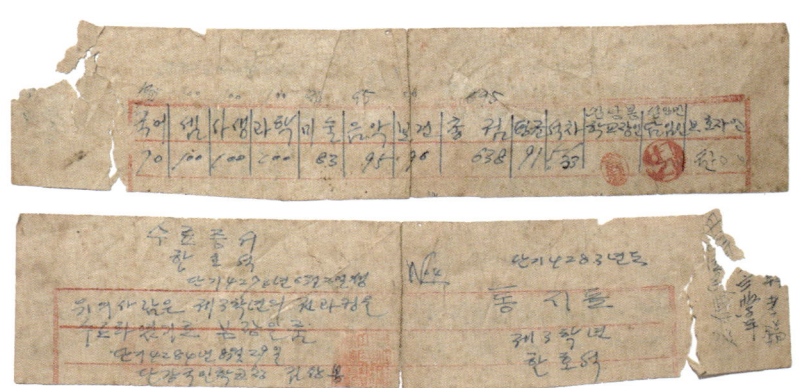

부론면 지역기록화사업_ 부론면 단강리 한효석 노인회장의 단강초등학교 3학년 성적표

리기 위해 노력하고 있지만 만만치 않습니다. 저희 조합에서 직접 참여하지는 않고 있지만 지역 시민사회를 중심으로 아카데미극장을 시민 자산화하기 위한 다양한 활동이 전개되고 있습니다. 전문가를 초대해 강의도 개최하고 문화행사도 진행했습니다. 지역과 개인이 가지고 있는 아카데미극장과 관련된 기록도 수집합니다. 그렇게 모인 기록을 활용해 전시와 영화 상영도 하고, 당시 극장의 영화 간판과 포스터를 그렸던 어르신을 모셔서 그 시절의 경험을 듣기도 합니다. 기억과 기록을 통한 사회적 역량을 모으는 작업이라 할 수 있습니다.

2016년 부론면 지역기록 작업 중에 성적표를 발굴했습니다. 지금은 폐교된 단강초등학교의 1951년 성적표로, 부론면 단강리에 계시는 노인회장님의 성적표입니다. 3학년 때 받은 수기로 쓴 성적표를 간직하고 계시다 기록으로 내어 주셨습니다. 소중하게 보관했던 기록물, 우리는 그것을 잘 저장해야겠지요. 그 시절 학교의 상황을 인터뷰하고 이야기로 정리합니다.

기록 작업에 있어서 사진을 잘 찍어야 증거적 가치도 적극적으로 발휘됩니다. 빛바랜 옛 사진이나 조그마한 사진, 성적표나 문서 같은 종이 기록을 수집하여 기록하기 위해서는 사진 테크닉도 숙달되어야 합니다. 일상적 기록 작업은 스마트폰도 가능하지만, 앨범에 들어 있는 사진이나 빛이 부족한 실내에서 촬영하는 경우에는 스마트폰 카메라로 쉽지 않습니다. 디지털카메라로 정확하게 찍고 편집 프로그램에서 본래의 원형을 그대로 살리는 작업을 할 필요도 있습니다. 그 시절의 모습이나 형태를 가능한 한 그대로 재현하는 것이죠. 특히 현장에서 수집되는 근·현대 기록은 이미지 기록이 핵심이 되는 경우가 많습니다. 기록한 이미지를 콘텐츠화하기 위해서 고화질, 고해상도의 기록으로 보존해야 합니다. 현대 사회에서 사진이 정말 중요한 역할을 하기 때문에 사진 찍는 것도 많이 배우셔야 합니다. 기본적인 카메라 기능과 촬영법, 편집 프로그램을 알면 유리한 위치에서 기록 작업을 할 수 있습니다. 과거의 기록 뿐만 아니라 현재의 기록을 생산하기 위해서는 사진의 기초를 다지는 것이 큰 역할을 합니다.

기록문화의 영향력 확산

정리를 좀 하자면 먼저 이 질문을 해야겠습니다. 완전한 지역 아카이브 구축을 위해서 우리는 어떻게 해야 할 것인가. 여기 오신 분 중에는 현장에서 직접 기록 활동을 할 분도 있고, 기획자로서 지역아카이브 관련 사업을 진행할 분도 있을 것입니다. 어떤 경우든 지역과 함께 공동체 작업에 참여하고 지속적인 활동이 가능해야 합니다. 그리고 이러한 작업을 좀 더 구체화하기 위한 노력으로 기록문화 네트워크 구축을 통한 교류와 소통이 필요합니다. 아카이브 기획자, 마을활동가, 시민기록자 양성 등 아카이빙을 위한 활동 기반을 만들어야 합니다. 또한 지역 시민사회단체와 협력하고 연대해서 기록문화를 확산시키기 위한 프로그램을 진행해야 합니다. 저는 이러한 과정을 '기록문화의 영향력 확산'이라고 합니다.

지역기록에 적극적인 시민을 대상으로 기록문화를 확산시키기 위한 마을기록학교, 기록문화시민학교 같은 프로그램을 운영하는 것도 좋습니다. 앞서 말씀드린 도시기록 워크숍도 좋은 사례입니다. 공동의 가치를 지향하고 공감대를 이룰 수 있는 지역민이 모여 변화하는 도시와 마을에 대한 기록을 어떻게 할지 생각을 나누는 자리가 필요합니다. 연구

활동을 하면서 실천을 통해 생산한 기록물을 발표하는 기회가 많으면 좋습니다. 전시회, 지역읽기 트래킹 같은 시민 참여형 프로젝트를 기획해 보시기 바랍니다.

시민이 중심이 되는 참여형 지역 아카이빙 작업은 쉬운 일이 아닙니다. 참여형 아카이브를 구축하려면 시민 중심의 네트워크가 형성되어 성과를 발표할 수 있어야 합니다. 기록문화의 동력을 지속적으로 확보하기 위해 시민과 함께 성장하는 과정이 필요합니다. 개인이나 소규모 연구소, 단체, 조합에서 독립적으로 수행하기에는 전문인력, 예산, 시스템 등 한계가 분명히 있습니다. 결국 공공과 민간, 지역 시민사회의 거버넌스 체계를 구축해야만 지역의 기록이 제대로 정리될 수 있습니다. 한발 더 나가서 지역자원의 체계적인 추진을 위한 '민간기록 수집, 관리를 위한 자치 조례 제정'으로 법적 근거를 마련하는 것도 필요합니다.

11월 3일부터 11일까지 도시기록 10주년 지역기록문화축제를 개최합니다. 기록문화축제의 모든 행사는 공적 기관의 지원 없이 시민 중심으로 이루어집니다. 올해 진행한 지정면 기록화 사업의 전시와 출판을 본 행사로 준비했습니다. 또한 시민사진전, 도시기록 10년 아카이브 기획전, 지역 커뮤니티 특별전, 지역읽기 등의 프로그램이 준비됩니다. 지역문화콘텐츠 개발 사업으로 만든 '지역문화공부책'과 10년 동안 도시를 기록하며 진행한 행사의 포스터와 팜플렛, 기획서, 아카이브 자료도 함께 공유하고자 펼쳐 놓습니다. 시민사전전은 이번에 처음으로 시도해 보는 기획입니다. '나의 도시, 나의 기억, 나의 가족'이라는 주제로 원주를 살아가는 시민의 이야기를 공유하는 시민참여 사진전입니다. 지역 아카이브 세미나 '지역 아카이브의 사회적 역할' 이라는 주제로 관련 전문가를 초대해 지역아카이브에 대한 방향을 함께 찾아봅니다. 기억의 장소를 찾아가는 '지역읽기 포토트래킹'도 참가자들의 반응이 좋습니다. 기록의 장소를 찾아가는 답사 프로그램입니다. 기록 장소에 있는 오래된 식당에서 수타 짜장면 한 그릇을 먹고 돌아오는 프로그램도 있습니다. 평소에 알지 못했던 장소를 찾아 사진을 찍고 이야기를 들어봅니다. 지역의 중심이 아니라서 관심 밖에 있었던 마을의 이야기를 알게 되는 기회가 됩니다.

'시민이 주체가 되어 10년간 생산한 지역기록을 일회성 행사가 아닌 지역의 사회적 자산으로 어떻게 공유하고 활용할 것인가'에 대한 고민이 우리 앞에 놓여 있습니다.

여러 자료를 찾은 결과, 지역의 근·현대사를 핵심으로 하는 복합문화정보센터는 어떨까 하고 생각해 봤습니다. '라키비움(library archives museum)'이라는 기록문화플랫폼입니다. 라키비움은 도서관 (Library), 기록관(Archives), 박물관 (Museum)의 합성어로, 세 가지 기능의 복합적 역할을 하여 이용자에게 다양한 정보자원을 제공하는 기관을 의미합니다. 아직 박물관이 없는 지역은 라키비움 형태의 통합문화정보센터 같은 지역커뮤니티를 만들면 어떨까 제안해 봅니다. 박물관이 없는 군 지역 같은 경우에는 사업을 처음 수립할 때 이런 모델을 고민해 보면 좋겠습니다. 원주시의 경우, 역사박물관도 있고, 시립 중앙도서관도 새롭게 신축되었고, 교육청의 교육문화관, 작은 도서관 등 많은 커뮤니티가 조성되어 있습니다. 이러한 상황에서 기록을 핵심으로 한 라키비움을 만드는 것은 중복되는 사업이고, 예산도 많이 소요되는 일이라 사실상 쉽지 않을 겁니다. 필요하다면 도시재생 사업과 연계한 원도심 유휴공간을 활용하는 방법은 가능할 것 같습니다. 도시재생 지역의 비어 있는 건물을 활용, 민간영역의 기록을 중심으로 독립문화정보센터를 조성하면 현재의 도시재생 사업의 가치와도 잘 연결될 것 같습니다. 또한 지역기록의 시민 공동자산으로 기능하고 사회적 가치로 공유되고 실현될 것이라 믿습니다.

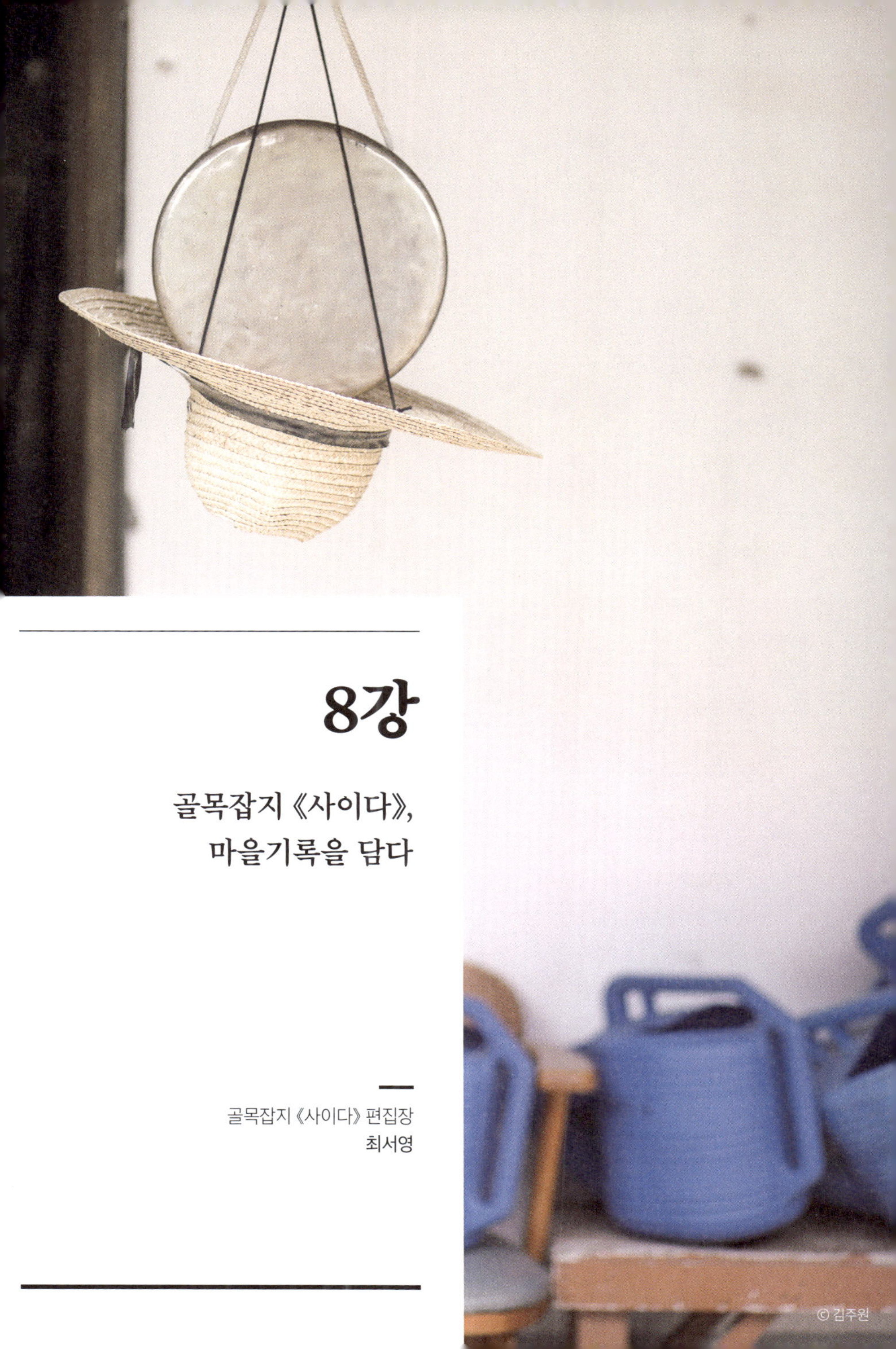

8강

골목잡지 《사이다》, 마을기록을 담다

골목잡지 《사이다》 편집장
최서영

© 김주원

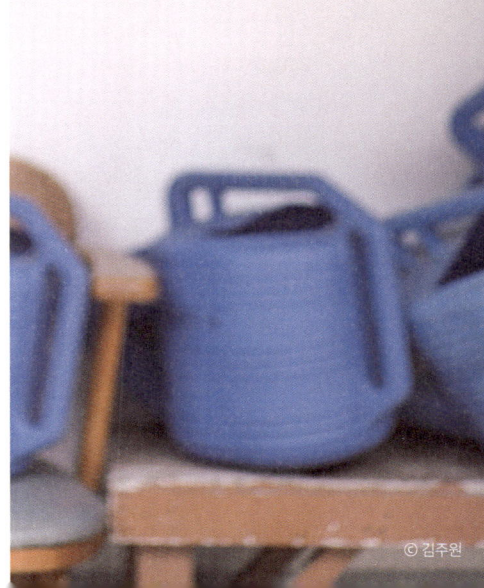

골목잡지 《사이다》는
수원 민중의 생활사를 촘촘히 담아내고자
2012년에 창간된 잡지입니다.
동네의 구불구불한 골목길 모퉁이를 돌아서면
기억 속 오래된 모습과 조우하게 됩니다.
《사이다》는 무심히 지나쳤던 수많은 골목길을 다시 걷고 있습니다.
골목 안 작은 공동체 이야기와
오랜 세월 자신의 삶을, 동네를 지켜온 한 사람의 인생 이야기,
험난하고 치열했던 삶의 시간을 차곡차곡 담아 들려주고 있습니다.
사람들과 어떻게 관계를 맺으며 살아갈지 삶의 태도에 대해 묻습니다.

8강

골목잡지 《사이다》, 마을기록을 담다

마시는 사이다? 콜라는 아니고요?

사이다가 무슨 뜻인지 많이들 묻습니다. 골목잡지 《사이다》의 이름은 사람과 사람 사이, 마을과 마을 사이 등 우리 주변의 수많은 '사이'에 관한 이야기를 담기 위해 만들어진 제호입니다. '수원 팔달산 자락 사람들의 사람, 자연, 문화에 관한 소소한 이야기들'이라는 부제를 달고 옆집에 살아도 서로가 누구인지 알 수 없다는 현대인의 소통 부재에, '사이'라는 이름으로 관계의 의미를 담아 가고 있습니다.

골목잡지 《사이다》는 우리네 삶의 풍경을 만날 수 있는 골목을 다니며 동네 사람들이 오랜 시간 살아오며 만들어낸 것의 소중함을 담아내고 있습니다. 골목에 스며 있는 이웃의 이야기, 우리들의 삶에 대한 이야기입니다. 이 잡지는 유명 인사나 정치 이야기, 시끌벅적한 사건 사고를 다루지 않습니다. 요란한 화보와 광고가 잡지의 절반 넘게 차지하는 화려한 잡지가 아닙니다. 골목과 골목 사이, 마을과 마을 사이, 사람과 사람 사이를 매개하고 촉진하는, 그야말로 '사람·자연·문화에 대한 소소한 얘기들'을 재료로 삼아 담백한 밥상을 차리는 골목잡지입니다.

42년째 팔달로 동네 공중목욕탕에서 이발 일을 해온 '경수목욕탕' 임영석 씨(70세), 40년 세월을 이어온 '모던 의상실' 황경순 원장(67세), 100년 된 '금보여인숙'의 김연순 할머니(90세), 40년 넘게 동네 아이를 받아온 조산원 김숙현 할머니(94세)등, 마을 골목을 지켜온 평범한 이웃과 이들이 사는 골목의 역사가 이 잡지의 주인공입니다.

동네 사람들이 오랫동안 살아오며 만들어내는 일상과 마을에 뿌리내고 살아온 사람들의 내력을 기록하는 일, 지역의 문화와 예술을 담아내는 일, 마을 사람들이 서로 즐겁게 소통할 수 있도록 매개하고 민중의 생활사를 느리지만 꼼꼼하게 기록하는 일을 하고 있습니다. 잡지 속 활자 하나하나, 사진 한 장 한 장이 그렇게 사람과 사람 사이의 관계 속에서 완성되어 갑니다. 자신이 살아온 격랑의 시절을 초월한 듯 담담히 들려주는 어르신을 만날 수 있고, 잡지에 실린 어머니의 이야기를 읽고 비로소 그분의 삶을 이해하게 되었다는 자녀의 고백을 들을 수 있습니다.

현재 사회적기업 (주)더페이퍼는 회사 수익금을 사회에 환원하는 방식으로 잡지의 발행비를 마련하고 있으며, 주변의 자발적 참여와 후원으로 잡지가 만들어지고 있습니다. 잡지에 수록되는 모든 글과 사진, 그림은 무료로 받아서 싣고 있으며, 상업적 판매가 아닌 무가지로 발행되어 계절마다 5천 부가 수원 전 지역에 배포되고 있습니다.

지역 시민들, 문인과 역사학자, 예술가, 사진작가, 스님, 목사, 성공회 신부 등 100여 명의 필진이 참여해 글을 쓰고 있습니다. 돈이 되지 않으

Archive Guide

골목잡지 《사이다》 15호(2017년)

면 나서지 않는 세태속에서도 소중한 재능과 시간을 아낌없이 쏟아붓고 있습니다.

> 이 잡지는 제호에서 풍기는 이미지 같은 '톡 쏘는 맛'은 없는, 탄산음료라기보다는 구수한 숭늉에 가깝고 화려한 수라상이기 보다는 올곧은 선비의 검박한 밥상과 같다. 한 번도 주류를 탐한 적도, 꿈꾼 적도 없는 '영향력', '주류'와 같은 패권적 단어들은 이 잡지가 가고자 하는 길과는 아무런 관련이 없는 독립 대안 매체이다. (한겨레신문, 2012년 10월 24일 기사)

《사이다》의 활동은 지역에서, 역사에서 빗겨나 있던 민중의 생활사를 기록한다는 데에도 큰 의의가 있습니다. 역사 없는 사람들에게 가장 중요한 것은 나날의 삶일 수밖에 없습니다. 그렇기 때문에 민중에게 일상적 삶은 전쟁이나 혁명보다 중요합니다. 소리 없이 사라져가는 지역의 비공식적인 역사, 문화에 관한 기억의 흔적과 조각을 모아가는 과정은 지역의 문화를 지켜가는 과정이며 넓게는 한국의 문화 다양성을 지켜 국가 전체가 튼튼한 문화 구조를 갖게 하는 길입니다.

서울 중심의 문화에 휩쓸리지 않고, 우리가 외면하고 떠나온 촌스러움에 담긴 정직한 땀과 눈물, 낡고 오래된 것의 미학, 생명의 존엄함, 더불어 사는 가치를 공감하고 잡지 발행을 통해 그 지역 고유의 생활양식과 문화를 보존하고 살려 가는 것을 지역공동체 미디어의 역할이라고 생각하고 있습니다.

골목 구석구석을 누비다

골목잡지 《사이다》의 취재는 마을 사람들의 보편적인 삶의 이야기를 찾아서 그들이 살아가는 이야기를 통해 현재의 생활을 기록하는 형태입니다. 《사이다》의 가장 큰 특징은 한 마을을 정해서 그 마을의 이야기를 샅샅이 담아내는 데 있습니다. 《사이다》는 지금까지 수원의 17개의 마을을 찾아다니며 그 마을의 역사와 문화유산 그리고 주민들의 삶의 자취를 되돌아볼 수 있는 작업을 진행했습니다.

잡지의 제작은 편집회의로 시작됩니다. 지역 필진으로 구성된 편집회의를 통해 취재에 들어갈 동네를 정하면 그 동네 안으로 들어가 이야기를 찾아갑니다. 몇 번의 편집회의를 거쳐 취재할 마을이 결정되면 문헌조사를 통해 그 마을 특성에 맞는 주제를 복수로 설정합니다. 주제의 결정은 취재기자와 편집진이 마을을 방문하여 주민을 만나는 과정을 거치면서 정해집니다. 결정된 주제에 맞는 글을 담당할 필진을 선정하고 필진의 수락을 받습니다. 마을 이야기의 취재는 대부분 기자들이 진행하며 경우에 따라 그 마을의 주민이 맡는 경우도 있습니다. 기사 작성에 필요한 거의 모든 정보는 동네 골목 구석구석을 누비고 찾아내서 채워갑니다.

창간호의 취재를 맡았던 이경이 씨는 초창기 막막했던 취재 경험을 이렇게 말했습니다.

> 최서영 편집장이 동네에 숨어 있는 소중한 이야기를 찾고 싶다고 했습니다. 그래서 시작했는데 무척 막막했습니다. 처음 우리가 취재를 시작한 수원에서 가장 이름 없는 동네 '남수동'에 무작정 찾아갔는데, 동네 어르신을 만나려다 사흘을 허탕치고 골목을 다니다가 마을 공터에서 최대자 할아버지를

만났습니다. 구경하러 온 사람이 아니라 진지하게 듣고 책으로 내고 싶다는 이야기가 통했고 그렇게 인터뷰가 시작되었습니다. (취재기자 이경이)

일단 동네가 결정되면 그 동네에 찾아갑니다. 막막하죠. 보통은 주민센터를 방문해 잡지의 취지를 설명하고 협조를 받습니다. 동장님마다 성향이 달라서 저희 잡지에 대해 이해시키는 과정이 저마다 다릅니다. 일단 협조가 결정되면 많은 정보가 나옵니다. 오래 그곳에 살고 있는 토박이를 소개받거나 마을의 유래를 듣게 되고 보통 오래 살고 많이 알고 계신 분이 통장님인데 연세가 많은 통장님의 연락처를 수배합니다. (취재기자 최주영)

지역에 대해 전혀 모르는 취재기자에게 그 동네의 역사 이야기를 맛깔나게 해 주거나 지역 문제를 이야기할 수는 없습니다. 특히 잡지가 다루고 있는 아주 세세한 삶의 이야기를 담기 위해서는 그것을 알려줄 적임자를 찾아나서는 것이 취재의 핵심 포인트입니다. 《사이다》의 취재 방식은 기존 매체가 갖는 틀과 다릅니다. 리얼TV 프로그램처럼 같이 놀고 그것을 찍어서 그대로 방영하듯이 진행됩니다. 같이 밥 먹고 이야기 나누는 방식이라 인터뷰 대상자도 부담 없이 조카나 자식들에게 들려주듯 자신의 이야기를 들려줍니다. 그래서 그만큼 독자들도 공감하고 쉽게 읽고 있다고 생각됩니다. 그 동네를 잘 담기 위해 골목골목을 수없이 걸으며 취재하고 있습니다. 인터뷰 대상이나 주제를 미리 정하지 않은 상태에서 마을로 들어가 사람들을 만나고 그들의 일상을 기록하고 있습니다.

동네에는 골목이 있습니다. 구불구불한 길을 숨차게 내달리고 술래에게 들키지 않기 위해 숨죽이던 그 골목, 좁다란 골목 사이, 맞은편 집 대문의 색깔부터 밥상 위 수저가 몇 개 놓이는지까지 훤히 꿰고 있던

Archive Guide

길 가던 사람도 '믹스커피'를 얻어 마실 수 있는, 남수동 길다방
ⓒ 박김형준

그 골목. 지나치는 사람마다 아는 이의 얼굴이요, 누군가의 뒷모습이던 골목골목. 저 길모퉁이를 돌아서면 기억 속 오래된 골목의 모습과 조우하게 됩니다.

> 이번 호에 실린 마을은 고등동입니다. 육교다리 마을, 풍년상회, 수원여고, 다시서기센터 등에 관한 글이 실렸는데, 고등동 마을 사람들의 일상과 추억이 담겨 있습니다. 그리고 내 기억에 남아 있는 수원 시외버스터미널이 1975년부터 2001년까지 고등동에 있었다는 것을 알게 되었습니다. 이처럼 《사이다》를 읽으면 삶의 소소한 일상을 보거나, 희미해져 가는 추억을 더듬거나, 그리고 마을의 문화를 즐길 수 있습니다. 《사이다》 고등동 편을 읽고, <대안미디어 너머>에 실린 독자 기사)

《사이다》는 무심히 지나쳤던 수많은 골목길을 다시 걷고 있습니다. 걷고 걸어 골목을, 골목의 이웃을, 골목을 이루는 동네를 담아 가고 있습니다. 닫힌 문을 열고 나와 이웃과 이웃이 서로 소통하고, 소소한 삶을 이야기하고, 음식을 나누어 먹는 골목 안 작은 공동체 이야기와 오랜 세월 자신의 삶을, 동네를 지켜온 한 사람의 인생 이야기. 험난하고 치열했던 삶의 시간을 차곡차곡 담아 들려주고 있습니다. 어떻게 사람들과 관계를 맺으며 살아가야 하는지에 대한 삶의 태도가 담겨 있습니다.

《사이다》에서 만날 수 있는 이야기

이 잡지는 전문가의 입장이 아닌, 동네를 좋아하는 사람들이 모여서 잡지 구성을 기획하고, 기사 작성에 필요한 거의 모든 정보를 동네 골목 구석구석을 누비고 찾아내서 채웁니다. 골목잡지 《사이다》의 디자

Archive Guide

인은 조금은 촌스럽지만 정이 있고, 누구나 편안하고 친숙하게 다가갈 수 있는 모양새를 추구합니다. 종이도 재생지를 사용하고 본문 서체까지도 꼼꼼하게 고민하고 작업됩니다. 그만큼 편집자들의 고민 속에서 만들어지고 있습니다. 대표적인 꼭지 구성을 소개하고자 합니다. 골목 특집으로 '그 동네에 살다', '동네 커뮤니티', '근대역사 골목여행', '이 사람의 연보', '사이다가 제안하는 친구 찾기', '추억의 사진관', '사이다 아카이브' 등이 있습니다.

그 동네에 살다

《사이다》가 만난 골목골목 숨은 이야기를 찾아갑니다.

동네에는 골목이 있습니다. 사이다는 무심히 지나쳤던 수많은 골목길을 다시 걷습니다. 취재 속에서 만나는 사람들의 대화 속에는 그리 대단하거나 거창하지는 않지만 진한 삶의 향기가 배어 있습니다. 골목에 남겨진 오래되고 낡은 것, 골목길에서 만나는 작은 풀 한 포기까지 구석구석 수없이 발품을 팔아야만 담을 수 있는 것이 담겨 있습니다. 《사이다》는 골목과 골목 사이, 사람과 사람 사이, 정과 정 사이, 어제와 오늘 그리고 미래 사이를 이어줄 이야기를 담기 위해 오늘도 골목을 걷습니다.

동네 커뮤니티

골목 안 사람들이 궁금합니다. 꼭꼭 닫힌 문을 열고 나와 이웃과 이웃이 서로 소통하고 소소한 삶을 이야기하고, 소박한 음식을 나누어 먹는 골목 안 작은 공동체 이야기입니다.

동네 안으로 들어가면 그 동네만의 모임이 있습니다. 동네 안에서 관계를 맺으면서 살아가는 사람들의 이야기입니다. 정식 명칭이 있는 단체가 아니라 이 골목 저 골목 할머님들이나 아주머님들이 매일 모여서 밥도 같이 해 먹고 형님, 아우하면서 만나는 모임, 마을 대소사를 나누고 살아가는 동네 모임입니다. "동네 친구가 영감보다 더 좋다" 이런 이야기도 하시고, 맨날 싸우고 웃고, 지금은 자식보다 이웃이 더 좋다고 하십니다. 무엇보다 잡지를 통해 소개되는 어르신들의 모습을 보고 서로 너무들 좋아하십니다.

이 사람의 연보

당신 곁의 이웃을 만나봅니다. 오랜 세월 자신의 삶을, 동네를 지켜온 한 사람의 인생 이야기. 험난하고 치열했던 삶의 시간을 차곡차곡 담아 들려주는 당신의 인생 기록사입니다.

이 동네에서 터 잡고 살아왔던 한 분의 일생 기록입니다. 그 분의 일생 안에는 지역의 역사가 들어 있고, 기억으로 기록되는 우리 민중사의 중요한 역할을 하고 있습니다. 어르신들이 살아온 삶을 통해서 이 동네가 어떻게 되어 왔는지, 이분의 삶이 어떠했는지를 기억을 통해 기록하고 있습니다.

근대역사 골목여행

지역 역사박물관, 수원박물관 학예사가 동네의 근대 역사를 조명하고 동네의 숨은 역사적 사실을 재미있게 풀어내는 알면 알수록 더 재미있는 우리 동네 역사 이야기.

동네마다 다 역사가 있습니다. 그 동네에는 오랜 시간 살아오며 만들어온 사람들의 내력이 있고, 마을에 역사가 살아나야 그곳에 사는 구성원들이 지역에 대한 애정과 자긍심을 키우는 경우를 많이 보게 됩니다. 사소한 일상이 우리 지역의 문화가 되고 역사가 되고 있습니다.

추억의 사진관

빛바랜 사진 앨범 속에 갇혀 있던 개인의 역사를 끄집어내어 그 시절을 추억하고 독자들과 공유하는 추억의 사진관은 함께 나누는 소중한 추억과 함께 기록으로 남기는 개인의 역사입니다.

개인이 가지고 있는 사진 자료들은 기억으로 남아 있는 역사를 기록해 줄 수 있는 좋은 자료들입니다. 예를 들면 지역에서 자연스럽게 불리던 골목의 이름이 있습니다. 나온 사진의 설명을 듣다 보면 지금은 없어진 골목 이름이 나오기도 합니다. 이 사진 한 장에 우리가 만들어가야 할, 우리 동네에 대한 오래된 미래가 담겨 있습니다.

> 열 번째 《사이다》에 실린 사진과 글 중 재미있는 코너가 있다. 바로 〈추억의 사진관〉이라는 코너이다. 1970년대 영화동의 모습, 골목길, 영화초등학교…흑백사진. 기억의 저편에 있던 모습을 꺼내볼 수 있는 추억의 사진이다. 어느 누군가의 인생이 사진 한 장으로 남아 또다시 세상에 빛을 발하게끔 한다.(<e수원뉴스> 김소라 기자)

《사이다》가 제안하는 친구 찾기

당연하게 우리 곁에 있는 듯 싶다가 그에 대한 소중함을 잊고 무심해질 때 우리 곁을 떠나거나 아예 사라져 버리는 것이 꼭 사람만은 아닐 것입니다. 《사이다》는 이런 존재와 다시 소중한 사이가 되려 합니다. 그간 달, 논, 상례, 밥, 골목놀이, 협궤열차, 낙서, 한국미술사학자 오주석,

시장 이야기 등의 기억을 중심으로 사진과 글로 소개했습니다.

우리들의 기억 속에 공통으로 가지고 있는, 또 늘 우리 곁에 있었지만 잊힌 것을 찾아주고자 합니다.

사이다 아카이브

2019년에 발행된 《사이다》 권선동 편(16호)부터는 그간 시민기록자들과 작업해 온 지역의 기록들을 모아내는 '사이다 아카이브' 연재를 시작했습니다. 소멸해 가는 지역의 역사와 기록을 통해 사람과 도시를 연결하고자 합니다. 오늘도 곧 어제로 되어 가는 시간 속에서 지역공동체의 역사를 기록하고 남기고자 합니다. 골목잡지 《사이다》의 발행을 통해 마을의 이야기가 쌓이면 그것이 바로 지역 아카이브가 되고, 그것이 10년, 20년이 되면 참 많은 의미를 축적하게 될 것입니다.

2012년 가을에 발행된 북수동 편(3호)에는 장안동에 있는 한옥을 허무는 사진과 더불어 '허물어지다'라는 한 마디 기사를 실었습니다. 사이다 장안동 편에 소개된 '대한제분' 회장을 지냈던 설경동 씨가 살았던 옛집이 팔려 한 순간에 사라지는 모습을 담은 것입니다. 그간 지역이 소홀히 다루었던 지역의 역사적 공간 보존에 대한 아쉬움을 전하여 지역 사회에 큰 반향을 주기도 하였습니다.

《사이다》는 원고뿐만 아니라 사진과 그림이 중요한 도구로 사용되고 있습니다. 지역에서 활동하는 작가뿐만 아니라 그림과 사진에 취미를 가진 지역 주민들도 참여하고 있습니다. 편집기획 과정에서 원고, 사진, 캘리그라피 등 모든 자료가 준비되면 편집디자인 작업을 진행합니다. 편집디자인 부분은 《사이다》를 발행하고 있는 (주)더페이퍼에서 전담하고 있습니다. 출판·편집 디자이너들은 일상의 업무가 아닌 디자인을 통한 사회적 기여라는 가치를 가지고 참여하고 있습니다. 이것은 (주)더페이퍼가 사회적 가치 실현을 목적으로 하는 사회적기업이기 때문에 가능한 일입니다. 특히 잡지는 편집디자인 부분도 중요하게 고려되어야 합니다. 여타의 무가지의 경우, 담고 있는 의미를 강조할 뿐 편집디자인 부분이 부족하여 독자들로부터 외면을 받는 경우가 많았습니다. 사이다의 경우 전문 편집디자이너의 참여로 많은 충성스런 독자를 확보하고 있습니다.

편집디자인이 완료되면 인쇄 과정을 거칩니다. 《사이다》는 인쇄 제작에서도 친환경적인 가치를 반영하고 있습니다. 창간호 발행부터 선택된 판형은 종이의 손실이 가장 적은 '4x6배판' 사이즈이며, 사용되는 종이도 친환경 재생지를 사용하고 콩기름 인쇄로 제작하고 있습니다. 잡지 발행도 중요하지만 제작의 모든 과정에도 지속가능한 사회를 위한 중요한 가치가 적용되고 있는 셈입니다. 인쇄와 제본 과정을 거쳐 잡지가 발간되면 배포 작업을 함으로써 잡지 제작의 모든 과정이 종료됩니다. 잡지를 제작하는 과정에 다양한 분야 전문가들의 참여가 필요하고 잡지 한 호가 나오는 데 적어도 2개월 정도의 취재기간이 소요됩니다. 각자의 재능에 따라 원고작성, 교정, 사진 촬영, 캘리그라피, 일러스트, 편집디자인 작업 등으로 분담하여 참여합니다. 통상적으로 회당 제작을 위해서 20명 정도의 인원이 참여하고 있습니다.

골목잡지 《사이다》는 우리가 빠른 속도로 내닫다 지나쳐 버린 것, 허황된 신기루를 좇다 잃어버린 것을 오늘 하나씩 길어내어 우리들 곁에 앉히곤 속삭이듯 들려줍니다. 《사이다》가 길어 올린 '그것'에는 따스한 시선이 어려 있고, 그 따스한 시선 속에 우리가 만들어 갈 미래에 대한 당찬 결의가 담겨 있습니다. 거기에 한 사람 한 사람씩 모여 힘을 보태기 시작하면 '그것'은 우리가 밀고 나가야 할 미래로 탈바꿈될 수 있으리라 생각하고 있습니다. 《사이다》를 만들어가는 사람들은 재정적인 어려움 속에서도 공감해 주는 마을 주민들을 만나서 격려 받을 때 큰 위로를 얻고 보람을 느끼고 있습니다.

골목여행 잡지 《TIME TRAVELERS》 발간

다닥다닥! 작은 골목여행이 시작된다. 수원의 골목과 동네 이야기를 담아온 골목잡지 《사이다》가 여행 잡지 《TIME TRAVELERS》를 발간하였습니다. 잡지는 동네에서 살아가는 사람들과 오랜 시간을 간직한 골목의 진정한 아름다움을 발견하는 48시간 동안의 골목여행을 제안하는 스토리텔링 관광매거진입니다. 이 책 한 권이면 수원에 처음 방문하는 여행자와 가족, 자유 여행자까지 누구든 동네 골목 구석구석까지 마음껏 즐기고 여행할 수 있습니다. 특히 영문과 한글로 제작되어 세계 누구나 소소한 삶의 이야기를 만나는 골목여행이 가능하고, 동네의 골목길을 따라 숨겨진 이야기를 발견하여 그 속에 스며 있는 삶의 조각과 발자취가 차곡차곡 쌓인 이야기를 여행할 수 있도록 빠짐없이 소개합니다.

《TIME TRAVELERS》의 첫 번째 여행지는 수원화성의 낮은 성곽 아래로 펼쳐진 행궁동입니다. 수원화성을 따라 역사와 문화가 흐르는 동네에는 구석구석 소박하지만 단단한 삶의 이야기가 스며 있습니다. 현지

Archive Guide

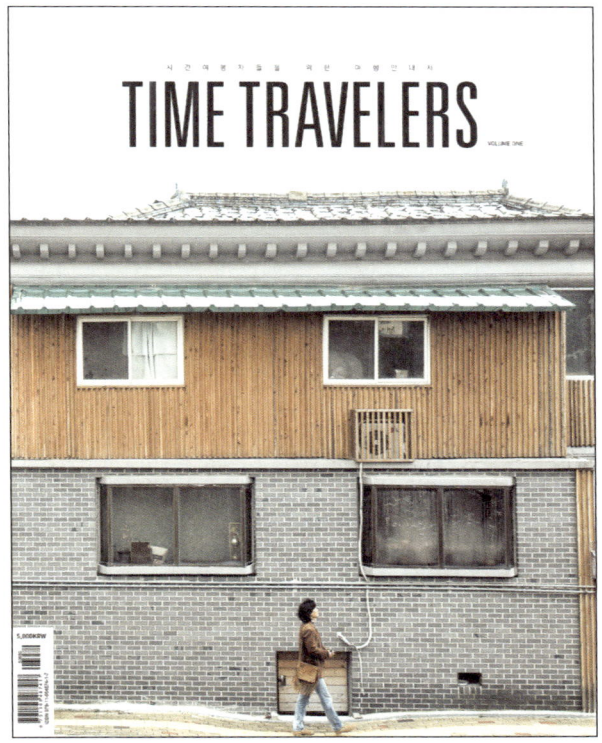

《TIME TRAVELERS》 Vol. 1(2016년)

인들만 아는 맛집과 카페와 숍의 주소, 전화번호, 찾아가는 방법, 오픈 시간까지 완벽하게 가이드하고 여행지에서 비상시 필요한 약품 소개와 부족하기 쉬운 비타민을 보충하기 위한 제철과일을 소개하는 등 다른 책에서는 볼 수 없는 이색 정보를 꼼꼼하게 담았습니다.

《TIME TRAVELERS》는 현재 디지털 멀티미디어북으로 제작되어 전국 서점에서 종이책과 함께 판매하고 있습니다. 2018년에는 한국출판문화산업진흥원에서 수여하는 '2018년 제 5회 대한민국 전자출판대상' 기획력 부분 우수상을 받았습니다. 기존의 종이책으로 발행되었던 잡지에 IT 기술이 접목된 융합콘텐츠로 잡지가 나아가야 할 방향성을 제시하고, 기존 종이책으로 제공할 수 없었던 다양하고도 복합적인 콘텐츠를 보여주고자 노력하고 있습니다.

지역 청년들 공공의 평상 만들기

평상 네트워크는 청년과 지역 사회의 접점을 고민하는 공간 실험 프로젝트입니다. 지역 사회에서 청년이 가진 의미와 역할, 앞으로의 지향점 등을 처음부터 다시 논의하기 시작하는 초석이 되기를 바라며 지역 문화기획 전문가 그룹과 지역 청년들이 함께 머리를 맞대고 새로운 가능성을 찾는 시간을 가졌습니다.

경기문화재단의 지원을 받아, 수원 행궁동 지역의 빈 공간을 청년들과 함께 지역에 필요한 '청년소셜공간'으로 만들려는 실험입니다. 행궁동은 수원에서 대표적으로 원도심 공동화가 일어나는 지역입니다. 또한 청년들은 대부분 수원을 떠나 서울의 문화공간을 기웃기웃합니다. 이러한 점을 아쉬워하던 여덟 명의 수원 청년과 골목잡지 《사이다》가 만나 지역의 사회적 문제를 청년들의 다양한 문화·예술적 시도를 통하여 창의적인 해결방안을 제시하고자 직접 페인트칠을 하고, 무거운 짐을 나르며 실험공간을 만들어 갔습니다. 진정 필요로 하는 공간을 궁리하고, 행궁동 곳곳을 돌며 마을에 대해 공부하고, 청년들을 위한 매거진을 발행하고, 공방거리를 누비며 '청년소셜공간'에 대한 해답을 찾아 나섰습니다.

이 경험은 비록 6개월의 짧은 실험이었지만 청년들이 지역에서 정주할 수 있도록 스스로 대안적 삶을 모색하는 동시에, 새로운 관계와 시장을 창출하는 지속가능한 생존 방식에 대한 고민이었습니다. 또한 수원시의 청년정책에 큰 변화를 이끌어내는 계기가 되어 '수원시 청년기본조례' 및 '수원시 청년고용촉진 지원조례'가 제정되었습니다. 수원시에는 청년 스스로의 사회참여 역량을 높이고, 청년들끼리 소통과 교류를 통해 이 시대 청년문화의 바람이 이루어지도록 지원하는 공간 '청년바람지대'가 문을 열었습니다.

출판학교 북스튜디오 사이다 × 곧바로 책,방

2016년 8월에 우리는 청년공간 '평상'에서 두 번째 공간 실험으로 지역 아카이브 서점 '곧바로 책,방'을 열었습니다.

경기문화재단이 지역의 문화적 가치 재발견 및 재창조를 통한 지역발전 강화의 목적과 더불어 낙후된 생활환경과 산업구조의 변화로 활력을 잃은 지역에 새로운 가치와 문화를 창출하고, 지역공동체 기반의 창조적 활동공간을 통해 새로운 제작문화를 확산·구축하고자 마련한 '창생공간 조성과 파일럿 프로그램 사업'에 출판학교 '북스튜디오 사이다'가 선정되었습니다.

그동안 골목잡지 《사이다》 발간을 통해 축적한 자료와 노하우를 기반으로 하여 지역 제작 문화 확산에 기여하고, 궁극적으로는 지역 출판계에 확고한 기반 구축과 자사의 자립 기반 창구를 마련하는 데에 그 목적을 가지고 출발하였습니다. 성안마을로 불렸던 행궁동 곳곳은 과거의 모습을 그대로 간직하고 있지만 구도심권에 속해서 타 지역에 비해 낙후되거나 개발이 더딘 편입니다. 청년들을 비롯한 다양한 사람들의 유입이 가능한 다양한 거점공간 마련과 이를 통한 환경적 변화가 요구되는 공간이기도 하였습니다.

지역 아카이브 서점 '곧바로 책,방'은 출판학교를 위한 강의 공간이고 평상시에는 책방으로 사용됩니다. 수원을 중심으로 한 지역자료와 출판물, 그리고 전국의 다양한 지역서점과 연계하여 지역에서 발간되는 출판물을 책방에 한데 모아 지역 아카이브를 구축하고 책을 판매하는 지역서점입니다. 이곳은 지역 문화의 저장소로서 공간에 모여든 사람들이 자연스럽게 지역 커뮤니티를 구성하고 그 안에서 간단한 워크숍을 진행하는 등 다양한 활동을 통해 침체된 지역 내에 활력을 줍니다.

출판학교 '북스튜디오 사이다'는 책을 만들고, 나누고, 이야기를 나눌 수 있는 지역의 출판문화 공간으로 자리매김하고자 만들어졌습니다. 3개월간 출판 전반에 대한 개괄적 이해부터 출판기획과 원고작성, 교정교열과 편집디자인, 저작권과 출판권, 출판유통과 마케팅에 이르기까지 출판의 전 과정을 강의로 알기 쉽게 이해하고, 실습을 통해 체득하며, 직접 작성한 원고를 엮어 책으로 제작해 보는 수업을 진행하였습니다. 그 결과물을 한데 모아 《북스튜디오 사이다에서 책을 만나다》를 제작·발간하였습니다. 출판학교 졸업생, 도서관 관계자, 지역 주민들과 함께 출판기념회를 열고 출판학교 '북스튜디오 사이다' 프로그램을 마쳤습니다. 북스튜디오 사이다 출판학교를 통해서 누구나 자유롭게 책을 만들 수 있고, 출판을 통한 지역과의 소통을 목표로 했습니다.

기억을 기록으로 남기다
지역 아카이브 작업과 출판

마을을 기록합니다. 머무르고 살아가는 공간은 어디가 되었든 시간의 통로를 지나 끊임없이 변화합니다. 모든 마을에는 저마다 삶의 결이 있습니다. 지역민의 기억과 일상을 통해 지역의 역사를 기록하고자 합니다. 소소한 일상의 기록은 우리가 살아온 삶을 고스란히 보여주고 그것은 기억을 넘어 시대의 기록이 됩니다. 소리 없이 사라져 가는 지역 역사, 문화에 관한 기억의 흔적과 조각을 모아 갑니다.

지역 아카이빙은 단순히 지역의 풍경 또는 경관을 기록하는 것을 넘어 역사와 문화, 그리고 삶을 보존하여 지역의 유산을 보존하는 것입니다. 주민들과 함께 지역 아카이빙 작업을 꾸준하게 작업하고 있으며, 기록되지 못해 사라질지도 모르는 가치를 발굴하고 이를 통해 문화의 다양성 확보와 지역문화 콘텐츠 발굴을 꾸준히 진행하고 있습니다.

지역의 기록화는 우선적으로 지역민의 참여가 가장 중요하며, 지역에 기반을 두고 있는 지역민의 다양한 활동과 그에 따른 지역의 변화를 담아내는 지역의 기록물은 지역의 정체성을 대변할 수 있습니다.

역사를 자신의 언어로 기록하고 이용할 수 있도록 하는 것이 공동체 아카이브의 핵심이며, 이를 위해서는 우선 마을 구성원들이 기록의 필요성에 공감하고, 기록화 과정에 참여해야 합니다.

지역민의 삶은 계속되고 수집해야 할 대상도 계속 생산되고 있습니다. 따라서 지속성이 담보되는 아카이빙이야말로 살아 있는 아카이빙이라 할 수 있을 것입니다. 골목잡지 《사이다》는 시민기록학교를 통해 시민기록자를 양성하는 등 지역민과 함께 지역문화 콘텐츠 발굴을 통해 지속가능성을 확보하고 있습니다.

경기도 테마콘텐츠 구축 사업

《전쟁으로 고향을 떠나온 경기도민 이야기》는 《사이다》가 한 사람의 생애사를 연재하면서 만나게 된 한국전쟁 당시 경기도 지역에 정착한 피난민 구술채록 작업입니다. 마침 사업 주관자인 경기도사이버도서관이 경기도 자료 DB 구축에 관심을 가지고 있다는 것을 알게 되었습니다. 《사이다》에 실렸던 네 분의 피난민 구술 자료에 여섯 분을 추가하여 진행되었습니다. 구술채록뿐만 아니라 출판을 위한 원고 작업, 다큐멘터리 작업 등 일반인이 공유할 수 있는 2차 저작활동이 포함되었습니다. 이 작업에 소요되는 제작비는 경기도메모리 테마콘텐츠 구축 사업의 일환으로 경기도사이버도서관의 지원을 받았으며, 완성된 인터뷰 내용과 사진 자료, 영상 자료는 경기도메모리 웹 사이트에서 제공하고 있습니다. 특히, 1차년도의 좋은 결과를 받아 2차년도에는 '지금은 잊혀진 협궤열차 수여선'을 조사하였습니다. 해당 지역 문화원들이 참여하여 수원, 용인, 이천, 여주문화원과 함께 아카이브 구축 작업을 진행하였습니다. 수집된 자료는 참여한 각 문화원에 공유되었으며, 《사이다》 12호(2015년)에도 게재되었습니다.

지역 문화원의 참여로 지역 문화기관이 참여하는 협치의 좋은 예로 남을 수 있었습니다. 이후 이천문화원은 이천 지역 아카이브에 적극적으로 진행하는 효과를 가져왔습니다. 특히 이 두 건의 아카이브 작업은 골목잡지 《사이다》의 기획으로 진행되었기에, 공공이 주도하는 아카이빙보다는 살아 있는 이야기가 아카이브되었다고 생각합니다.

  그 후, 3차년도 사업은 공공기관의 특성상, 계속 진행을 위한 파트너십이 어려운 상황이 발생하였습니다. 나라장터를 통한 입찰 방식이 도입되었고, 주제 선정도 기관이 선정한 주제를 시행해야 하는 상황이 되었습니다. 기록 주제에 대한 아무런 의견을 가질 수 없고, 구술 기록에 대한 자유로운 이용과 지적 재산권 문제가 더하여져 계속 진행하기가 어렵게 되었습니다.

  지속가능한 지역 아카이빙을 위한 것이었지만, 현재의 기록계 상황은 기록 주권에 대한 논의가 된 적이 없었기에 협치를 생각했습니다. 기록 생산자의 권리와 공공기록으로서 개방의 문제는 많은 논의가 필요한 사항이며, 기록 주권이 상실된 기록 생산자는 단순한 하청업체의 위치에 서게 될 뿐만 아니라 아카이브가 된 내용도 공공기관에 소속되어 공유가 어려울 수 있다는 문제점이 나왔습니다. 비록, 기록의 결과는 좋았지만 공공기관과의 협력 작업은 아직 해결해야 할 많은 문제를 가지고 있습니다.

마을공동체 기억의 저장소, 행궁동 골목박물관

  지역의 역사와 문화에 관한 기억을 모아가는 과정을 꾸준히 해오고 있는 《사이다》는 그동안의 노력에 결실을 맺는 의미로 '마을공동체 기억의 저장소'인 '행궁동 골목박물관' 조성사업을 진행하였습니다. 골목박물관 조성사업은 2015년에 시작해 유물 수집을 마친 후, 경기문화재단의 공모사업 '보이는 마을'을 통해 2018년 수원 북수동에 골목박물관 전시를 시작하면서 문을 열었습니다. 골목박물관이 열린 곳은 1920

골목박물관에서 오래된 사진을 보고 있는 주민의 모습
ⓒ 장명구

행궁동 사람들이 간직한 살림살이_ 행궁동 골목박물관

년 창건된 법화종 최초 사찰인 묘수사(경기도 수원시 팔달구 북수동 72번지) 자리를 리모델링하여 마을 기록 전시 공간으로 새롭게 재탄생시켰습니다.

골목박물관은 마을과 사람들의 이야기를 고스란히 담은 작은 박물관입니다. 《사이다》가 수원의 골목골목을 다니며 만났던 수많은 사람들의 빛나는 생애를 담아둘 공간을 고민하면서 생겨났습니다.

행궁동 주민들과 함께 발로 뛰며 물건을 모으고, 사람들을 만나 이야기를 들으면서 마을의 숨겨진 역사를 발견하고, 삶을 배워나가는 과정이었습니다. 이곳에서 평범한 이들의 생애가 그 무엇보다 아름답게 빛날 수 있다는 것을 알 수 있었습니다. 이를 통해 우리는 우리의 삶 또한 어디로 흘러갈 것인지 고민하고 성찰할 수 있었으며, 그렇기에 골목박물관은 과거에 머물러 있는 곳이 아니라 과거가 현재와 함께 숨 쉬는 공간이 되었습니다.

오래된 물건 속에 담긴 개인의 이야기를 통해 수원 행궁동의 숨겨진 역사를 발견할 것이며, 사람들을 만나고 취재하고 기록해나가는 과정을 삶의 가치를 배우고 발견하는 계기로 삼았습니다. 행궁동 주민들의 생애 구술 채록 작업 및 영상에 담는 작업도 진행하였습니다.

골목박물관은 마을 사람들의 기억을 수집·공유하며 미래세대에게 물려주는 곳으로 지역 주민의 참여와 소통을 통해 만들어진 시민박물관을 표방하며, 주민들에게 이야기를 나눌 수 있는 문화사랑방의 역할도 함께 해왔습니다. 그러나, 온전히 민간 주도로 운영되던 박물관은 운영상의 어려움으로 2022년 1월 말 문을 닫게 되었습니다. 현재 5년간 수집된 물품과 이야기는 수원박물관에 기증되어 보관하고 있습니다.

골목박물관은 문을 닫았지만 이 이야기는 한 권의 책으로 남아 기록

골목박물관의 이야기를 담은 《골목박물관, 한 권의 책이 되다》(2021년)

물로 남게 되었습니다. 골목박물관에 담겼던 아름답고, 슬프고, 뜨거웠던 삶의 이야기들을 한 권의 책에 담아 때론 시장 골목처럼 왁자지껄하고, 때론 골목 어귀의 햇볕처럼 따사로웠던 시간의 기억으로 남겨두기로 하였습니다. 수원시가 수원시민의 생활사를 담게 되기를 바라면서 그 이야기들이 창고를 벗어나 당당하게 수원의 골목에서 보관되고 꽃피울 수 있기를 바랍니다.

'기억'이 '역사'가 되는 마을의 기록

지역민들의 삶은 계속되고 수집해야 할 대상들도 계속 생산되고 있습니다. 따라서 지속성이 담보되는 아카이빙이야말로 살아 있는 아카이빙 활동이라 할 수 있을 것이며, 지속적인 지역아카이빙을 위해서는 지역사회 안에서 다양한 공동체와 소통하고 협력하며, 마을과 사람을 연결하며 꾸준하게 지속하는 것이 필요합니다. 그와 더불어 지속가능한 기록 생태계 조성을 위한 자구적인 노력과 정책적 방향이 꼭 고려되어야만 합니다.

단기적 프로젝트로 박제되는 아카이브를 지양해야 합니다. 지역민들의 삶 속에서 지속적으로 수행되고 기록의 사회화를 통해 마주치고 재생산되는 살아 있는 아카이빙을 해야 합니다. 이를 위해서는 기록 생산자의 기록 주권을 인정하고 협력을 통해 결과보다는 과정을 중시하는 기록화 전략이 필요합니다.

골목박물관의 사례에서 보듯, 민간과 공공이 함께 참여하는 거버넌스형 기록 네트워크가 형성되어, 지속가능한 공동체 아카이브 구축을 위한 논의의 장이 마련되기를 바랍니다.

"민간 매체를 통한 아카이빙은 다양한 시각으로 당대를 기록해서 담고, 고여 있는 것이 아니라 지속적으로 기록합니다. 공공에서 하는 것은 어떤 사업을 통해서 한 번에 끝내고 말지만, 민간에서 하는 것은 한 번 간 곳을 다시 갈 수도 있습니다. 박제된 기록이 아니라 살아서 계속 덧붙이고 업데이트가 되는 아카이브입니다. 민간의 자율성을 보장하고 다양한 시선으로 아카이빙이 되도록 해주는 게 중요하다 생각합니다." 이 말이 곧 민간에서 이루어지는 기록의 중요성을 일깨워주고 있습니다.

 마지막으로, 마을 기록물이 수집, 보존, 활용될 수 있는 정책 차원의 제도적, 교육적, 예산적 지원 방안을 마련하고 시스템을 구축하는 정책을 기대해봅니다.